省域视角下大学学科布局状态和水平的理论与实践研究

张 松 著

上海大学出版社
·上海·

图书在版编目(CIP)数据

省域视角下大学学科布局状态和水平的理论与实践研究 / 张松著. —上海：上海大学出版社，2023.5
ISBN 978 - 7 - 5671 - 4692 - 1

Ⅰ.①省… Ⅱ.①张… Ⅲ.①高等学校－学科建设－研究－中国 Ⅳ.①G642.3

中国国家版本馆CIP数据核字(2023)第074419号

责任编辑　盛国营
封面设计　柯国富
技术编辑　金　鑫　钱宇坤

省域视角下大学学科布局状态和水平的理论与实践研究
张　松　著
上海大学出版社出版发行
(上海市上大路99号　邮政编码200444)
(https://www.shupress.cn　发行热线 021 - 66135112)
出版人　戴骏豪

*

南京展望文化发展有限公司排版
句容市排印厂印刷　各地新华书店经销
开本 710mm×1000mm　1/16　印张 14.25　字数 226千
2023年5月第1版　2023年5月第1次印刷
ISBN 978 - 7 - 5671 - 4692 - 1/G・3495　定价 68.00元

版权所有　侵权必究
如发现本书有印装质量问题请与印刷厂质量科联系
联系电话: 0511 - 87871135

前言 FOREWORD

21世纪以来,我国高等教育快速发展,发生了历史性、整体性、格局性的重大变化,为国家重大战略实施和经济社会发展提供了强大的人才和智力支撑。同时,我国高等教育事业本身也已进入内涵式发展的新阶段,世界一流大学和世界一流学科建设既有力地支持了我国高校在新阶段的发展,也对学校提出了更高的要求,学科成为大学建设和发展的关键维度。与此同时,近年来学科也成为我国学术界关注和研究的热点,但是与欧美高等教育发达国家相比,我国高等教育事业的发展时间短、理论积累少,学科概念成为研究热点始于21世纪初,国内教育界、学术界对学科概念本身的认识,及其与高等教育、产业界和社会之间的交互关系的认识都处于发展阶段,值得我们对其进行更深入的研究,从而为我国高等教育事业发展提供有力的理论支持。虽然近年来国内学者已经开始关注学科研究,但是主要是从高等院校维度的视角,本书创新性地从省域维度进行学科布局状态和水平研究。在理论研究方面,探析了学科概念本身,对学科群、学科布局调整和优化、学科生命周期等理论进行深入研究;在实践研究方面,分别对国内省域视角下的学科布局、国际区域视角下的学科布局进行了研究,希望相关工作和思考能够为我国大学学科建设提供些微参考。

本书为上海市哲学社会科学规划教育学一般项目(项目编号:A2021006)的阶段性研究成果。

目录 CONTENTS

第一章 学科概念及相关理论 ······ 1
   1.1 人类对学科概念的认识与发展 ······ 3
   1.2 学科概念：定义于科学学，应用于教育学 ······ 6
   1.3 知识学科与组织学科 ······ 9
   1.4 学科群 ······ 13
   1.5 设计学科群及其学科布局研究 ······ 14
   1.6 海洋学科群及其学科布局研究 ······ 22
   本章参考文献 ······ 30

第二章 学科生命周期理论研究 ······ 33
   2.1 学科生态系统 ······ 35
   2.2 新兴学科视角下的知识学科生命周期 ······ 38
   2.3 学位点视角下的组织学科生命周期 ······ 50
   本章参考文献 ······ 59

第三章 大学学科布局优化与调整的理论研究 ······ 61
   3.1 教育生态学视角下的大学学科布局优化策略 ······ 63
   3.2 大学学科优化和调整的驱动逻辑研究 ······ 80
   本章参考文献 ······ 90

第四章 我国高等学校学位层次现状分析 … 93
  4.1 高校学位授予单位的整体分层 … 95
  4.2 高校学位授权点的整体分层 … 96
  4.3 国家急需项目高校学位授权发展态势分析 … 99
  4.4 学位授权自主审核发展情况分析 … 108
  4.5 民办高校学位层次情况分析 … 111
  本章参考文献 … 116

第五章 省域视角下我国大学学科增列态势研究 … 117
  5.1 我国学位授权审核工作发展历程 … 119
  5.2 全国学位授权审核工作动态研究 … 130
  5.3 省域视角下学位授权审核增列布局态势研究 … 138
  本章参考文献 … 156

第六章 省域视角下我国大学学科建设水平研究 … 157
  6.1 学科评估的历史发展及其指标体系 … 160
  6.2 省域视角下大学学科评估水平态势 … 171
  6.3 上海高校学科评估表现及与其他省市比较 … 177
  本章参考文献 … 186

第七章 全球维度下区域学科布局状态和水平研究 … 187
  7.1 软科世界一流学科排名 … 190
  7.2 全球维度下的区域划分逻辑 … 194
  7.3 全球维度下区域学科总体水平 … 195
  7.4 全球维度下区域学科布局状态 … 203
  7.5 国内外区域的学科布局状态与水平比较 … 210
  本章参考文献 … 222

第一章
学科概念及相关理论

1.1 人类对学科概念的认识与发展

在人类文明发展过程中,人类不断总结自身对物质世界和精神世界探索的结果,从而形成了人类自身掌握的知识体系。在追求知识的过程中,随着所掌握知识的总量达到一定程度以后,人类开始基于自身的认知和需求,按照知识的作用、研究的对象、知识的属性等不同标准,对所掌握的知识体系进行划分,而学科就是人类对知识分类后所产生的一种概念。

学科概念作为高等教育体系中的重要组成,诞生于西方文明体系。克里斯南(Armin Krishnan)认为,学科(academic discipline)中的"discipline"最早起源于拉丁语的"discipulus"和"disciplina",前者意指学生,后者为教学的名词形式(teaching)。因此,所谓"discipline",就是指在早期带有浓厚宗教色彩的教与学过程中,教士或教师对学生所施与的一种强制规训与道德教化[1]。因此,学科一词从其诞生之日起,就是与人才培养和教育教学密不可分的。"discipline"一词本身在学科的基础上,也衍生出了训练、惩戒、锻炼等含义,具有宗规、戒律等宗教内涵。在目前的英语语境中,除了"discipline"可以表示学科外,"subject"一词也具有学科的概念。一般认为,"subject"所表示的学科更倾向于学科的教学内涵,比如一门课程所属的学科(the subject of a course)、一个学科的课程体系(the course system of a subject)等;而"discipline"则更倾向于学科的专业内涵,比如交叉学科(interdiscipline)、学科建设(disciplines construction)等。两者的内涵区别可以概括为学校学科(school subject)与学术学科(academic discipline)的差异。

学科概念的起源最早可以追溯到古希腊哲学家柏拉图。柏拉图对人类认识的世界提出了一种四线段比喻,并根据知识属性的不同,将知识分为考察思想本身的理性知识(辩证法),考察物理现象、天文现象的自然知识(自然哲学)及考察社会、国家的伦理知识(精神哲学)[2]。学术界一般认为,亚里士多德较早地对知识进行了科学分类。亚里士多德改造并发展了柏拉图的知识分类法,他从人类的实践活动出发把知识分为理论之学、实用之学和创造之学三大类[3]。理论之学包括数学、几何、代数、逻辑、物理学和形而上学,对应了当前理学、工学等学科类型。实用之学包括伦理学、政治学等,对应了目前的政治学、法学等学科类型。创造之学是关于创作、艺术、演讲等的知识,可以对应目前的艺术学、表演学等学科类型。亚里士多德对知识的分类,奠定了目前人类学科知识体系的基础。

  我国自古就有对学科分类的思想。比如在西周时期,要求贵族学校的学生掌握礼、乐、射、御、书、数等六项艺能,大教育家孔子非常赞同"六艺"的分类,并对之后中国的知识界形成了长久的影响。中国传统文化中,还有一种"经、史、子、集"的四部分类法,古人把所有文化典籍囊括为四部分,"经"主要指儒家经典著作;"史"主要指正史;"子"主要指战国以来诸子百家的著作,其中也包括了工、农、医等学科知识著作;"集"主要指历代文人的诗词汇编。也有一些学者认为,诸子百家形成了我国早期的学科分类体系,比如儒家、法家、兵家、纵横家等形成政治军事与伦理领域的知识体系,墨家、道家、名家、医家和农家等明显偏向自然工艺与逻辑等领域,还有禅家、杂家、书画家等则属于人文艺术等领域。

  17世纪发生在欧洲的科学革命深刻地影响了人类对科学知识及其学科的认识。其代表人物英国唯物主义哲学家弗朗西斯·培根(Francis Bacon)是西欧近代哲学的开创者,唯物主义经验论的创始人,他指出科学技术的一切发明是任何政权、教派、杰出人物对人类事业的影响都不能比拟的,他的知识观被后人归纳为"知识就是力量"。培根也提出过学科的分类观点,他按照三种不同的思维能力对学科进行分类,即将人类非神圣性知识分为历史、诗歌与哲学三大类,因为历史依靠记忆,诗歌依靠想象,哲学则依靠推理(理性)。培根又将历史按照自然、社会、宗教和文学进行分类;把哲学分为神的哲学、自然哲学和人文哲学,又将自然哲学分为物理学、形而上学等。培根所处的时代是科学的启蒙时代,他的学科分类的哲学价值虽然大于实用价值,但是直接启发和影响了下一世纪法国大百科全书派的创始者。培根还是第一个明确提出教育学学科存在的学者,他在《论科学的价值和发展》(1623)一文中,首次把"教育学"作为一门独立的科学提出,将其理解为"指导阅读"的科学,与其他学科并列。

同时,他提出的归纳法也为教育学的发展奠定了方法论基础。

科学革命以后,自然科学占据了人类知识体系中的主导地位,人类对学科的认识也逐渐清晰。回顾学科概念在中西方的发展历史可以发现,学科概念起源于人类对客观世界的认知,对自身所在群体所掌握的知识体系进行了一种经验性的分类,而中西方对学科概念的认知可谓是殊途同归。同时,学科的这一根本内涵自古一直延续至今天,并成为当今整个高等教育体系的重要组成。

21世纪以来,随着我国高等教育事业的快速发展,学科概念本身也引起了我国学术界的高度关注。2015年10月24日,国务院公布《统筹推进世界一流大学和一流学科建设总体方案》,"双一流"建设战略为我国的高等教育改革明确了任务路径,大学学科建设及其布局已逐渐凸显为高等教育改革中的一个关键问题。大学要加强学科建设,首先需要对学科概念本身及学科发展的自身逻辑有深入认识和研究,我国学术界对学科概念进行了不断深入挖掘,明显丰富了学科概念及其相关理论。别敦荣研究了大学学科概念,提出其内涵主要表现为三种形态:根据人才培养需要组织起来的专门的知识体系;根据科研发展要求所建构的知识范畴;根据社会服务需要所划分的工作领域[4]。崔育宝等研究了交叉学科概念及其建设,认为交叉学科建设包含营造学科交叉氛围、开展交叉学科研究、建设新兴交叉学科等多层含义[5]。施晓光研究了学科本质特征、生长逻辑与价值功用,并讨论了大学学科的建设策略[6]。在外部组织建制上,以学科研究为重要主题的《大学与学科》刊物于2020年8月创刊,该刊物由教育部主管,是教育部学位与研究生教育发展中心、北京大学联合主办的综合性教育类学术期刊,这本期刊已经成为我国学者研究和开展学科相关研究的重要阵地。

近年来,国内还大量出现了对某个具体学科进行概念界定的相关研究。比如,肖璇从音乐研究角度看民族艺术学的概念和建构,认为需要从各艺术门类之间的关系视野中反思西方理论话语,建构跨越门类艺术的新艺术学科[7]。李志河等从课程标准、专家思维、教材内容和具体实践四个方面提取路径,试图提出一种教育技术学学科"大概念"的学科体系模式、专业结构模式和课程设计模式[8]。王勇安等立足于出版学将设为一级学科的背景,基于对出版概念及出版学学科基本逻辑的角度,重点探讨出版概念重构与出版学学科自信重塑的问题[9]。随着近年来社会各界对新兴学科和交叉学科领域的高度关注,对这些新兴学科的定义同样成为重要研究热点。

1.2 学科概念：定义于科学学,应用于教育学

近代以来,与欧美高等教育发达国家动辄数百年的发展历史相比,我国的现代高等教育起步较晚,对高等教育自身的相关认识、研究及思辨还不够深入,对学科概念也是如此,我们不妨先了解近现代欧美学术大师对学科的一些认识。

1.2.1 学科概念的界定

法国社会学家皮埃尔·布迪厄(Pierre Bourdieu)是近现代法国最具国际影响力的思想大师,其作品广泛涉猎各个学科领域,他的思想对当前的学科分类提出的挑战,进一步打破了既有学科边界。他认为,一门学科具有被学术界和社会普遍公认的"名称",能够在全球研究网络、大学院系、研究所以及在权威性学术期刊中占有一席之地的,是被称为"学科资本"的东西。

美国学者伊曼纽尔·沃勒斯坦(Immanuel Wallerstein)曾当选为美国20世纪最伟大的社会学家,他提出的世界体系理论揭示并预判了现代化的、不可阻挡的全球发展的趋势,沃勒斯坦认为,一门学科的确立需要两个条件：一是作为内在规范的学科制度,包括某一研究领域所具备的独特研究对象、完整的理论体系、专门的研究方法或工具；二是作为外在约束的学科建制,主要指学会、研究所、院系、图书资料、期刊平台等。沃勒斯坦的这一观点奠定了当今一个学科是否成立的核心标准。

英国高等教育学者托尼·比彻(Tony Becher)提出的学科分类观具有广泛影响力,他把所有学科从认识论角度,分为硬和软、纯和应用两个维度进行考量,硬和软指的是以该领域内所有学科对某一特定理论体系或研究范式的认同程度来描述学科属性的一个指标,认同度高的即硬度高,软度低,比如,物理学等自然学科就是硬学科,历史学等人文学科就是软学科。纯和应用描述的是该学科领域的研究问题应用于实践的程度,纯度高的学科指学科知识主要来源于前人知识体系的积累,应用度高的学科的概念和理论则更多的来源

于实践,比如,物理、历史等学科的纯度较高,医学、教育学等学科的应用度较高。这两个维度交叉后,可以把学科分为四种类型,即纯科学(硬-纯),比如物理学;人文和自然科学(软-纯),比如历史学、人类学;技术学(硬-应用),比如机械工程、临床医学;应用社会科学(软-应用),比如教育学、社会管理。托尼·比彻的学科分类思想较好地诠释了学科的本质属性,揭示了学科的两个根本特征,即人类认识特征和社会实践特征,从而极大地提升了人们对学科知识体系的认识,并影响深远,为构建如今的高等教育体系和学术评价体系提供了学理基础,也是我们今天开展学科理论研究的重要基石。

1.2.2 学科与科学学、教育学的关系

从前文学科概念的起源和定义的相关阐述中可以发现,对学科概念的学理性研究很多是由社会学家提出的。从学科概念自身所属的学科判断,学科概念本身属于科学学范畴,科学学是研究科学和科学活动的发展规律及其社会功能(影响)的综合性新兴学科,包括知识社会学、科学社会学及相关的科学史、科技政策、文献计量学等诸多分支。由于现代科学系统中的科学家主要在研究型大学工作,科学学和高等教育学在研究对象上存在交集,即研究型大学,德国学者格奥尔格·克鲁肯(Georg Krücken)认为:"科学学与高等教育研究有着相同的研究对象和方法论,其差别仅仅是在不同机构中进行研究。唯一不同的是,在科学学研究中,大学的地位并不清晰。"[10]比如,科学学学者和高等教育学学者往往都会聚焦于研究型大学中大学教师的研究、研究生尤其是博士生的学术成长等话题。同时,科学学和教育学的交集也包括学科与学科文化,两者均会关注学科的社会学研究和历史研究,比如,科学社会学的创始人默顿也指出:"有关科学学科如何产生、进化并影响科学知识的发展的研究,已经成了科学社会学本身探讨的焦点。"[11]过去,科学学研究的主要研究对象是数学、物理学、化学等硬科学,但是近年来,越来越多的社会学者关注社会科学与人文学科的知识组织、生产与评价问题。2013年,科学技术学协会(Society for Science, Technology and Society)开始在年会上设置社会科学的社会研究分论坛,标志着科学技术学走出对于自然科学和技术应用的社会研究领域,开始关注包括经济、法律、管理、媒体、社会学等社会科学的社会研究[12]。

科学学与教育学两者交集的最典型特例是1994年出版的、影响广泛的《知识生产的新模式》一书[13]，该书共有六位作者，其中马丁·特罗（Martin Trow）和彼得·斯科特（Peter Scott）是高等教育研究者，另外四位作者吉本斯、西蒙·施瓦茨曼（Simon Schwartzman）、黑尔佳·诺沃提尼（Helga Nowotny）和卡米耶·利摩日（Camille Limoges）都来自科学学领域（科学史、科技政策和科学社会学）[14]。

学科概念本身正是处于科学学和教育学两者的交集领域中。从研究对象来看，学科概念属于科学学的范畴，在科学学视角下，学科概念所关注的是学科知识体系及其延伸的相关领域。而从学科的应用领域来看，学科组织及其人员往往依托于高等教育机构即大学，大学给学科组织及其隶属的科学家提供了工作的基础设施、物质报酬和人力资源，那么高等教育学本身天然的会高度关注学科及其衍生的相应研究领域。故此，学科本身就是一个科学学和教育学两者学科交叉的概念，如果再进一步结合到某一个具体学科，比如教育技术学学科、民族艺术学学科等，则学科概念将具有更高的学科交叉属性。

虽然高等教育及其相关理论、科学学等均起源于欧洲，但是，近年来我国学术界在相关学科领域也有很快的发展。20世纪70年代末，科学学被引介到我国学界，并受到热烈关注，1979年，《自然辩证法通讯》创刊，1980年，《科研管理》创刊，钱学森发表了创刊词，1981年，《科技管理研究》创刊，1983年，《科学学研究》创刊。而我国的高等教育更是发展迅速，改革开放以来，先后经历了高等教育从精英化走向大众化再走向普及化，我国已经成为世界上最大规模的高等教育大国。随着我国双一流建设的不断深入，我国学术界对学科概念的认识也在不断提升，尤其是随着当前我国大学学科建设的迅速发展，学界对学科概念的一些新的观点和看法不断涌现。目前而言，学术界对学科概念已经形成了一些基本共识。一是学科是一种知识分类形式，这也可以认为是学科概念的起源，即前文介绍的学科概念的发展历史。二是学科是一种组织类型，尤其是大学中的组织结构，"学科是大学的功能单元，是大学实现其功能的核心载体"[15]，学科是学校"教育项目和知识生产的组织单位"[16]。三是学科概念的进一步衍生，认为学科是知识领域和学术界的一种权力制度，比如"学科专业设置政府需向高校让渡权力"[17]，"学科权力体制改革走向多元化"[18]。一般而言，目前学术界认为学科概念包括了学科的知识形态和学科的组织形态两种内涵,学科的知识形态是其内在观念建制,学科的组织形态是其外在社会建制,两者共同组成了学科概念本身。有学者认为,这是学科的形而上和形而下的两种形态[19]。

1.3 知识学科与组织学科

要理解本作中的学科布局概念,首先需要理解和区分知识学科与组织学科这两个词的概念及其内涵。

1.3.1 知识学科概念及其内涵

知识学科,指的是学科的知识形态。在科学学相关语境中,学科一词对应了人类对学科知识体系的一种划分,起到的是一种知识分类的作用,表示我们在哪个知识领域研究和探讨其内容的一种社会行为,比如,科学研究的场景、文献引文网络、科学共同体行为及合作等。知识的划分既是学科的起源,也是学科概念的本质存在,是学科概念的本体论,下文我们将要探讨的组织学科则是学科概念的进一步延展。

知识学科概念本身的发展,是伴随着人类科学技术的进步不断延展的。这里有两个非常重要的转折时期,第一次转折始于17世纪开始的科学革命,自然科学获得了突破性进展,先后引领了第一次工业革命和第二次工业革命。17世纪的科学革命是人类发展史上最重要的事件之一,它根本上改变了人类对自然和世界的认识,也从根本上改变了人类对社会和自己的认识,改变了人类世界的思想原则和价值观念。而人类价值观念的改变必然会深刻地影响具体行为实践,即人们在社会领域的一切行为,它直接推动了另外一些同样伟大的革命:启蒙运动、资产阶级革命、工业革命,终于使得人类世界历史发生了不可逆转的变化。

科学革命导致整个人类社会的快速进步,自然科学相较于传统的神学、文学等领域,在知识场域的竞争中大获全胜,从而奠定在今天整个人类知识体系中,自然科学所占的主导地位。各个自然科学领域表现出了巨大的具有经济实践价值的知识体系,且各领域之间有着一定的清晰边界,从而逐步形成了数学、物理学、化学、生物学、天文学等自然科学的主干学科。

这种自然科学占主导地位的学科知识体系也相应传导到大学,这里以普鲁士大学改革为重要转折,成立于 1810 年的柏林大学（Die Friedrich wilhelms-Universität zu Berlin）、成立于 1811 年的布雷斯劳大学（Universität Breslau）和成立于 1818 年的波恩大学（Rheinische Friedrich-Wilhelms-Universität Bonn）等成就了德国大学的辉煌时代。柏林大学在德国语言学家卡尔·威廉·冯·洪堡（Karl Wilhelm von Humboldt）的推动下,创造了一种基于科学的,探究科学知识、传授科学知识的高等学校新模式,开创了"以科学为业"的全新大学文化,是以追求真理为目标的现代大学先驱。

知识学科概念的第二次转折则是始于 20 世纪末期开始的信息大爆炸时代。信息高速公路极大地提升了人类知识体系的传播效率,整个人类社会的信息量迅速增加,以几何级别的速度快速增长。21 世纪初,即今天的我们正处于这种海量信息突然爆发的转折点,这一时间点也被称为"大数据时代",其核心标志为知识和信息的获取途径变革,从过去纸质媒体的低效传播,到今天网络信息载体的爆炸式传播。信息高速公路在传播丰富的有益信息的过程中,也夹杂着大量的暴力、色情、虚假内容等有害信息或垃圾信息,这些垃圾信息泛滥就像大城市中的工业垃圾和生活垃圾造成环境和生态污染一样,严重阻碍了人们查找和获取有用信息。其中,网络媒体的泛娱乐化正导致娱乐内容成为信息传播中的主导,为了吸引眼球,各种新媒体往往倾向于通过娱乐信息来获得市场份额。如何过滤有效信息,提高信息质量,已经成为人类急需面对的世界性难题。

科学领域同样受到信息大爆炸的深刻影响,其重要的一个核心标志是,作为知识载体的文献更易获取和传播,同时研究者们在海量文献的支持下,要取得增量进展是容易的,即对海量文献的进一步添砖加瓦。但是,在看似一片大好的科学发展浪潮中,知识的数字化及知识总量表面上的激增似乎都是科学进步的积极趋势,但是这些趋势也正在导致全人类科学研究方法的趋同效应和跟随效应,即一旦出现某一个学科热点,该学科甚至临近学科的大量研究人员出于包括功利目的在内的各种原因而投身于此,这种科研力量过于聚焦必然会导致重复研究即科研资源的浪费,科学研究成为一种比谁能先发表研究成果的"赛跑",我们应该重新认识和反思这种科研超级竞争,即科学的现状与处境的全球化。

信息大爆炸时代对知识学科的影响主要体现在,在人类历史上,人们从来没有像今天这样重视交叉学科、新兴学科的研究和发展。在人类学科历史的发展进程中,随着科学知识体系的不断膨胀,学科的分化和独立一直是主流趋势,但是随着即有学科领域被人类不断探知和获取,多学科的边缘区域已经成为研究者关注的重点,这种学科的交叉研究/跨学科研究(interdisciplinary research)体现了人类科学知识体系再次向综合性发展的趋势,学科交叉融合是未来科学发展的必然趋势,这已经成为加速科技创新的重要驱动力。

人们对跨学科研究的关注和推动始于20世纪初。1923年美国成立的社会科学研究委员会(SSRC)就抱有促进各门社会科学相互交流的目的,在20世纪30年代,至少有数个跨学科研究项目在美国展开,其中包括综合性的美国研究和风行至今的"区域研究",SSRC还专门设立了跨学科研究的博士后奖金[20]。此外,约翰斯·霍普金斯大学在1929年还成立了医学史系,由于医学史研究具有明显的跨学科性质,也使该系成为最早的跨学科专门院系之一。通过20世纪在跨学科研究领域的发展,人们不仅积累了一系列研究成果,也在逐步探索跨学科发展的机制,当然,跨学科的知识生产逻辑依旧建构在即有学科体系基础上,同时,人们对跨学科研究的争议始终不断,对跨学科研究的评价手段也不够成熟。

进入信息大爆炸时代后,跨学科研究获得了蓬勃发展,它不再被简单地看作是现有学科体系的衍生物,而逐渐与现有学科知识一起,成为人类探索知识领域的重要途径和基本理念。2005年,美国国家科学院、国家工程院等单位联合发布的《促进跨学科研究》中认为,"不只是将两门学科黏在一起来制造一个产品,而是思想和方法的整合、综合,这样的研究才真正是跨学科研究"。而从跨学科概念出发,近年来出现了"多学科"(multidisciplinarity)、"交叉学科"(cross-disciplinarity)、"超学科"(transdisciplinary)、"反学科"(anti-disciplinary 或 couter-disciplinary)、"后学科"(post-disciplinary)等概念,这些新的学科概念之间既存在一些重合领域,也有各自的特点,但是它们均为从现有学科构筑的知识体系继续向外或向内的延伸,是知识界努力探索穿越学科界限、开拓认知世界的进路,不过跨学科是其中最受关注和最多尝试的代表。

1.3.2 组织学科概念及其内涵

组织学科,指的是学科的组织形态。在包括大学在内的科学组织的相关语境中,学科一词经常性指的是从事该学科研究工作的人群和组织。知识学科反映了人对自然世界的认知的结构性特征,但是,一切人类行为,包括人类开展研究行为,都需要有具体组织的支持,并通过组织来获得社会性认同,以及学科组织及其人员的合法性,通过学科组织的发展再进一步追求和反哺知识学科自身的成长。因此,学科不仅是从人类角度出发而形成的知识体系及结构,其本身还成为了一种社会性的组织结构。美国科学史家托马斯·库恩(Thomas Kuhn)在他的代表作《科学革命的结构》一书中提出了科学范式理论,他采用"言语共同体"一词取代"科学共同体"一词,在他看来,拥有共同语言是科学共同体的本质特征,学科代表了一种拥有相同话语体系的人群的组织,而一个科学家一旦接受了某个学科或科学共同体的范式和词典,就自然成为了这个科学共同体的成员,而一个科学共同体的成员通过学会、杂志、学术会议和同行评议等方式来加强互相的交流共享,从而共同营造一种独特的学科文化、身份认同和归属感,并以此形成相应的学科边界。正是这种超越实体组织的无形边界,建构起组织学科的实体,比如,大学内部的院系结构,反映出各个学科共同体分立的结构性特征。库恩的科学范式理论界定和规范了组织学科的理论内涵,指出了知识学科概念是如何延展到组织学科概念的过程,他的范式理论也成为目前教育学研究的重要理论基础。

相比于知识学科,组织学科能否存在具有更为明显的现实意义。类似于前文提到,法国社会学家皮埃尔·布迪厄提出的"学科资本",法国学者马太·杜甘(Mattei Dogan)认为学科的存在必须辅以大学或学院、学术部门、专业学会等外在制度上的体现。

大学及学院作为组织学科的重要组成,它们之间的关系和内涵也值得进一步挖掘。我们已知,学科概念的产生远早于大学,学科与大学之间既是一种共生关系,同时也有着一个不断适配的过程,近代以前大学的学科体系与现代大学的学科体系有着非常大的区别。在大学诞生的中世纪欧洲,大学往往设置有神学院、法学院、医学院、文学院等,对应着神学、法学、医学等组成了大学学科中的主干。而18世纪以来,随着自然科学的不断发展,人类在工业、经济、农业、军事科学等领域取得突破性进展,从而显著影响了大学的学科设置,以柏林大学为转折点,大学进入科学时代,逐步奠定了近现代大学以自然科学为主的学科及院系结构。

因此,一般认为,组织学科所指的外在观念建制,至少包括了以下四个方面:一是从事该学科领域研究工作的大学或学院、科研院所等教学研究机构;二是主要发表该学科领域成果的图书、期刊、报纸及其编辑部;三是研究该学科的人组成的学术团体、专业学会;四是以该学科为主题的学术会议等学术交流活动。除了以上这些学术组织和活动以外,当该学科知识具有明显的实践价值时,组织学科还可以外延到社会经济领域,比如,从生命科学衍生出的医药类企业,从信息科学衍生程的网络公司等。学术组织和社会组织共同组成了学科的外在观念建制,即组织学科。

1.4 学科群

学科群是学科布局及调整理论的重要组成和支撑,本书将对此进行具体介绍。

正如前文所说,随着人类知识体系的不断发展,学科制度也相应更为复杂。在此背景下,学科体系存在两个趋势:第一个趋势是内生发展,由于科学研究的不断深入,将导致现有学科分类越来越细,学科内部也随之不断产生新的知识壁垒和组织壁垒,相应也导致整个学科体系的不断庞杂;第二个趋势是外生发展,学科过于细分会导致研究者视野越来越狭窄,当遇到细分学科内部无法处理的问题时,就必然会跳出细分领域,去其他学科的知识中寻找问题解决方法,这导致了上文介绍的跨学科、超学科等概念产生,也进一步促进了学科间的交叉融合及知识的综合化、整体化发展。可以预见的是,随着人类科学文化的持续发展,学科体系的内生发展和外生发展趋势将随之越发明显,两者之间并不是冲突的关系,而是复杂学科体系中的一种和谐共生关系。

学科群概念产生于现代学科体系的外生发展需要。学科群的作用是通过打通不同学科的壁垒,促进不同学科知识的交叉融合,从而打破传统学科制封闭式、静态式的发展范式,又在保持原学科属性的基础上,形成了一种新的学科组织形态,为打破"学术壁垒"提供了一种解决方案。学科群概念在天然上就鼓励研究者开展学科交叉研究和学科边缘创新,往往能够出现超越单独学科个体的新的知识创新,实现新知识尤其是新领域的突破。

所有的结构既是基础也是障碍,要对学科知识系统进行总体把握,必须要对其组织结构有深入理解。学科群作为学科知识系统中的中观层次,其群落生态特征必然是大学在进行学科建设和布局的战略选择过程中的重要考虑因素。学科群是由若干相关学科有序组合而成的学科集合[21],学科和学科群作为现代科学的一种知识分类体系,是人类知识体系不断发展和复杂化的必然结果。一方面,知识的分门别类的研究比近代科学更精细、更深入;另一方面,横断学科、综合学科、交叉学科的出现使知识综合化、整体化的趋势更加突出[22]。而学科群概念的产生正是学科综合化、整体化发展的新趋势,已经成为大学开展学科建设及其布局的关键性考虑因素。

学科群是若干学科的集合,关于其内涵的界定目前主要有两种思路,即从学科体系本身出发的知识体系论和从具体实践出发的研究对象论。知识体系论指的是,以现有学科知识体系分类为依据,从不同学科知识之间的关联程度的视角出发,把知识属性相近的学科进行延伸,从而形成项目关联的学科网络。比如,王栾井等从学科知识链接上的几何结构角度将学科群划分为树状型、网络状型、行列式型、星团状型及原子团簇状型[23]。陆爱华等认为学科群是具有某种共同属性的一组学科,每个学科群包含了若干个分支学科[24]。研究对象论指的是,关注学科群形成的目的和功能,从某个具体研究对象、研究领域、研究目标等出发而形成的学科组织。许四海认为学科群是指为适应现代科技进步、经济建设和社会发展的需要,由若干相关学科围绕某一共同领域,以一定形式结合而成的学科群体[25];武建鑫也援引许四海的观点,认为学科群具有生态学"种群"的概念寓意,意在表示由若干相关学科以同一领域为核心按照一定形式有机结合而成的学科集合[26]。

学科群的知识体系论和研究对象论都具备其内在逻辑,在学科群的产生中,两者是共同产生作用的,两者并不是对立关系。从具体实践来看,学科群的产生仍然存在知识体系论与研究对象论抢占主导地位的情况,以下将从这两个方面引出,具体介绍两个学科群的形成和内涵。

1.5 设计学科群及其学科布局研究

设计是人类为实现某种特定目的而进行的创造性活动[27],从知识体系论的视角出发，以设计作为知识核心，可以形成设计学科群概念，设计学科群是以设计学、建筑学、风景园林学、城乡规划学为核心学科，以美术学等为重要支撑学科，并包含外围相关学科分层交叉所构成的学科群。从学科群的组织形式上来讲，可以认为设计学科群是一种星团状型学科群，其结构模式充分体现了学科群内主要学科之间互相充分交叉融合的学科群特点。

21世纪以来，设计学科群中的多个学科逐渐成为近年来获得迅速发展的新兴学科。2011年，国务院学位委员会印发《学位授予和人才培养学科目录（2011年）》，设计学、风景园林学、城乡规划学均从原有学科中剥离，首次上升为一级学科。其中，设计学属于艺术学门类，同时可授艺术学和工学学位，这也体现出了设计学在学科体系中的外生发展特点。相关学科的设立也意味着随着我国社会经济的迅速发展，这些学科逐渐进入国家经济建设的舞台中央。近年来，这些学科的自身内涵不断创新并发展迅速，学科研究及其社会应用非常活跃，从组织生命周期理论的视角而言[28]，它们正处于学科生命周期的迅速生长期。

大学作为学科发展建设的主要实体，新兴学科要获得迅速发展，需要大学对其进行合理的学科布局，从而有效且充分地调动学科建设的各种资源。对国内外一流大学的设计学科群布局的调研显示，各校对其相关学科的布局具有明显特征，国内部分高校近年来也对相关学科进行了布局调整。因此，从学科建设的角度而言，设计学等作为新兴学科，尤其是在我国高校，其建设和布局仍处于动态发展的探索期，研究设计学科群概念及其学科群特征，分析国内外一流大学的设计学科群布局现状，探索设计学科群发展规律，能够为我国高校更为科学、合理地开展设计学科群的建设和布局，并紧跟世界学科发展的最新潮流，提供实际调研和学科建设理论支撑。

1.5.1 设计学科群的学科渊源及其学科群特征

设计学科群的核心学科在学科知识体系上具有显著的共通性。

设计学科群的核心学科设计学、建筑学、风景园林学、城乡规划学均为横跨工程技术和人文艺术的学科。这四门学科均有其自身的研究对象，与特定的物质生产和科学技术存在密切关系，而具有自然科学的客观性特征；同时，这些学科所研究和设计的对象又与特定时代和社会的政治、文化、艺术之间存在着显而易见的关系,使它们在另一方面有着特殊的意识形态色彩。

设计学科群的四个核心学科都是实践性很强的应用型学科,在知识体系上包含了大量跨越不同领域的相近的学科基础知识,它们所共享的学科基础知识可以分为三类:人文艺术类,包括美术学、历史学等;社会科学类,包括经济学、管理学、政治学等;自然科学类,包括力学、数学(空间几何、拓扑学等)、生态学、环境科学、计算机科学等。而高度共通的学科知识体系也导致学科相互间产生了大量的学科交叉领域,比如,建筑学与设计学的交叉领域室内设计、风景园林学与设计学的交叉领域景观环境设计。另外,对人居环境科学、城市设计学等学科交叉领域在人类知识分类体系中的定位的讨论在学界也一直方兴未艾[29,30]。

设计学科群的核心学科在学科建设的各重要要素中具有高度的相关性。

学科建设有四个重要要素,分别为人才培养、学术队伍、科学研究和学术声誉。设计学科群的核心学科在这些学科建设的重要要素中高度相关,通过形成学科群,能够有机整合在这些学科建设要素方面的学科资源,提升学科群整体实力。

在人才培养方面,整合学科群教育资源,能够形成设计学科群人才培养大平台。通过构建人才培养大平台,能够充分发挥设计学在人文艺术、美学等方面的优势资源;发挥建筑学在力学、数学等方面的优势资源;发挥风景园林学在生态学、环境保护等方面的优势资源;发挥城乡规划学在人文地理、公共政策等方面的优势资源。人才培养大平台对打牢学生专业基础,拓宽学术视野和专业领域,提升综合学术能力能起到重要的积极作用。

在科学研究方面,统筹分配科研人力和物力资源,能够组建设计学科群学术研究大团队。设计学科群的构建能够进一步整合学术研究方向,组建学术研究大团队,形成多学科集团化作战,探索人居环境科学、城市设计学等跨学科研究领域,从而承接和解决单一学科无法解决的项目和课题,比如,现代智慧城市的规划发展、全球化背景下的可持续设计等课题。随着学科群建设的不断成熟,从而逐渐获得业界认可,扩大社会影响力并提升学科群美誉度。

设计学科群的核心学科在社会经济建设的功能上具有明显的整体性。

设计学科群的四个核心学科均与人类生活密切相关,虽然各自的研究对象有所区别,大至整个城市的规划设计,中至建筑物、园林的设计,小至单个商业产品的设计,比如汽车、手机,但从其对社会经济建设的功能上而言,具有明显的整体性。对设计学科群的社会功能而言,其设计对象既要求具有科学合理的使用功能,又需要满足大众文化审美需求,而从"以人为本"的理念出发,还应关注人的精神心理需求。

随着近年来我国社会经济的迅速发展,城市化进程迅速推进,物质生活日益丰富,人们的需求层次不断提升,设计对象除了使用功能、审美功能以外,还需要面对时代发展带来的新挑战。生态、低碳已经成为制约或影响我们的重要考量因素[31],满足生态环保要求已经成为现代设计的基本准则。

1.5.2 国内外一流大学设计学科群布局情况

我们选取若干所国内外一流大学作为调研对象,所选取大学要求其设计学科群的相关学科设置齐全,学科排名总体靠前,逐一分析其设计学科群的布局态势。为了展示这些学校设计相关学科的学科实力,采用 QS 大学学科排名 2022(QS World University Rankings by Subject 2022)中的艺术与设计排名(Art & Design)和建筑与建造环境排名(Architecture & Built Environment)。对于美国高校,还会引用 *Design Intelligence* 杂志的全美最佳建筑和设计学校(America's Best Architecture & Design Schools)2020 年排名,该排名对美国高校建筑学进行了本科教育排名和研究生教育排名。为了保持学科名称的一致,我们采用我国的学科目录来表示这些学校的设计学科群布局,即设计学、建筑学、城乡规划学、风景园林学等。

以下先对排名靠前的 12 所学校的设计学科群布局进行逐一介绍,然后再进行分析。

(1)麻省理工学院。学校设有建筑与规划学院,下设建筑系、城市研究和规划系、媒体艺术与科学系,该学院同时布局了建筑学、城乡规划学、设计学三个学科,另外,媒体艺术与科学对应了我国的新闻传播学科。麻省理工学院的建筑学研究生课程在 *Design Intelligence* 全美最佳建筑和设计学校 2020 年排名中名列第三。麻省理工学院建筑与建造环境 QS 排名世界第一,艺术与设计 QS 排名世界第八。

(2)哈佛大学。学校设有设计学院,下设建筑系、风景园林系、城市规划与设计系,学院同时布局了设计学、建筑系、风景园林学、城乡规划学四个学科。哈佛大学的建筑学研究生课程在 *Design Intelligence* 全美最佳建筑和设计学校 2020 年排名中名列第一。哈佛大学建筑与建造环境 QS 排名世界第五,艺术与设计 QS 排名未上榜,可以认为哈佛大学的设计学并不偏向于艺术设计方向。

(3) 康奈尔大学。学校设有建筑、艺术和规划学院,是世界上最受尊敬和最负盛名的建筑学院之一,而且是常青藤联盟中唯一提供建筑学学士学位的学院,对应于学院名称,学院设有建筑学、艺术学和规划学(城乡规划学)共 3 个学科。康奈尔大学的建筑学本科课程在 *Design Intelligence* 全美最佳建筑和设计学校 2020 年排名中名列第一。康奈尔大学的建筑与建造环境 QS 排名世界第二十三,艺术与设计 QS 排名位于 51~100 名。

(4) 密歇根大学。学校设有艺术和设计学院、建筑和城市规划学院、自然资源与环境学院,学校在设计学科群领域布局比较完整,但是设计学科群的相关学科分布在 3 个不同的学院,艺术和设计学院设有艺术学和设计学,建筑和城市规划学院设有建筑学和城乡规划学,自然资源与环境学院的开设方向中包括景观设计(风景园林学)。密歇根大学的建筑与建造环境 QS 排名世界第三十二,艺术与设计 QS 排名位于 101~150 名。

(5) 宾夕法尼亚大学。学校设有思缇韦曼(Stuart Weitzman)设计学院,学院开设学科涵盖了设计学科群的各领域,并有一定延展,包括建筑学、城乡规划学、美术学、景观建筑学(风景园林学)等。宾夕法尼亚大学的建筑与建造环境 QS 排名世界第四十,艺术与设计 QS 排名位于 101~150 名。

(6) 新加坡国立大学。学校设有设计和环境学院,学院开设学科涵盖了设计学科群的很多领域,并有一定延展,包括建筑学、城市规划、风景园林等,学院开设了环境管理、房地产等专业。新加坡国立大学的建筑与建造环境 QS 排名世界第六,艺术与设计 QS 排名第三十一。

(7) 清华大学。学校设有美术学院和建筑学院。美术学院开设有设计学、美术学和艺术史论。建筑学院开设有建筑学、城市规划、风景园林学等。清华大学的建筑与建造环境 QS 排名世界第九,艺术与设计 QS 排名第二十。

(8) 同济大学。学校设有设计与艺术学院、建筑与城市规划学院。设计与艺术学院开设有设计学和艺术学,建筑与城市规划学院开设有建筑学和城市规划学。同济大学的建筑与建造环境 QS 排名世界第十三,艺术与设计 QS

排名第十二。

（9）东南大学。学校设有建筑学院，学院开设了设计学、建筑学、城乡规划学、风景园林学、美术学。另外，学校的艺术学院、建筑学院美术与设计研究所也会涉及美术学。东南大学的建筑与建造环境 QS 排名位于世界第 51~100 名，艺术与设计 QS 排名世界第三十四。

（10）天津大学。学校设有建筑学院，学院开设了设计学、建筑学、城乡规划学、风景园林学、美术学。另外，学校机械工程学院设有工业设计方向。天津大学的建筑与建造环境 QS 排名世界第三十七，艺术与设计 QS 排名未上榜。

（11）上海交通大学。学校设有船舶海洋与建筑工程学院、设计学院。船舶海洋与建筑工程学院开设有建筑学，设计学院开设有设计学、风景园林学。上海交通大学的建筑与建造环境 QS 排名位于世界第 51~100 名，艺术与设计 QS 排名位于世界第 51~100 名。

（12）浙江大学。学校设有建筑工程学院、计算机科学与技术学院工业设计系、农业与生物技术学院园艺系。建筑工程学院开设有建筑学和城乡规划学院，计算机科学与技术学院工业设计系开设有工业设计（设计学），农业与生物技术学院园艺系开设有风景园林学专业。浙江大学的建筑与建造环境 QS 排名位于世界第 51~100 名，艺术与设计 QS 排名位于世界第 101~150 名。

解读各大学设计学科群的学科布局情况，可以发现有三种布局模式：第一种是以设计学科群为整体，把设计学科群的核心学科尽量布局在同一个学院，甚至还涵盖到其重要支撑学科的美术学，比如，宾夕法尼亚大学设计学院、天津大学建筑学院、东南大学建筑学院等。第二种模式则把设计学科群的核心学科与设计学科群外其他关联学科布局在同一个学院，并不以设计学科群作为整体进行布局考虑，比如，把建筑学与土木工程共同布局，把风景园林学和林学共同布局，把设计学与计算机科学与技术共同布局等，这类大学有密歇根大学等。第三种模式介于前两者之间，把核心学科中的多数布局在同一学院，还有一个核心学科则与其他关联学科共同布局，比如，康奈尔大学、清华大学、同济大学等。

按照单个学科组织即学院，所覆盖的设计学科群领域进行区分，可以分为如表 1.1 所示的情况。

表 1.1　国内外大学设计学科群的学院布局情况

学院所覆盖学科	学　　院
设计学、建筑学、城乡规划学、风景园林学、美术学	宾夕法尼亚大学设计学院,天津大学建筑学院,东南大学建筑学院
设计学、建筑学、城乡规划学、风景园林学	哈佛大学设计学院,麻省理工学院建筑与规划学院,新加坡国立大学设计和环境学院
设计学、建筑学、城乡规划学、美术学	康奈尔大学建筑、艺术和规划学院
建筑学、风景园林学、城乡规划学	清华大学建筑学院,同济大学建筑与城市规划学院
建筑学、城乡规划学、土木工程	浙江大学建筑工程学院
建筑学、城乡规划学	密歇根大学建筑和城市规划学院
建筑学、土木工程	上海交通大学船舶海洋与建筑工程学院
设计学、风景园林学	上海交通大学设计学院
设计学、美术学	密歇根大学艺术和设计学院,清华大学艺术学院,同济大学设计与艺术学院,东南大学艺术学院
设计学、计算机科学与技术	浙江大学计算机科学与技术学院,宾夕法尼亚大学工程学院
风景园林学、林学	康奈尔大学农业与生命科学学院,密歇根大学自然资源与环境学院,浙江大学农业与生物技术学院

开设学科覆盖了设计学、建筑学、城乡规划学、风景园林学、美术学的学院有：宾夕法尼亚大学设计学院,天津大学建筑学院,东南大学建筑学院。

开设学科覆盖了设计学、建筑学、城乡规划学、风景园林学的学院有：哈佛大学设计学院,麻省理工学院建筑与规划学院,新加坡国立大学设计和环境学院。

开设学科覆盖了设计学、建筑学、城乡规划学、美术学的学院有：康奈尔大学建筑、艺术和规划学院。

开设学科覆盖了建筑学、风景园林学、城乡规划学的学院有：清华大学建筑学院,同济大学建筑与城市规划学院。

开设学科覆盖了建筑学、城乡规划学、土木工程的学院有：浙江大学建筑工程学院。

开设学科覆盖了建筑学、城乡规划学的学院有：密歇根大学建筑和城市规划学院。

开设学科覆盖了建筑学、土木工程的学院有：上海交通大学船舶海洋与建筑工程学院。

开设学科覆盖了设计学、风景园林学的学院有：上海交通大学设计学院。

开设学科覆盖了设计学、美术学的学院有：密歇根大学艺术和设计学院，清华大学艺术学院，同济大学设计与艺术学院，东南大学艺术学院。

开设学科覆盖了设计学、美术学的学院有：密歇根大学艺术和设计学院，清华大学艺术学院，同济大学设计与艺术学院，东南大学艺术学院。

开设学科覆盖了设计学、计算机科学与技术的学院有：浙江大学计算机科学与技术学院，宾夕法尼亚大学工程学院。

开设学科覆盖了风景园林学、林学的学院有：康奈尔大学农业与生命科学学院，密歇根大学自然资源与环境学院，浙江大学农业与生物技术学院。

对于第一种布局模式，即把设计学科群布局在同一个学院，采用这种布局模式的学院名称还可以分为两种类型，一种是以设计作为学院的主要命名，比如哈佛大学、宾夕法尼亚大学、新加坡国立大学；另一种是以建筑作为学院的主要命名，比如麻省理工学院、天津大学、东南大学。不同的命名方式是学科在大学中的发展历史和大学对学科布局的安排考虑等多方面因素综合作用的结果，也体现出设计学和建筑学两个学科之间有着非常强的关联关系。

设计学科群除了四个核心学科以外，美术学是学科群的重要支撑学科。美术学是四个核心学科的重要基础能力，而美术学所涉及的审美能力是设计学科群各学科所必须的重要基础。在多个以设计学科群作为整体考虑的高校中，均把设计学科群和美术学进行共同布局，以对设计学科群的整体实力进行强化和提升。

设计学作为一门快速发展的新兴学科，其知识沉淀和学科内涵也处于快速积累和发展的过程中。目前，根据研究方向的不同，设计学可以分为艺术设计和工业设计两个方向。在大学对艺术学的学科布局中，会产生两种布局状态：艺术设计与美术学等学科一起布局在建筑类学院或艺术类学院；工业设计与计算机科学等学科一起布局在工程类学院。*Design Intelligence* 杂志的全美最佳建筑和设计学校排名中直接分为室内设计和工业设计两个领域。但是,从当前设计学快速发展的态势而言,艺术设计、工业设计作为设计学所包含的两个子方向,逐渐融合进设计学科并成为学科的重要组成部分是形势所趋。

Design Intelligence 杂志是美国建筑和设计行业的权威杂志,由 Design Futures Council(未来设计协会)主办,杂志每年会以"America's Best Architecture & Design Schools"(全美最佳建筑和设计学校)为主题出版一期专刊,评选全美最佳建筑和设计学校,是国际上广受认可的业内大学专业排名。在其排名中,共分为四个领域:建筑学、风景园林学、室内设计和工业设计。在我国,也有学者提出一种以人居环境为核心的,涵盖建筑学、风景园林学、城乡规划学的人居环境科学[32],这是一种以人与自然的协调为中心、以人居环境为研究主题的复合交叉学科群。基于国内外大学设计学科群的布局和业内观点,可以说国内外学界和业界均高度认可设计学、建筑学、风景园林学、城乡规划学是彼此具有高度关联性的关联学科。

在大学学科建设的过程中,学科布局调整、学科制度重构是极为复杂的,要基于大学自身已有的发展历史和对未来学科发展的预判,开展系统分析和科学规划,这是一个不断妥协和博弈的过程。对于本章节所聚焦的设计学科群,从目前各校对其布局情况来看,它的四个核心学科在诸多学校被归属于同一学院,尤其体现在学科实力较强的国内外一流大学。可以说,对设计学、建筑学、风景园林学、城乡规划学进行联合建设,并外延到一些关联学科已经成为设计学科群水平处于世界顶级的大学的学科布局总体趋势。

1.6 海洋学科群及其学科布局研究

海洋面积占地球总面积的71%,海洋是潜力巨大的资源宝库。20世纪80年代以来,美国、英国、加拿大、法国等传统经济强国及亚太地区的日本、韩国、澳大利亚等国都分别制定了海洋发展规划。2001年5月,联合国缔约国文件指出:"21世纪是海洋世纪"。21世纪以来,在经济全球化和"海洋世纪"的双重作用下,世界各国纷纷将提高海洋资源开发能力、发展海洋经济、保护海洋生态、维护国家海洋权益等列为本国的重大发展战略。我国是海洋大国,海岸线长度居世界前列,管辖海域广袤,海洋资源丰富,坚定走向海洋,建设海洋强国已经成为我国的国家级战略。党中央、国务院高度重视海洋经济发展,党的十九大和十九届四中、五中全会对坚持陆海统筹,发展海洋经济,建设海洋强国作出重要部署。中国作为世界海洋经济发展的后起之秀,自2012年实施"海洋强国"战略以来,正不断朝着海洋强国迈进。建设海洋强国需要一流的海洋人才,但是目前我国的海洋人才教育体系还有待更进一步完善[33],尤其是缺乏高学历、高科技、高技能海洋人才[34],学术界对我国大学海洋人才培养和学科建设的相关研究也较少。

从学科知识体系的分类来看,海洋是一个庞大的复杂系统,以海洋作为研究对象,同时涉及自然科学领域、工程技术领域、社会科学领域,而且与人文学科也密切相关。发展海洋教育并对大学海洋学科群进行规划布局,需要大学管理者既要深入理解不同涉海学科之间的支撑关系,又要能够对既有涉海学科间的空白和边缘地带、新兴交叉领域的发展进行预判。近年来,我国学者对学科群的概念及其内涵多有研究,已经普遍意识到学科间的协同和共生是现代科学发展的重要特征[35],但是目前对海洋学科群布局的研究极少。本章节聚焦国内外具有世界一流海洋学科群水平的大学学科布局态势,挖掘海洋学科群的学科组成和布局特点。

1.6.1 海洋学科群的学科渊源及其学科群特征

近年来,我国高等教育领域提出了"新工科""新医科""新农科""新文科"等"新学科"概念,对于深化现有人才培养理念的改革起到了重要作用。也有专家在海洋学科领域提出"大海洋科学"的教育理念,强调海洋高等教育的多学科融合[36]。

海洋学科群的定义相对清晰,以海洋这一复杂巨系统作为主要研究对象,或是研究对象的主要载体的相关学科领域的集合,也被称为涉海学科群。海洋学科群主要包括海洋科学、海洋工程、海洋社会科学、水产等,其中能对应到我国《学位授予和人才培养学科目录》中的一级学科的有海洋科学、船舶与海洋工程、水产。

海洋科学是理学门类中的海洋相关学科,研究海洋的自然现象、性质及其变化规律以及与开发利用海洋有关的知识体系,是地球科学的重要组成部分[37]。海洋科学的学科起源可以上溯到 15 世纪,当时世界各地人类开始通过航海探险活动探索世界,从而加深了人类对全球海陆分布和海洋自然地理的了解。随着人类探索区域的不断扩大,也形成了一些海洋科学领域的早期经典著作,比如,19 世纪 40 年代出版的第一幅海产生物分布图和《欧洲海的自然史》,1855 年出版的《海洋自然地理学》,1859 年出版的《物种起源》,分别被誉为海洋生物学、近代海洋学和进化论的经典著作。21 世纪以来,科学技术快速发展,同时人类社会面临着资源枯竭和环境恶化的严重问题,海洋在人类社会可持续发展中的作用越来越突出,海洋科学的主要发展趋势将趋向于海洋在气候系统中的作用、海洋的储碳能力、海洋酸化、海洋生态系统与生物多样性、海底资源开发、海洋灾害预测、海洋能开发利用、海洋长期观测与预测等方面。

船舶与海洋工程属于工学门类,其研究对象是船舶与海洋工程装备,运用物理学、数学、力学、船舶与海洋工程原理的基本理论和基本知识,掌握船舶与海洋结构物的设计方法,研究船舶轮机的工作原理,了解造船和海洋开发的先进科学研究理论、新型舰船和海洋结构物的应用前景和发展动态。第二次世界大战后,随着世界全球化进程的不断推进,船舶及海洋工程技术经历了突飞猛进的更新和发展,人类的生存和活动空间不断拓展,对海洋资源不断地科学开发和利用对相应的海洋交通运输提出了新的更高的要求,给船舶与海洋工程的学科研究发展与应用赋予了强劲动力。

水产属于农学门类,是一门研究水域环境中经济动植物养殖与捕捞的理论和工程技术的综合性学科。内陆和海洋水域经济水生生物的资源机构、资源养护、人工养殖、捕捞等都属于它的研究范畴。其中,与海洋学科群最密切相关的是海洋渔业,海洋渔业是人类在海洋领域中的重要活动,随着海洋渔业从沿海不断向外海和远洋发展,目前已经成为全球性海洋开发产业。

海洋在社会科学领域也有重要影响,其代表性学科为海洋社会学、海洋法学、海洋经济学、海洋考古学等,同时也是国际关系、国家安全学等学科的重要研究领域。与欧美很多海洋大国相比,我国对海洋社会科学的关注和发展仍然处于起步阶段,学术界对于海洋的关注和研究显然还是太少,这与中国的海洋国土现实严重不符。从学科研究的角度来看,社会科学对于海洋的研究较之人文学科更是少之又少,尤其是社会学、政治学和经济学的研究亟待加强。

海洋自然科学、海洋工程领域的发展也需要海洋社会科学进行支撑，要从思想和知识上重视海洋，树立一种海洋自觉的意识，方能走上海洋强国和海权大国的道路。

海洋学科群还包括海事类学科，海事类学科泛指在人类认识、开发和经略海洋的过程中，所积累的相关知识体系的集合。海事源于海上交通运输，在国内的学科体系下，一般将交通运输工程、船舶与海洋工程两个学科作为海事学科的核心支撑。随着近代产业和科技的发展，逐渐扩展至航海、轮机、通信导航及航运管理和法律等覆盖整个海运业的学科专业群[38]。

随着新一代信息技术的发展，传统航运与人工智能、大数据等技术的结合愈加紧密，智能航运和航海科技的发展催生了海运行业的变革。联合国贸易和发展会议（UNCTAD）发布的《2020全球海运发展评述报告》中明确提出，世界海运行业要通过推动新技术应用并实现数字化、实施基于大数据的海运实时监测等来应对世界变革。在海运行业的智能化发展趋势下，船舶设计与建造、船舶营运、船舶监管、航海保障、港口运营等所有和船舶相关行业的模式和格局都将发生变化，因此海事教育的形态也随之发生变化。未来的海事教育和研究的重心将围绕智能船/无人船建造、航行技术、远程监控与岸基支持、通信技术、运维技术、能效技术、电力系统、法律法规等领域。因此，海事类学科是既包括交通运输工程、船舶与海洋工程等传统海事支撑学科的相关内容，又涉及多个学科并充分交叉的领域。

对海洋学科群的组成进行分类，大致可分为理学领域的海洋科学，其包括了海洋物理学、海洋化学、海洋生物学、海洋环境等；工学领域的海洋工程，其包括了船舶工程、港机、海洋装备、海洋信息等；社会科学领域的海洋事务，其包括了国际关系、海洋法律、资源和环保、海洋经济、航运、海洋文化等；农学领域的海洋水产；医学领域的海洋医学；文学艺术领域的海洋文学、海洋艺术等。

围绕重大项目和重大研究问题组建学科群是学科群组织最常见的"形核"原因之一，这种基于问题导向（problem-oriented）的学科组织模式针对人类发展中的关键问题开展应用型研究，进一步打通了科学研究和实践应用之间的藩篱。

问题导向的跨学科研究组织最早出现于二战时期的美国[39]，为了满足战时微波雷达的应用需求,麻省理工学院专门成立辐射实验室(现名林肯实验室),成为美国历史上第一个大规模,多功能的定向研发实验室[40]。21世纪,德国高等教育"卓越计划"提出了"卓越集群"理念,引导高校围绕重大研究问题共同开展世界顶尖的科学研究,孵化出汉堡大学"气候变迁研究"、不来梅大学"地球系统中的海洋研究"等优秀集群[41],德国"卓越计划"的实践经验也为我国"双一流"建设提供了重要借鉴。

海洋学科群的形成正是基于研究对象和问题导向出发,以海洋为研究对象,以解决海洋相关问题为研究目标,从而构建起海洋学科群的组织构架,下文将具体介绍目前国内外大学海洋学科群的构成情况。

1.6.2　国内外大学海洋学科群布局情况

我们选取10所国内外大学作为调研对象,所选取大学要求其海洋学科群的相关学科设置齐全,学科排名总体靠前,逐一分析其学科群的布局态势。在世界四大大学排名中,上海软科的世界一流学科排名在学科分类上与海洋学科群更为契合,为了展示这些学校海洋学科群的学科实力,采用2022世界一流学科排名中的海洋科学排名和船舶与海洋工程排名进行参考。

(1) 加州大学圣地亚哥分校。该校的前身即斯克利普斯海洋研究所(Scripps Institution of Oceanography),斯克利普斯海洋研究所是全球历史最悠久、规模最大、最重要的海洋研究机构之一,该所下设海洋地质、海洋生物和大洋三个研究部,其研究领域主要聚焦在海洋科学。加州大学圣地亚哥分校的海洋科学软科世界排名为第一名。

(2) 华盛顿大学(西雅图)。该校设有海洋学院、海洋和环境事务学院。华盛顿大学海洋实验室成立于1930年,海洋学院于1951年成立,举办了美国最古老的海洋学本科课程,也是唯一提供全部学位的海洋学系:文学士、理学士、理学硕士和哲学博士。海洋和环境事务学院则开展海洋系统、政策和管理的相关研究和教育,即海洋社会科学领域。华盛顿大学(西雅图)的海洋科学软科世界排名为第二名。

(3) 西澳大利亚大学。学校设有海洋研究所,其研究范围是海洋科学、生态学、工程、资源管理、公共管理,同时横跨了三个学科领域,还设有印度洋海洋研究中心。西澳大利亚大学的海洋科学软科世界排名为第二十七名,船舶与海洋工程软科世界排名为第十三名。

（4）普利茅斯大学。该校把海洋科学作为学校最重要的专业方向之一，普利茅斯大学海洋研究所的工作人员、研究人员和学生共计3 000余人，是英国第一个也是最大的海洋研究所。研究方向包括海洋生物科学、海洋地质科学、海洋环境工程，以及海洋政策、海洋文化和航运等。普利茅斯大学的海洋科学软科世界排名为第五十名，船舶与海洋工程软科世界排名为第二十名。

（5）南安普顿大学。南安普敦大学设有海洋和海事研究所、海商法研究所和海洋考古中心。海洋和海事研究所的四个研究主题强调学校的跨学科优势为贸易与运输、社会与政府、能源与资源、气候与环境，所开展的博士研究项目为海洋和气候、动态地球、生物与全球环境的相互作用。近年来与我国的哈尔滨工程大学共同设立了南安普顿海洋工程联合学院。南安普顿大学的海洋科学软科世界排名为第四名，船舶与海洋工程软科世界排名为第三十名。

（6）不来梅大学。不来梅大学设有海洋环境科学研究中心，学校把海洋科学作为学校最重要的专业方向之一，主要研究领域由六个跨学科领域组成，其中海洋科学是其最为杰出的研究领域。海洋环境科学研究中心包括海洋与气候、地球-生物圈互相作用、海底动力学三个重要研究方向。不来梅大学的海洋科学软科世界排名为第十五名。

（7）上海交通大学。上海交通大学设有海洋学院、船舶海洋与建筑工程学院、上海海洋装备前瞻技术研究院、海洋水下工程科学研究院（有限公司），学校还设有海洋法治研究中心、极地与深海发展战略研究中心、国家海洋战略与权益研究基地，开展海洋社会科学方面的研究。学校提出"大海洋"建设战略，高度重视海洋学科群建设和发展。上海交通大学的海洋科学软科世界排名为第四十四名，船舶与海洋工程软科世界排名为第一名。

（8）中国海洋大学。中国海洋大学作为一所以海洋和水产学科为特色的学校，海洋学科群布局完整，设有海洋与大气学院、海洋地球科学学院、海洋生命学院、水产学院，其国际事务与公共管理学院设有海洋公共管理研究所，开展海洋社会科学方面的研究。学校建设的海洋创新平台包括海洋科学研究创新平台、海洋生命科学与技术创新平台、海洋工程技术研发平台和海洋发展人文社会科学研究基地。中国海洋大学的海洋科学软科世界排名为第八名，船舶与海洋工程软科世界排名为第十名。

(9) 河海大学。河海大学设有海洋学院、港口海岸与近海工程学院、水文水资源学院,在海洋学科群领域布局完整。河海大学的海洋科学软科世界排名位于 51～75 名,船舶与海洋工程软科世界排名为第十四名。

(10) 哈尔滨工程大学。哈尔滨工程大学设有船舶工程学院、水声工程学院、南海研究院。学校主要布局在海洋工程领域,近年主要聚焦在"海洋载体平台"和"海洋信息工程"两个海洋科技未来发展方向。哈尔滨工程大学的海洋科学软科世界排名位于 101～150 名,船舶与海洋工程软科世界排名为第二名。

比较国内外高校在海洋学科群的布局态势,我国高校更倾向于在船舶和海洋工程领域进行布局。近年来,我国高校在海洋科学领域的发展也较为迅速,但是相对而言,在海洋社会科学领域比较薄弱。而国外高校更为注重海洋科学和海洋社会科学,尤其是很多国外学校在海洋科学领域有极为庞大的学科组织和科研人员规模,这是目前我国大学及科研院所无法匹及的。

在海洋社会科学领域,海洋法和海洋国际关系有着很特殊的地位,为了追求更大的海洋资源和活动空间,各国往往在海洋环境、海洋安全等领域出现交集,以维护本国国家利益、保护环境为理由,出台各种措施限制海洋自由、占有部分海域、争取海洋资源。除了公海以外,全球海洋资源实际上已经被沿海国家做了分配。相比陆地领土的分配,有关海洋权益的归属显得更为复杂。陆地是一个封闭性的区域,所有者可以用界碑、围墙、栅栏等方式,将某一区域与其他区域分割开来。在此背景下,海洋法和海洋国际关系的相关研究工作显得尤为重要,结合海洋科学、海洋工程,哪个国家在海洋法和海洋国际关系的学术界有更深入的研究,能够发出更多的专业声音,就明显有助于国家在海洋权益上处于领先位置,这也是高校学科布局及其响应研究反哺国家建设的重要体现。

从国内外大学海洋学科群的布局态势中可以发现以下三个特征:一是集群式发展是世界一流海洋学科群建设的重要特征,只有汇聚不同学科涉及海洋领域的优势力量,才能进入海洋学科的国际竞争行列。二是世界一流海洋学科群建设具有强烈的问题导向型特点,比如,不来梅大学、西澳大利亚大学等很多学校都有从海洋领域某个重大问题组建研究团队乃至研究组织的做法。三是目前全世界高校的海洋科学和海洋工程发展相对较为成熟,而海洋社会学随全球一体化不断深入而发展迅速,三者既相辅相成,又在一定程度上处于不同的发展阶段,对于布局海洋学科群的高校而言,既要考虑学科组织和人员结构,又要考虑知识学科的发展态势,通过学科布局领先一步,占据海洋学科群发展的优势地位。

本章参考文献

［1］阎光才.学科的内涵、分类机制及其依据［J］.大学与学科,2020(1)：58-71.

［2］(古希腊)柏拉图.理想国［M］.张竹明,译.南京：译林出版社,2009：13-18.

［3］陈洪澜.论知识分类的十大方式［J］.科学学研究,2007(1)：26-31.

［4］别敦荣.论大学学科概念［J］.中国高教研究,2019(9)：1-6.

［5］崔育宝,李金龙,张淑林.交叉学科建设：内涵论析、实施困境与推进策略［J］.中国高教研究,2022(4)：16-22.

［6］施晓光.重识学科本质特征、生长逻辑与价值功用——兼论学科建设的几点策略［J］.大学与学科,2021(2)：1-12.

［7］肖璇.从概念出发的学科互文与兼容——从音乐研究角度看民族艺术学的概念和建构［J］.民族艺术研究,2022(1)：69-76.

［8］李志河,刘杜娟,王强,聂建文,林欢.教育技术学学科"大概念"蕴意、路径及模式［J］.现代教育技术,2022(2)：24-36.

［9］王勇安,乔子宁.出版概念重构与出版学学科自信重塑［J］.出版广角,2020(16)：15-19+30.

［10］Krücken, G. Hochschulforschung.In Handbuch wissenschaftssoziologie［M］. Wiesbaden: Springer Fachmedien, 2012: 265-276.

［11］［美］默顿.科学社会学散忆［M］.鲁旭东,译.北京：商务印书馆,2004：22,7,83.

［12］鲁晓,李正风."科学的社会研究"的主题、方法及反思——基于3S杂志的透视［J］.科学学研究,2015(1)：4-10+89.

［13］［英］迈克尔·吉本斯,卡米耶·利摩日,黑尔佳·诺沃提尼,等.知识生产的新模式：当代社会科学与研究的动力学［M］.陈洪捷,沈文钦等译.北京：北京大学出版社,2011.

［14］沈文钦.科学学与高等教育研究的交集与互动——学术史的回顾与展望［J］.北京大学教育评论,2022(1)：72-100+190.

［15］别敦荣.论大学学科概念［J］.中国高教研究,2019(9)：1-6.

[16] Dogan,M. Specialization and Recombination of Specialties in the Social Sciences[M]. London:Pergamon-Elsevier Science,2001:14851-14855.

[17] 杨曦.学科专业设置政府需向高校让渡权力[N].光明日报,2014-02-25(13).

[18] 许慈晖.学科权力体制改革走向多元化[N].中国社会科学报,2016-04-07(4).

[19] 宣勇,凌健."学科"考辨[J].高等教育研究,2006(4):18-23.

[20] Augsburg, T. Becoming Interdisciplinary:An Introduction to Interdisciplinary Studies (2nd edition) [M]. Dubuque:Kendall/Hunt Publishing,2006:10-11.

[21] 谭镜星,曾阳素,陈梦迁.从学科到学科群:知识分类体系和知识政策的视角[J].高等教育研究,2007(7):31-36.

[22] 宣勇,凌健."学科"考辨[J].高等教育研究,2006(4):18-23.

[23] 王栾井,刘晓峻.学科群:学科综合化发展的新趋势[J].江苏社会科学,1997(1):171-176.

[24] 陆爱华,骆光林.对工科院校学科群构建问题的探讨[J].学位与研究生教育,2005(6):46-50.

[25] 许四海.学科群:新建本科院校学科建设的现实选择[J].高教探索,2008(5):80-85.

[26] 武建鑫.世界一流学科的政策指向、核心特质与建设方式[J].中国高教研究,2019(2):27-33.

[27] 尹定邦.设计学概论[M].长沙:湖南科学技术出版社,1999:1.

[28] 宣勇,张鹏.组织生命周期视野中的大学学科组织发展[J].科学学研究,2006(A2):366-370.

[29] 张莹霞,邢晗.解读人类聚居学和人居环境科学概论:其对建筑学科研究的意义[J].陕西建筑,2014(6):4-6.

[30] 徐苏宁.城乡规划学下的城市设计学科地位与作用[J].规划师,2012(9):21-24.

[31] 人居环境科学发展的趋势论——吴良镛院士演讲笔录[J].中国建筑教育,2010(1):20-24.

[32] 吴良镛.人居环境科学导论[M].北京：中国建筑工业出版社,2001：7.

[33] 王芳.凝聚人才须精准发力——我国海洋人才队伍发展现状和建议[N].中国自然资源报,2020-05-07(5).

[34] 王琪,李凤至.我国海洋人才培养存在的问题及对策研究[J].科学与管理,2011(2)：30-36.

[35] 张松,张国栋,王亚光.国内外大学设计学科群布局研究[J].黑龙江高教研究,2016(11)：46-50.

[36] 苏勇军.国家海洋强国战略背景下海洋高等教育发展的问题与对策[J].中国高教研究,2015(2)：42-45.

[37] 国务院学位委员会第六届学科评议组.学位授予和人才培养一级学科简介[M].北京：高等教育出版社,2013：88.

[38] 高宏峰.提高海事教育水平 为航运业发展作出贡献[EB/OL].(2009-06-08)[2023-02-20].http：//www.gov.cn/gzdt/2009-06/08/content_1334901.htm.

[39] 王冉.问题导向型跨学科研究组织运行机制研究[D].大连理工大学,2014.

[40] 马晓琨.大科学的雏形——MIT辐射实验室史初探[D].北京大学,2008.

[41] 陈洪捷,巫锐."集群"还是"学科"：德国卓越大学建设的启示[J].江苏高教,2020(2)：1-8.

第二章
学科生命周期理论研究

统筹推进世界一流大学和一流学科建设(简称"双一流"建设)是当前我国高等教育事业发展的重要战略,是党和国家根据世界高等教育发展趋势和我国高等教育实际情况所作出的重要决策,"双一流"建设战略的实施标志着我国高等教育事业发展已经迈入了一个新的历史阶段。在"双一流"建设背景下,应加强对一流学科建设内涵的理论研究基础,提升对一流学科发展规律的科学认识,从而为我国高等教育事业发展提供充足的理论支撑。

2.1 学科生态系统

2.1.1 知识学科生态系统

为了研究学科的自身特点和规律,可以在借鉴组织理论和生态系统思维的基础上,以隐喻的方式研究学科的生态现象,称之为学科生态系统。对于知识学科而言,一个学科从知识的产生,到知识体系的逐渐完善,犹如生物体的新陈代谢,同时,不同学科之间的相互关联状态,可以看作学科的生物链和生物圈现象。引入生态学后,可以帮助人们通过借鉴生态学的相关理论,研究学科的生态现象,从而更为深入地理解学科自身的内在机制。

学科体系对应了知识学科生态系统的空间维度。在学科体系结构中,学科与学科之间的关系可以对应到生物群落知识中,前文所介绍的学科群就可以类比为生物群,学科门类可以类比为生物种类,交叉学科、边缘学科可以类比为生存在不同生物群落交接或即有生物群落边缘的个体。这些类比可以帮助人们非常容易地去理解学科结构及其发展态势,比如,21世纪以来,信息类学科的快速发展就可以看作信息类学科群落的快速成长,如计算机科学、量子计算、云计算、人工智能、集成电路等个体成为整个学科群落中的明星个体。

知识学科的从无到有,再走向成熟和老化的过程对应了知识学科生态系统的时间维度。前文所介绍的大学从诞生起,学科体系的不断演变即体现了这一过程。大学诞生初期曾风光一时的神学,经过数百年的发展,逐渐迈入老龄。以数学、物理学、化学、生物学为代表的自然科学则不断茁壮成长。普遍认为,爱因斯坦去世后,物理学仿佛进入了瓶颈期,一直在停滞不前,没有重大突破,从生态系统的视角出发,可以认为是物理学科已经进入成熟阶段。而以计算机科学为代表的信息学科群落则正处于青壮年快速发展的阶段。

基于生态系统的视角,学科群体好好比生物界的生物圈,一个学科可以为另一个学科发展提供动力和营养,而若干个学科可以链接构成一条学科链,当学科链能够形成一个闭环时,则可称之为学科环,这也可以看作学科群概念的生态化。不同学科之间如果形成了"生物链"和"生物环",就可能形成一个中积极的正反馈系统,在这样一个循环系统中,每一个学科都可以通过获得其他学科的支持而快速发展,这种共赢就是生物学概念中的共生效应。

比如,矩阵理论曾是数学中极为边缘的一个领域,19世纪的英国数学家亚瑟·凯利(Arthur Cayley)被公认为矩阵的创始人,他提出在矩阵中乘法不满足交换律,而且在数学领域给出了证实,但是这种数学形式基本上没有用武之地,除了极少数的数学家以外,绝大部分的物理学家都不懂矩阵,甚至都没听过还有矩阵这个概念。联邦德国物理学家沃纳·卡尔·海森伯(Werner Karl Heisenberg)在研究量子力学的过程中,在物理现象中也发现了他所设想的数列不满足乘法交换律,由于不理解这种奇怪的乘法,他请教了他的好朋友,另一位著名的物理学家马克斯·玻恩(Max Born),玻恩认出了这是数学中的矩阵理论,又找了他的一个擅长数学的学生帕斯库尔·约尔当(Ernst Pascual Jordan)一起来研究,三人共同创立了基本的矩阵力学形式。而矩阵论也随着量子力学的发展而发扬光大,并在计算机科学领域占据举足轻重的地位。

2.1.2 组织学科生态系统

在组织学科视角下,学科布局和组织学科生命周期同样可以看作学科存在的两个维度。学科布局代表的是在空间维度下,学科在以大学为主要组成的科研体系中的分布状态。学科生命周期则代表的是在时间维度下,学科组织从形成到成长成熟,乃至老化的生存状态。在生态学视角下,单个组织学科从萌芽到成熟再到老化具备了生物特征,而组织学科在空间维度的分布则具备了生命体系特征,从而形成了组织学科生态系统。郭树东提出,学科是一个组织生命体,它是学科组织生态网络中的一个结点,学科组织的生存、发展及其活力的保持与学科组织化程度相关,与办学者营造的学术生态环境相关[1]。

组织学科的生态系统的隐喻,其最大的作用可以认为是,从学科单体的生存与发展,转向组织生态系统的存在与发展,即强调系统整体性视角下,学科单体之间的合作与竞争,系统整体的竞争优势则取决于系统内部组织结构和系统的功能指向。这样的架构更有利于具有多个学科组织的机构去了解和研究学科成长规律、学科竞争优势、组织竞争优势等,而一个机构中存在多个学科组织则是科研教育机构的常态,比如,综合性大学,以及本书所研究的视角,多个大学组成的省域范围。

有别于自然主义的社会生态系统,学科生态系统更为强调学科布局、组织结构、发展模式的恰切性,以及学者之间的相互合作、学科与产业之间的价值取向。翟亚军认为,学科系统作为一个复杂的适应性系统,其进化、发展与自然界的进化、发展存在诸多相通之处,具有一般生态系统的基本特征。[2]武建鑫指出,学科生态系统存在四个核心主张:一是重视学科生态系统的健康及其整体竞争力;二是学科的多样性是系统有序演化的先决条件;三是优势学科群落决定着学科系统的学术;四是根据知识生产和协同育人规律打造学术共同体[3]。

总结目前学术界对组织学科生态系统的相关研究,一般是基于学科生态发展观的视角,运用生态学原理分析学科组织的发展规律,从而为学科发展范式提供一种理论指导,有助于学界和科研教育机构管理者更深入地理解学科内涵及其本质。

总结以上分析,在组织学科生态系统视角下,学科布局与组织学科生命周期是学科生态中的两个维度,密不可分,而知识学科生命周期则是学科组织存在的立身之本(以神学和信息科学比较)。要研究学科布局,我们需要先理解知识学科生命周期理论。

2.2 新兴学科视角下的知识学科生命周期

我国的高等教育起步较晚,21世纪后才进入快速发展阶段,与欧美高等教育发达国家相比差距巨大。而在交叉学科、边缘学科等新兴学科领域,其与高等教育发达国家深耕数十甚至数百年的传统学科不同,国内外学术界处于相近的起跑线,彼此差距较小。因此,在新兴学科领域加强学术资源和教育资源投入,对于我国科技和教育事业乃至综合国力发展极有意义。

当前我国学术界对新兴学科的发展已形成初步共识,在加强交叉和边缘学科研究、对国外新兴学科发展和人才培养等方面都有一些研究和总结。但由于固有体制壁垒及缺乏有效机制,新兴学科的发展思路有待厘清。因此,对新兴学科自身发展规律的研究目前对我国学术界而言仍是一个新的课题,还需要进一步拓宽视野、深化认识。

2.2.1 新兴学科视角下生命周期理论的重要性

学科知识体系是人类对知识的一种主观划分的结构体系。通过对知识进行分类,建立起次序化、规范化、系统化的知识世界[4]。基于知识动态发展观,知识分类是受限于人类既有认知的,并随着人类认识世界能力的提升与知识体系不断地发展而不断变革。恩格斯在19世纪70年代根据当时自然科学发展所显示的突破原有学科界限的新趋势,在分析各种物质运动形态相互转化的基础上指出,"原有学科的邻接领域将是新学科的生长点"[5]。

在现代学科知识体系中,新兴学科往往处于既有学科间的空白和边缘地带,尤其是在交叉学科领域,它打破了既有知识体系的分割界限,随着人类社会经济和学科研究的发展,各门学科不断交叉,加速融合,新兴交叉学科、边缘学科毫无疑问是学科体系中的研究前沿和热点。

新兴学科的发展不仅关系到教育和科技界,新兴学科通过引领新兴产业的发展,与社会经济有着深刻的内在联系,在恰当的时期促使恰当的新兴学科获得充分发展,甚至会帮助一个国家迎来重要的战略发展机遇。

以20世纪80年代至90年代信息科学在美日两国的发展为例,美国克林顿政府制定了以"信息高速公路"为代表的一系列科技发展规划,强有力地推动了美国高新技术产业尤其是信息产业的飞速发展[6]，成功实现了产业结构调整，进一步确保巩固了美国在全世界经济社会中的领先地位。反观日本政府，对信息产业的基础研究投入不足，自主创新不够，只注重对信息技术的引进和吸收，导致信息产业发展后劲不足，一度陷入低谷。直至日本于1995年颁布《科学技术基本法》，90年代后期在财政拮据的情况下，仍然确保研发经费的投入，逐渐带动经济复苏[7]。因此，新兴学科发展及相应资源投入是现代国家的国家级战略规划，可以关乎国家未来数十年乃至更久的发展方向和前景，及其在整个世界经济体系中的地位。

近年来，随着我国与西方发达国家之间的技术差距迅速缩小，通过引进、消化、吸收来实现技术跨越的后发优势逐渐失效，通过科学技术创新来引领发展已经成为我国现代化建设的迫切需要。

创新是引领发展的第一动力，我国政府已经意识到新兴学科对国家发展所具有的重要作用，在《国家中长期科学和技术发展规划纲要（2006—2020年）》中指出："基础学科之间、基础学科与应用学科、科学与技术、自然科学与人文社会科学的交叉与融合，往往导致重大科学发现和新兴学科的产生，是科学研究中最活跃的部分之一，要给予高度关注和重点部署。"

新兴学科发展快、拥有广阔的应用前景，但是这也意味着其变化剧烈、极具不确定性。一个新兴学科在未来究竟是成长为大放光彩的恒星，还是仅仅是一闪而过的流星，均存在可能。而在新兴学科的发展成熟过程中，其究竟处于哪一个发展阶段，是萌芽阶段还是快速发展阶段，其发展成熟程度与科技成果转化率是存在关联的。从信息科学、机器人等学科在美日的发展历程可以发现，国家在新兴学科不同发展阶段进行大规模资源投入所获得的收益率不同，一旦能够长期确立本国在该新兴学科领域学术前沿的领先地位，将会带动和引领本国整个新兴产业的蓬勃发展。因此，如果能准确地掌握新兴学科发展的客观规律，对于国家制定科技资源投入策略将有重要的参考价值。

2.2.2　知识学科生命周期的阶段划分

生命周期理论源于生物学，在经济管理、心理、环境等学科获得应用，其基本内涵为从诞生到消亡的整个过程。由于其科学性和客观性，为研究社会组织的发展和兴衰提供了独到的视角，尤其是企业生命周期理论近年来已经成为国际上流行的管理理论。本书基于生命周期视角，首先关注的是学科尤其是新兴学科的生命周期阶段的构建与划分。

美国管理学家爱迪思（Ichak Adizes）基于生命周期理论，从组织和管理的角度把企业的成长细致地划分为孕育期、婴儿期、学步期、青春期、盛年期、稳定期、贵族期、官僚初期、官僚期及死亡期十个阶段，每个阶段都体现着两个指标：灵活性和可控性[8]。对于学科的生命周期阶段，宣勇首先提出了大学学科组织的生命周期可以划分为生成期、成长期、成熟期与蜕变期四个阶段[9]，张国栋把学位点生命周期划分为孕育期、生成期、成长期、发展期、成熟期和蜕变期六个阶段[10]。

学科是内在观念建制和外在社会建制的统一体，或者说是学科的知识形态和组织形态，两者之间互相影响，密不可分。目前已有的对学科生命周期的研究主要关注的学科的外在社会建制，即组织形态的学科，还未拓展到对知识形态的学科的发展规律的探究，而本书所关注的新兴学科的研究对象是学科的知识形态。

目前对知识形态学科的生命周期的研究较少，但是学术界对知识自身的生命周期已有一定的认识。麦克罗伊（Mark W McElroy）对知识生命周期理论有深入研究，可以划分为：业务处理环境、知识产生和知识整合三个阶段[11]。有学者总结国内外相关研究后认为知识生命周期可以归纳为四个阶段：产生阶段、整合阶段、利用阶段、衰退阶段[12]。

总体而言，对组织形态的学科和知识本身的生命周期阶段的划分均已经较为成熟，学术界对此没有原则上的争议。借鉴生命周期的相关理论，结合学科内在建制的自身发展规律，重点聚焦新兴学科所处的发展阶段，本书把学科的生命周期阶段划分为孕育期、成长期、发展期、成熟期、蜕变期。

学科孕育期，即学科起点，此时的学科状态为学科萌芽阶段。所对应的科学研究特征为：在基础科学研究领域产生新的发现。所对应的实践应用特征为：社会萌发新的市场需求。

学科成长期，此时的学科状态为逐步成长为独立学科。所对应的科学研究特征为：体现出明显的科研价值，研究热度持续升温。所对应的实践应用特征为：获得眼光敏锐的业界企业关注，新兴产业开始孵化。

经过学科成长期后,学科将面临是否达到学科成立条件的挑战,即内在建制学科存在价值被广泛认知和接受,外在建制获得认可。而达到学科成立条件后,即进入学科发展期。

学科发展期,此时的学科状态为学科进入高速发展阶段。所对应的科学研究特征为:科学研究逐渐取得显著的成果,成为学术界重要的研究热点,学科知识体系逐渐成形。所对应的实践应用特征为:引发社会各界的广泛关注,新兴产业持续增长,吸引获得各方资金和资源投入。

经过学科发展期后,学科将面临是否达到学科成熟条件的挑战,即内在建制有成熟的理论知识体系和学科范式,外在建制有专门学会、独立的研究院所、大学中单设学院或学系、专门的刊物等。而达到学科成熟条件后,即进入学科成熟期。

学科成熟期,此时的学科状态为学科进入稳态发展时期。所对应的科学研究特征为:具有成熟的理论知识体系和较为成熟、得到公认的学科范式,规模稳定的学术机构和研究人员。所对应的实践应用特征为:学科成为人类经济社会运行中的重要环节,形成稳定的产业规模和从业人员群体,对地区乃至全球经济具有重要影响。

学科蜕变期,有盛则有衰,学科遭遇发展瓶颈。所对应的科学研究特征为:学术未知领域面临枯竭,有待发现新的研究热点。所对应的实践应用特征为:社会需求衰退,面临产业过剩。

为了描述不同阶段的学科的特征并建立划分依据。我们主要关注学科的科学研究和实践应用两个指标,上文列出了各阶段的相应特征,两个指标的选择和具体展开在以后进行详述。一门新兴学科从孕育期开始诞生,即学科起点,其存在两种不同模式,即基础科学研究产生新的发现与社会萌发出新的市场需求,学科的两种不同的诞生模式均客观存在,与技术创新两种模式的不同起点相类似。学科进入成长期后,在成长期到发展期再到成熟期的三个阶段中,引入学科成立和学科成熟两个条件。一门新兴学科是否成立面临学科成立的条件和学科成熟的标准这两个问题,学科成立的条件主要是针对科学领域本身的固有属性而言的[13]。成长期是学科逐渐成立的过程,随着学科发展,其自身价值逐渐被挖掘和获知,基于学科内在观念建制,当学科的存在价值被人们广泛认知和接受后,其外在社会建制也会相应获得认可,从而学科达到成立条件,进入发展期。发展期是学科从成立到达成熟的阶段,费孝通对学科内在建制和外在建制的成熟标准进行了详述[14]。学科经过成熟期较长时间的稳态发展后,当遇到学术未知领域枯竭、社会需求衰退等问题时,进入蜕变期。

基于学科发展的五个阶段,可以对新兴学科和成熟学科进行区别。学科在到达成熟期之前,均可以称为新兴学科,学科在达到成熟条件并进入成熟期后,即可以称为成熟学科。

与生命周期四段论不同,本书主要关注新兴学科的生命周期阶段,因此,对学科的成长期和发展期进行了更为详细的划分和界定。生物在成长发育阶段是变化最为剧烈的,进入成熟期后处于稳态阶段,学科的发展同样类似,新兴学科正处于学科生命周期的动态发展时期,学科成长期可以类比为生物的幼年期,学科发展期可以类比为生物的青年期,并且根据学科自身规律,对这两个时期设立相应的达成条件,从而可以对新兴学科的生命发展进行更为细致的归类和研究。

2.2.3 学科生命发展评价指标的构建

对新兴学科生命发展情况进行判断,需要对该学科的历史渊源、发展现状等有深入了解,为了帮助对新兴学科发展情况进行评价,很有必要构建一套能够反映其发展核心内容的指标体系。

基于学科生命周期的五阶段划分,本节尝试构建新兴学科的生命发展评价指标。我们此时的研究对象是呈知识形态的学科,也即学科的内在观念建制,采用科学研究和实践应用作为评价学科生命发展的核心指标。学科的内在观念建制是指研究对象、研究方法等学科的认识规范和知识体系,科学研究正是属于学科内在建制的核心内容。从表面上看,实践应用指标似乎是属于外在社会建制,其实,实践应用指标所关注的是学科知识本身获得实践应用的情况,从而对学科知识的应用性进行评价,并不是关注学科所衍生出的具体相关社会组织,因此,该指标仍然是属于内在观念建制范畴的。

以科学研究和实践应用两个指标作为标准对学科生命阶段进行评价,能够很好的表述出新兴学科的发展路径。

科技创新存在两种模式,即线性创新模式和非线性创新模式。线性创新模式的观点源于范内瓦·布什(Vannever Bush)的著名报告《科学：无尽的前沿》(*Science: The Endless Frontier*)[15]，是由基础科学到技术创新，再转化为开发、生产和经济发展的单向线性模式。基于这种线性模式，学术界提出了非线型模式，有学者指出技术创新系统具有非线性特性和流变—突变规律[16]，而线性关系是只是非线性的一种特例。对于新兴学科而言，科学研究和社会需求及应用在学科发展的各个阶段同样互相间存在着深刻联系。

为了帮助对评价指标体系的构建，以下选择三个近年来广受社会各界关注的新兴学科为例：生物材料、石墨烯(二维材料)和云计算。

生物材料代表了发展渐趋成熟和稳定的新兴交叉学科，其发展模式是典型的由社会需求所驱动的非线性发展模式。

以石墨烯为代表的二维材料是一门典型的新兴边缘学科，人类对该未知领域的探索取得了重大突破，在科学研究上取得了重要成果，但是其社会应用和产业化仍然处于探索阶段。

云计算作为新兴学科，仅诞生十年就已产生庞大的行业规模，展现出了广阔的应用前景，是技术性较强的应用型学科。

以三个新兴学科为例，对它们生命发展评价指标进行了解析。学科概况包括学科起源、学科基础等。现代概念的生物材料起源于20世纪50年代，已有六十多年历史，石墨烯和云计算诞生至今只有十年左右。目前，新兴学科一般起源于交叉学科和边缘学科，即有学科作为其重要基础有必要进行列出。

(1) 生物材料

学科概况。现代生物材料学科起源于20世纪60年代，诞生了第一代生物惰性材料及其临床应用，例如，体内固定的骨钉和骨板、人工关节、人工血管等，其所遵循的原则是尽量将受体对植入器械的异物反应降到最低，即生物惰性。学科知识基础源于生物学、医学、材料学、化学、机械工程等。

科学研究。学科重要成就方面，近年来人类已经开发并应用了生物医学高分子材料、生物医学复合材料、生物医学陶瓷材料，尤其是可降解材料的研发与应用等。学科学术研究热度方面，21世纪以来诞生了诸多专业学术国际期刊，比如 *Acta Biomaterialia* 等；以 biomaterial 为关键词，Sicence Direct 数据库检索2022年论文，其检索结果显示为12 562篇。学科前沿热点方面，包括载药材料、光动力治疗、荧光探针等。学科知识体系方面,生物材料学科已有较完整的体系,但仍存在广阔未知领域待探索。

实践应用。学科应用领域方面,在现代医学中,生物材料正在突破传统的无生命医用金属、高分子、生物陶瓷等常规材料领域,正在向再生和重建被损坏的人体组织和器官、恢复和增进人体生理功能、个性化和微创治疗等方向发展。学科行业领先企业方面,主要集中在强生公司(Johnson & Johnson)、美敦力(Medtronic)、美国辛默控股(Zimmer Holdings)、史赛克(Stryker Corporation)、贝朗医疗(B Braun)等,国内重点企业包括创生控股、康辉医疗、微创、乐普医疗等,国内高端生物医药材料主要依赖于进口。在我国社会老龄化已呈现明显趋势,我国 65 岁以上的老龄人口持续攀升,在此背景下,政府和企业需要积极发展生物医药材料的市场化应用。

(2) 石墨烯(二维材料)

学科概况。石墨烯起源于 2004 年,由英国科学家安德烈·海姆(Andre Geim)和康斯坦丁·诺沃肖洛夫(Konstantin Novoselov)首次从石墨剥离出石墨烯,用事实证明二维材料可在常温常压下稳定存在,才将这种不可能变为了可能。石墨烯一经发现,就成为学术界的研究热点,不断产出相关学术成果,2007 年首次实验分离出石墨烯纳米膜,2013 年欧洲宣布开展十年 10 亿欧元的石墨烯旗舰计划,2016 后,在太阳能电池、触摸屏、散热系统等很多领域中均开始应用石墨烯。其学科知识基础主要源于材料学、物理学、化学等。

科学研究。学术重要成就方面,2010 年,石墨烯发明人海姆和诺沃肖洛夫获诺贝尔奖。学科学术研究热度方面,石墨烯的研究与应用开发持续升温,石墨和石墨烯有关的材料广泛应用在电池电极材料、半导体器件、透明显示屏、传感器、电容器、晶体管等方面。鉴于石墨烯材料优异的性能及其潜在的应用价值,在化学、材料科学、物理学、生物学、环境科学、能源科学等众多学科领域已取得了一系列重要进展,近年 Science、Nature 等顶级期刊发表若干论文,以 graphene 为关键词,在 Sicence Direct 数据库中检索 2022 年论文,检索结果显示为 5 437 篇。学科前沿热点方面,主要有石墨烯电池、石墨烯过滤膜、石墨烯光催化剂等。学科知识体系方面,经过近年来的不断发展,研究者们目前主要致力于在不同领域尝试不同方法以求制备高质量、大面积的石墨烯材料,并通过对石墨烯制备工艺的不断优化和改进,降低石墨烯制备成本使其优异的材料性能得到更广泛的应用,并逐步走向产业化。

实践应用。学科应用领域方面,包括欧盟、美国、日本、韩国等发达国家和地区在内,全球各地都在积极布局石墨烯产业。目前来看,中国石墨烯产业正引领着全球石墨烯的发展,我国石墨烯的专利申请量多年稳居世界第一,石墨烯产业链初步打通,石墨烯应用领域也在不断扩展。石墨烯已在电子信息、大健康、化工新材料、新能源、节能环保等领域实现产业应用,但是在规模迅速扩大的同时,石墨烯产业也正在经历许多新兴领域的"通病",如前期过度炒作、低质重复建设、低端产能出现过剩、行业标准缺失导致市场鱼龙混杂、下游应用市场仍未全面打开等。而这些都是在成长路上必须经历的磨砺,这些磨砺也将成为石墨烯产业走向成熟的垫脚石。学科行业领先企业方面,有英国国家石墨烯研究院,同时也是石墨烯的诞生地,国内企业有东旭光电,推出了世界首款石墨烯基锂离子电池产品,以及彤程新材、东方材料、道明光学,相关市场和企业仍处于快速发展阶段。

(3) 云计算

学科概况。云计算起源于 2006 年,当时 Google 首席执行官埃里克·施密特(Eric Schmidt)在搜索引擎大会"SES San Jose 2006"上首次提出"云计算"(Cloud Computing)的概念,而 Google 的"云计算"源于 Google 工程师克里斯托弗·比希利亚(Christophe Bisciglia)所做的"Google 101"项目。2007 年,亚马逊公司开始推出名为"弹性计算机云"(Elastic Compute Cloud,EC2)的收费服务,微软大力发展 Window Live 在线服务和数据处理以及网络软件"Live Mesh"。2007 年 10 月,Google 与 IBM 开始在美国大学校园,包括卡内基梅隆大学、麻省理工学院、斯坦福大学、加州大学伯克利分校及马里兰大学等,推广云计算的计划。2008 年,雅虎、惠普、英特尔联合宣布将建立全球性的开源云计算研究测试床 Open Cirrus,等等。这些都算是早期云计算发展的见证。云计算的学科知识基础源于数学、统计学、计算机科学、信息科学等。

科学研究。学科学术研究热度方面,诞生了 *IEEE Transactions on Cloud Computing*、*IEEE Transactions on Services Computing* 等一批顶级期刊,ACM Symposium on Cloud Computing、IEEE International Conference on Cloud Computing、International Conference on Cloud Computing 等一批等级学术研究会议,以 cloud computing 为关键词,在 Sience Direct 数据库中检

索 2022 年论文,检索结果显示为 13 904 篇。学科前沿热点方面,目前主要集中在虚拟化技术、分布式海量数据存储、海量数据管理技术、编程方式、同态加密、超融合与大数据和人工智能的联合发展等方面。同时,我们国家也高度重视相关研究,"透明计算"项目获得 2014 年度国家自然科学一等奖。

实践应用。学科应用领域方面,目前全球企业开始广泛使用云计算,从全球市场来看,已经形成了"3A"的产品格局,亚马逊的 AWS 以全球 40% 的市场份额占据龙头之位,紧随其后的是微软的 Azure,阿里云凭借 126% 的增速跻身全球第三。近几年,亚马逊网络服务(AWS)推出了其桌面即服务(DaaS)WorkSpaces,进一步扩展其云生态系统,微软在 2013 年也推出 Cloud OS 云操作系统,包括 Windows Server 2012 R2、System Center 2012 R2、Windows Azure Pack 在内的一系列企业级云计算产品及服,甲骨文公司也计划布局已从云管理组件转到 Oracle、Solaris 等虚拟系统服务。除此之外在国内云计算的发展也取得了显著成就,以阿里云为代表位列首位,百度等企业紧随其后。

在科学研究指标中,关注了四个方面:一是学科重要成就,它能够极大地提升其在经济社会中的影响力,吸引学术界和产业界的目光和投入,从而对新兴学科发展形成加速。比如,2010 年英国科学家海姆和诺沃肖洛夫因制得石墨烯获诺贝尔物理学奖,极大地提升了石墨烯的知名度和影响力。二是学术研究热度,它对学术论文的质量和数量进行表征,能够对科研规模进行衡量。石墨烯和云计算经过十年发展,在 Scopus 数据库中检索已发表论文的数量分别达到了惊人的 13 849 篇和 6 778 篇,这表明全世界有非常庞大的科研群体正在从事相关研究。由于生物材料的知识体系渐趋完备,研究方向明显细分,以生物材料(biomaterial)为关键词仅检索出其中的一部分论文,值得注意的是,21 世纪以来生物材料领域诞生了 *Acta Biomaterialia* 等诸多学术国际期刊。三是前沿热点,这方面列出了学科当前最前沿、最受关注的研究方向。四是学科知识体系,它对理论知识体系和学科范式的成熟度、完整性进行判断。

实践应用指标列举了三个方面:一是应用领域,其用于表征学科所涉及的产品市场范围。二是行业领先企业,生物材料有 60 余年的发展历史,欧美企业占领了全球主要市场尤其是高端市场,石墨烯和云计算均有我国企业大力投入,并占据了一定市场份额。三是市场规模,它是实践应用指标最直接的体现,生物材料和云计算的相关市场规模都非常庞大,并且仍在迅速增长。

上述新兴学科的示例表明,本书所构建的生命发展评价指标可以充分了解新兴学科在科学研究和实践应用方面的发展情况,并对学科所处的生命周期阶段进行判断。以此为基础,通过学科间的相互比较或自我比较,能够对不同学科的生命发展状态进行比较和评价。

2.2.4 新兴学科生命发展二维评价

结合前文学科生命周期五阶段划分和生命发展评价指标,在这两者基础上,运用二维象限法,以科学研究为和实践应用为两个维度,构建新兴学科生命发展评价系。仍以这三个新兴学科为例,通过分析其生命发展维度,可以得出各学科发展所处的相对位置。

从科学研究和实践应用两个维度对前述的三个学科的情况进行简析。

在科学研究方面,三个新兴学科均取得了重大突破,其中石墨烯相关成果由于摘得了诺贝尔奖而尤获关注;医用生物材料前沿研究方兴未艾,21世纪以来不仅学术论文数量大增,更是诞生了一批专业学术期刊;云计算在学术研究的成就和体量上略逊。结合学术成就和研究热度,认为生物材料和石墨烯在科学研究上处于相近水平,领先于云计算。

实践应用方面则又有不同,云计算和生物材料均已经具备了庞大的市场规模,而石墨烯仍然处于产业起步阶段。因此,实践应用指标方面云计算和生物材料处于相近水平,明显领先于石墨烯。基于对三个学科在两个指标上的相对发展程度的判断,从而在生命发展评价体系中进行相应定位。

基于生命发展评价维度,对示例学科所处生命周期阶段进行判断,石墨烯和云计算经过十年的快速发展,虽然石墨烯取得显著的科学成就,云计算具备了巨大的市场规模,已经展示出庞大的发展前景,但是两者的学科知识体系和知识储备明显不完整,学科发展边界仍不清晰,学科存在价值仍处于正在被揭示的阶段,外在建制处于起步初立阶段,因此,认为这两个学科处于学科成立条件将达而未达的阶段。生物材料经过60余年发展,已积累了大量的知识储备,知识体系较为完整,外在建制逐步完善,但是作为一门交叉学科,随着相应基础学科的迅速发展和人类需求的持续提升,知识体系中仍然存在广阔的未知领域有待探索,学科处于发展的黄金时期。

从不同新兴学科的发展路径来看,在科学研究和实践应用两个方面会有不同侧重。因此,基于生命发展评价体系,可以发现并表征出新兴学科的三种发展模式。

第一种发展模式是首先由科学研究驱动学科发展,在取得重要创新后再在社会经济市场中寻求实践应用,类比于科技创新的线性创新模式,可以称为"石墨烯区间",并可以解读为在学科发展初期,科学研究明显领先于实践应用。

第二种模式是首先由社会需求驱动学科发展,在取得巨大市场规模的同时开展相应的学术研究,可以称为"云计算区间",并可以解读为在学科发展初期,学科的实践应用明显领先于科学研究。

第三种模式是学科在科学研究和实践应用两个方面的发展较为均衡,可以称为"生物材料区间",并可以解读为在学科发展初期,学科的实践应用和科学研究指标相当,没有出现某方面的明显领先。

完成三种区间的划分后,即可以把其他新兴学科进行相应填入,比如,非晶材料可以归类于"石墨烯区间",燃料电池可以归类于"生物材料区间",三维打印可以归类于"云计算区间"。

教育哲学观存在两种思想,即认识论和政治论。科学研究和实践应用指标分别为这两种思想的相应外显,通过学科生命发展评价坐标系可以发现,两者并不对立,而是学科在发展过程中的一体两面。学科在发展过程中,即使某个方面取得了明显领先,领先指标将会倒逼落后指标的发展,而落后指标也会影响领先指标的发展。

因此,新兴学科的两个指标在时间维度上的发展程度可以不同步,但是两者之间呈现一种螺旋上升的态势,两者互相激励和促进,从而驱使新兴学科取得发展。

对学科评价指标进行分析可以发现,我国的新兴学科产业发展情况与学科历史长短存在关联。比如,生物材料已经处于学科发展期的中后期阶段,限于 20 世纪中后期我国国力,我国的科学研究错过了生物材料的孕育期和成长期阶段,而相应的,生物材料庞大的市场被欧美企业占领。即使我国当前在生物材料的学术领域开展了大量研究工作,但要打破欧美企业的行业垄断仍困难重重。而于 2006 年起源的云计算领域,我国就有若干企业占据了大量市场份额。石墨烯目前仍处于市场开拓阶段,但我国已有大量企业关注并投入,并且积极开展产学研合作,相信在石墨烯未来的市场份额中,我国企业将占据重要位置。也就是说,在发展历史越短的新兴学科领域,我国企业越可能占据更大的市场份额。

因此,时间是新兴交叉学科发展的重要维度,决定在哪个时间节点对该学科进行大量的科研教育资源投入是对科研和教育决策者的重大考量。

21世纪以来,随着信息技术革命、社会经济的高速发展以及各国在科研教育上的加大投入,科学技术的发展极具加速,新发现新技术层出不穷,新兴学科呈现跨越式发展,新兴学科的发展周期明显缩短,各国学术赛跑呈加速度趋势。对于国家和科研院所而言,这也意味着试错机会的减少,究竟在哪些新兴学科上进行大量资源投入,在新兴学科处于哪个发展阶段进行投入都将需要慎重考量。因此,从这个角度也可发现,对新兴学科发展规律进行研究是极有意义的。

普林斯顿大学司托克斯(Donald E. Stokes)教授在其著作《基础科学与技术创新:巴斯德象限》(*Pasteur's Quadrant: Basic Science ane Technological Innovation*)一书中提出了一种巴斯德象限模型,巴斯德象限模型是对科学研究在基础科学与技术创新之间的关系采取一种接近事实图景的方法进行分类,该模型包括纯基础研究(玻尔象限)、技术引发的基础研究(属于应用基础研究,巴斯德象限)、纯应用研究(属于技术创新研究,爱迪生象限),以及认识目的和应用动机都不明显的探索性研究(属于过自由探索研究,皮特森象限)4个区域。司托克斯认为,基础研究与应用研究之间的关系并不是非此即彼的对立关系,它们之间存在某种交错关系,纯基础研究(玻尔象限)与纯应用研究(爱迪生象限)是各自沿着自己的轨道发展的,而带有应用目的的基础研究(巴斯德象限)是连接上述两个轨道的枢纽。这一科学发展理论强调,应用技术牵引的基础研究不仅与兴趣驱动的基础研究同样重要,而且有可能直接引发颠覆性的创新。

区别于巴斯德象限,我们所构建的学科生命发展路径模型是描述学科动态发展的量化模型,可以表述学科在科学研究和实践应用两方面的发展程度,从而对多个学科的发展情况进行比较,另一个核心功能是构建新兴学科的历史发展路径,从而对未来发展进行预判。

近年来，对学科领域主题的新兴趋势探测的实证研究已经成为国内教育学、图书馆学等社会科学学者的关注热点。这些实证研究一般是对全世界最新科技文献进行引文分析和内容词分析，从而概括出科学知识体系的演变和发展热点。学科生命发展路径模型能够作为学科趋势探测实证研究的理论支持和深度分析依据。

2.3 学位点视角下的组织学科生命周期

在我国，学位点是指研究生学位授权点，包括博士学位授权点（简称博士点）和硕士学位授权点（简称硕士点），是我国学位授权审核工作的重要组成，学位点设置在可以培养硕士、博士的学科，本质与内涵上是组织学科的一种形式。

1981年，我国首次开始实施学位授权审核工作，经国务院批准，由国务院学位委员会下达首批博士和硕士学位授予单位名单，这次批准的首批博士学位授予单位共151个，博士学位授予单位的学科、专业点812个，可以指导博士研究生的导师1 155人；硕士学位授予单位358个，硕士学位的学科、专业点3 185个。首批博士和硕士学位授予单位分布在国务院有关部、委及省、自治区、直辖市和中国人民解放军所属的高等学校和科学研究机构。此后，博士和硕士学位点成为我国学科组织的重要形式。

在组织领域的视角下，作为学科载体的学位点与其他任何组织相同，其发展需要遵循组织发展逻辑，需要从组织发展演化的理论框架进行研究。在组织生态学的视角下，学位点的发展同样具有内在的成长周期与发展阶段等组织生命特征，由组织个体构成组织种群，不同的组织种群构成组织群落，而群落之间的竞争共生且随着环境的变化选择变革策略，以上生态逻辑均可以运用到学位点的生存、发展和演化过程中。

2.3.1 学位点生命周期理论

生命周期指的是生物体从出生、成长、衰老直至死亡的整个过程。生命周期理论源于生物学，并应用到组织、产品、项目等多个领域，内涵和外延不断延伸和扩展。

企业生命周期理论的研究最为广泛,率先全面系统阐述企业生命周期理论的是美国管理学家爱迪思,他认为企业的生命周期包括三个阶段十个时期:成长阶段,包括孕育期、婴儿期、学步期、青春期;成熟阶段,包括盛年期、稳定期;老化阶段,包括贵族期、官僚初期、官僚期、死亡期[8]。宣勇教授较早运用生命周期理论研究大学学科组织的成长规律,提出大学学科组织的生命周期可划分为生成期、生长期、成熟期与蜕变期四个阶段,并且每个阶段都有各自的特征与针对性的策略[17]。生命周期理论的已有研究,为建立学位点生命周期理论打下了良好基础。

借鉴企业生命周期理论与学科生命周期理论,与我们上文对知识学科生命周期的划分相对应,根据学位点的功能与特点,考虑学位点的成长规律,将学位点的生命周期划分为五个阶段,即孕育期、成长期、发展期、成熟期与蜕变期。

学位点孕育期是学位点的起点,处于学位点获得授权以前的阶段,在这个阶段,学科处于创业初始阶段,需要在学校的支持下积极开展人才队伍建设,此时学科本身尚不具备获取维持博士或硕士学位点生存所需学术资源的获取能力,需要学校、学院和邻近学科进行学术资源支持,并逐步凝练出学科特点,比照学位授权审核的相关条件进行建设,探索人才培养模式,构建研究生专业课程体系,可以概括为搭队伍、找方向、探培养、要资源,通过各方努力,为学位点授权打好基础,并开展授权审核申请工作。

学位点获得学位授权审核以后,则进入成长期,此时学位点可以开始进行研究生招生和培养活动,学位点各项工作处于起步阶段,需要进一步完善人才队伍,积极培养或引入与相应学位层次相匹配的教师,学术研究和人才培养均需要尽快达到相应学位层次要求。此时的学位点仍然需要学校、学院,甚至是省市一级的学术资源支持,帮助学位点尽快成长。

学位点在度过学位授权审核后的初期阶段,即学位点成长期后,经过约 3 到 5 年的学科建设,逐渐进入平稳发展阶段,即学科发展期。此时学位点的人才培养规模和质量能够快速增长,人才队伍渐趋完整,学术研究成果不断产出并形成区域乃至更大范围的影响力,通常能够主动积极服务社会。

学位点至少经过 8—10 年的建设后,逐渐进入成熟期。此时的人才培养数量和规模能够稳定地保持在一个较高的水平,人才队伍能够持续产出学术成果,学位点成为学院和学校办学的中坚力量,能够有力支撑学校发展。

正如任何一个生命个体,有盛则有衰,学位点也存在遭遇发展瓶颈而进入蜕变期的可能性。目前,我国高等教育正处于快速发展阶段,虽然自 2016 年学位点动态调整制度实施以来,全国已有数百个学位点动态调整撤销,但是学校和社会对此感受并不深刻。

在高等教育史上,学科撤销最令人印象深刻的当属芝加哥大学的教育学系。芝加哥大学作为世界一流的著名学府,先后培养出了 100 位诺贝尔奖得主、10 位菲尔兹奖得主、4 位图灵奖得主及 25 位普利策奖得主。芝加哥大学的教育系创立于学校建校两年后的 1894 年,这一学术组织的成立无不打上芝加哥大学的办学理念和 19 世纪末 20 世纪初美国教育改革的烙印,创建初期,由于著名教育学家约翰·杜威(John Dewey)等众大师的缘故,教育系实力日渐强大,直至成为美国 20 世纪上半叶最有声望的教育研究中心之一,包括杜威在内的一批著名学者曾汇聚于此。但是,随着芝加哥大学办学理念的转变,以及教育系自身实力的不断衰退,其命运发生转折,在经过一百多年灿烂的发展历史后,该校的教育学组织开始走向解体,教育系在 2001 年彻底停办。

学位点作为大学的基本结构单元,承载着大学的各种功能,处于不同时期的学位点,建设任务也各有侧重,由于学位点包括了硕士点和博士点两种层次,我们需要分别讨论两个层次的各自发展阶段。

(1) 硕士点

硕士点孕育期。在这个阶段,学位点的学术队伍初步形成,逐渐形成较为明确的研究方向,探索构建人才培养模式和课程体系,但是同时,学术资源及其获取资源能力相对薄弱,整体学术成果产出处于初级阶段。

硕士点成长期。在这个阶段,学术队伍获得快速发展,学位点已经凝练出未来发展的研究方向,学位点开始培养硕士研究生,学术资源及获取资源能力开始成形,学科文化逐渐形成。

硕士点发展期。在这个阶段,学术队伍获得进一步发展并基本成形,硕士生培养数量和质量均快速提升,已经能够较为稳定的获取支持学位点发展的学术资源,科学研究成果在各界产生一定影响力,学科声誉良好,社会服务积极。

硕士点成熟期。在这个阶段,学术队伍完整,学科带头人即学术队伍在学术界尤其是学校所在区域具有一定影响力,硕士生培养数量和质量能达到较好的水平,学术资源及获取资源能力良好,科学研究成果产出稳定并有一定特色,能够有效服务区域社会经济发展。

硕士点蜕变期。由于人才队伍老化和流失、知识结构老化等内在因素,或者学校与区域学科调整等外在因素,学位点逐步走向衰退,如果学位点无法扭转这一趋势,则进入蜕变期。在这个阶段,学术队伍老化并流失严重,硕士研究生培养规模缩小乃至消失,学术资源逐渐枯竭。

(2) 博士点

博士点孕育期。在这个阶段,学科在即有硕士点的基础上,需要进一步完善学术队伍,提高人才层次,构建和优化人才培养模式和课程体系,聚焦并凝练更高水平的学科方向,改善和提升学科平台,并在区域乃至全国学术界内形成良好的学科声誉。

博士点成长期。在这个阶段,学科开始培养博士研究生,需要尽快提升人才培养水平,建设完整的博士生培养体系,提升科学研究成果产出的数量和质量,人才队伍需要尽快培养或吸引区域、国家乃至全世界的高层次人才。

博士点发展期。在这个阶段,博士生培养的数量和质量稳步提升,学术队伍渐趋完整,建设起合理的高水平人才队伍,学位点的科学研究达到国内较高水平,学科开始能够较高层次的服务社会经济发展。

博士点成熟期。在这个阶段,学位点拥有一支高层次的且结构合理的学术队伍,博士生培养数量和质量均达到较高水平,学位点毕业生已经能够成长为建设国家的重要骨干,学位点的科学研究能力达到国内顶尖甚至国际一流水平,学位点成为学校办学的中坚力量,学科声誉驰名中外,能够深刻地影响社会经济发展,为特定领域、为区域乃至国家作出重要贡献。

博士点蜕变期。由于人才队伍等内在原因,或学校或区域学科布局调整等外在原因,学位点发展面临衰退,进入学科动态调整的考虑范围。

从不同的研究视角出发,生命周期理论可以分为"组织生命周期理论"和"知识生命周期理论"[18]。事实上,学科概念从其形态上可以区分为知识形态的学科和组织形态的学科[19]。结合起来看,学位点更多地体现了学科的组织形式,其生命周期必然受到学科知识本身的生命周期的影响。

近年来,全球新一轮科技革命和产业变革方兴未艾,科技创新加速推进,新兴知识领域不断诞生并迅速成长为新的学科。以我国的《学位授予和人才培养学科目录》为例,自 1990 年颁布以来,先后于 1997 年、1998 年、2005 年、2011 年、2015 年、2018 年、2022 年进行了修订,一级学科由 1990 年的 72 个增加到 2022 年的 117 个。这些处于科学研究前沿领域、社会需求剧烈增长的新兴学科具有蓬勃的生命力,其学位点的发展受到学科知识生命周期的影响更容易快速地由初期进入发展期或成熟期。同样的,有的学科知识逐渐老化,其学科领域会逐渐退出历史舞台,相应的学位点也会走向衰落。

2.3.2 生命周期视角下的学位点评估体系

学位点评估是对学位点发展状况的评价,学位点具有五个生命周期阶段,每个阶段都有自己的阶段特征、建设任务,每个阶段结束之后进入另一个阶段。虽然不同时期的划分不可能完全做到泾渭分明,但还是有规律可循的,学位点评估可以起到不同时期之间的链接作用。

学位点进入孕育期就会面临学位点增列评估。学位点增列是学科建设的大事,是学科上水平的标志,尤其标志着人才培养层次的提升。学位点增列评估主要对人才培养的基础和条件进行评价,一般是对低一层次的人才培养质量进行重点评价,比如,博士点增列要评价同学科的硕士生培养质量。人才培养的基础和条件主要从学科方向、师资队伍、科研水平、资源平台等方面进行衡量。学位点增列评估还要考虑社会需求,把国家需求、区域需求、学校需求、学生需求有机衔接起来。学位点通过增列评估后,具备了培养相应层次研究生的准入资格,学位点进入成长期。

学位点进入成长期后将迎来学位点合格评估。合格评估是我国学位授权审核制度的重要组成部分。学位点合格评估是对学位点人才培养质量进行评价,目的是保证学位点人才培养的基本质量,即达到国家规定的学位授予的基本要求。合格评估分为专项合格评估和周期性合格评估。学位点专项评估是对学位点初建效果进行评价,目的是检查学位点研究生培养体系的完备性,即是否可以正常开展相应层次的研究生教育。学位点专项评估主要对研究生培养过程进行检查,围绕着招生选拔、课程学习、学术训练、导师指导等方面进行,强调导师队伍、科学研究对研究生培养的支撑作用。专项评估有助于学位点及时发现建设过程中存在的问题并改进。周期性合格评估主要从研究生的学业表现进行评价,如研究生的论文质量、学术交流状况、就业质量等,并对学位点的导师队伍、科学研究的基本水平进行判断,但对导师、科研的评价是从能否促进研究生培养质量持续提升的角度来衡量的,落脚点仍然是对研究生培养质量和学位授予质量的评价。

学位点进入发展期后将开展学位点水平评估。学位点水平评估是对学位点整体水平的选优评估,对学科的外在表现进行综合评价,目的是引导学科争先创优。学位点水平评估包括师资队伍与资源、人才培养质量、科研水平、社会服务、学科声誉等方面。其中,人才培养质量评价重点是对研究生毕业生的发展质量、毕业时的质量进行评价;科研水平评价,主要从学术论文、科研项目、科研获奖等方面进行测量。学位点水平评估是对具有一定水平的学位点进行评价,一般由第三方机构在一国范围内进行评估,强调的是学位点建设成果和成效。通过水平评估,可以比较直观地分辨出学位点处于什么水平、什么时期。学位点在水平评估中表现优异,便可以认为该学位点已具备国内领先的整体优势,可以进入成熟期。

学位点进入成熟期后就有学位点国际评估。学位点国际评估是对学位点整体水平开展的全世界范围内的评价,以国际标准来衡量我国的学科建设水平,鼓励学科从国内竞争转向国际竞争。学位点国际评估主要对学科目标定位、学科方向、师资队伍、人才培养、科学研究、国际交流、资源配置、社会服务的发展状态及潜力等方面进行综合评价。相比于硕士生培养质量来说,博士生培养质量更加具有国际可比性,因此,学位点国际评估主要指博士点评估。学位点国际评估的评价主体是第三方,当然,由于处于成熟期的学位点往往已成为本学科领域的佼佼者,自我要求很高,学位点自身寻找国际专家开展国际评价也是十分可行的,自我国际评估是第三方评价的良好补充。学位点在国际评估中表现优异,占据了国际领先地位,则可说明该学位点已属世界一流。

学位点进入蜕变期后可能面对的是学位点撤销评估。学位点撤销评估是对处于蜕变期的学位点进行前瞻性、理智性、综合性的评价。学位点撤销评估会综合考虑社会需求与学位点水平,是对高水平学科的更高要求与监测。学位点撤销评估考虑社会需求要远多于学位点本身水平,学位点建设能否更好地满足社会需求成为撤销评估的核心内容。社会需求发生了重大改变,既会衍生新的学科,也会有学科逐渐消失。世界一流学科也不能一直维持在一流,也会遇到发展困境,甚至有可能出现断崖式下滑。学位点撤销评估就是对这些情况的提前判断,是对各种评估结果的综合使用,是更高层次的评价。学位点在撤销评估中表现不好,一般情况下将蜕变为新的学科,原学科被撤销。

不同的学位点生命周期对应有不同类型的学位点评估,评估客体虽然都是学位点,但评估各有侧重,学位点评估具有不同的评估目的、评估主体、评估内容、评估方法和评估结果。不同类型的评估,具有特定的评价目标,服务于不同需求,在促进学科建设上发挥着不同的作用。不同类型的评估分别形成独特的模式,但又彼此联系,从不同角度对研究生教育质量保障发挥着重要作用。学位点评估多而不乱,各种不同类型的学位点评估具有层层递进、相互支撑的关系,共同构成了完整的学位点评估体系。

根据学位点评估的不同属性,可以把六种学位点评估分为两种:一是学位点孕育期和成长期所对应的学位点增列评估和合格评估属于达标性评估;二是学位点发展期、成熟期、蜕变期所对应的学位点水平评估、国际评估和撤销评估属于竞争性评估。达标性评估所属的学位点生命周期属于学位点的孵化期阶段和成长期阶段,达标性评估的组织方以政府教育部门为主,评估目的是要求学位点的建设水平达到基础标准,重在确保研究生教育的基本质量,从而确认学位点的合法性。竞争性评估的组织方以第三方为主,重在衡量学位点综合水平在全世界和国内各高校中的地位排名,主要参考国内外多项被广泛认可的大学学科排名,比如,我国教育部学位中心组织的学科评估、上海软科世界大学学术排名(ARWU)、基本科学指标数据库(ESI)学科排名、QS世界大学学科排名等。

学位点评估体系与学位点生命周期是紧密关联的。处于不同生命周期的学科对应有相应的评估,遵照这样的规律可以提高评估的针对性与效果,而如果违背了其规律则会出现评估效率低下的情况。比如,建设初期的学位点参加合格性质的达标性评估是合适的,参加排名性质的竞争性评估则不合适,这会打压新建学科及其学位点建设的积极性;同样的,发展成熟期的学位点参加排名性质的竞争性评估是合适的,参加合格性质的达标性评估则不合适,这会降低成熟学科及其学位点建设的竞争意识。六种评估类型本身就含有层层递进的关系,比如,通过增列评估的学科之后再参加专项评估;反过来看,也含有层层后退的关系,比如,在水平评估中表现不好的学科,重新纳入合格评估的范畴。可以充分利用相邻的两种评估类型的关系,综合发挥两者的评估作用,提升学科建设的效率和质量。相邻两种评估类型可以交叉使用,本质上是学位点所处周期发生了改变,学位点更多的是从低阶段向高阶段发展,也会有学位点从高阶段滑落到低阶段,周期的变化也将引起学位点所对应的评估类型的变化。

2.3.3 生命周期视角下的学位点动态调整

学位点具有成长生命周期,符合学科健康发展的一般规律。但实际上,学位点处于任一阶段都有可能出现水平下降甚至夭折的现象,这也是生物生命周期的特点之一。学位点夭折,其生命周期也随即终止,这为学位点动态调整提供了理论支撑。

学位点动态调整包括调整撤销与调整增列,调整撤销可能发生在孕育期、成长期、发展期、成熟期、蜕变期中的任一阶段内,也可能发生在某一生命周期阶段结束之时。调整撤销与学位点某一生命周期阶段结束之时的评估结合起来系统考虑则会达到事半功倍的效果。一定程度上讲,调整撤销是学位点专项评估、合格评估、水平评估、国际评估等评估结果的利用,即评估取得了较差成绩就应该进入调整撤销的程序。调整撤销更应该在学位点建设初期完成,把专项评估、合格评估的结果作为撤销的根本依据,若到了蜕变期再开展,则调整撤销与撤销评估中"撤销"的内涵基本一致。而学位点调整增列与学位点孕育期增列评估中的"增列"相同,是另一学位点生命周期的开始。需要说明的是,学位点动态调整与学位点蜕变的内涵并不完全一致,学位点蜕变发生在学位点国际评估之后,是在较高起点的蜕变,而学位点动态调整可以发生在任何一个生命周期阶段,当然,发生在蜕变期的动态调整与蜕变的内涵基本一致。

广义上的学位点动态调整,除调整撤销和调整增列外,还包括学位点的拆分、重组、研究方向整合与调整、办学规模控制、学位层次调整、学位类别调整等,从生命周期理论的视角看,还应包括学位点周期的调整。从低一级的周期阶段上升至高一级的周期阶段,反之亦然。个别学位点还会出现快速越过某一阶段或某些阶段的情况,代表性的案例是博士点调整为硕士点。调整撤销是结束学位点生命周期最彻底的做法,是评估结果较差的后果,如果评估结果尚可,应采用降低学位点周期阶段等多种动态调整手段。

本章参考文献

[1] 郭树东.基于生态学视角的我国研究型大学学科建设对策[J].河南师范大学学报(哲学社会科学版),2009(4):233-235.

[2] 翟亚军,王战军.基于生态学观点的大学学科建设应然研究[J].科学学与科学技术管理,2006(12):111-115.

[3] 武建鑫.学科生态系统:核心主张、演化路径与制度保障——兼论世界一流学科的生成机理[J].高校教育管理,2017(5):22-29.

[4] 陈洪澜.论知识分类的十大方式[J].科学学研究,2007(1):26-31.

[5] 刘爽.推进哲学社会科学新兴交叉学科发展研究[J].社会科学管理与评论,2008(3):26-32.

[6] 陆昂.20世纪90年代以来美国和日本产业政策调整评析[J].经济问题探索,2004(2):41-45.

[7] 周季礼.日本网络信息产业发展经验及启示[J].信息安全与通信保密,2015(2):26-30.

[8] [美]爱迪思.企业生命周期[M].赵睿,何燕生,译.北京:中国社会科学出版社,1997:9-10.

[9] 宣勇,张鹏.组织生命周期视野中的大学学科组织发展[J].科学学研究,2006(A2):366-370.

[10] 张国栋,郁苗苗,张松,等.生命周期视角下的学位点评估体系及动态调整[J].学位与研究生教育,2016(7):1-5.

[11] McElroy, M W. The New Knowledge Management: Complexity, learning, and sustainable innovation [J]. Knowledge Management Research & Practice, 2003(1):64-66.

[12] 白献阳.知识生命周期方法论研究[J].图书馆学研究,2013(1):2-6.

[13] 刘小强.高等教育学学科分析:学科学的视角[J].高等教育研究,2007(7):72-77.

[14] 费孝通.关于社会学的学科、教材建设问题[J].西北民族研究,2001(2):1-6.

[15] Bush, V. Science: The Endless Frontier [R]. Washington: United States Government Printing Office, 1945.

[16] 王涛, 邵云飞. 非线性技术创新评价模式研究[J]. 技术经济与管理研究, 2011(1): 11-14.

[17] 宣勇. 大学变革的逻辑(上篇)学科组织化及其成长[M]. 北京: 人民出版社, 2009.

[18] 郑世良. 基于知识生命周期理论的大学学科发展研究——兼论应用型本科院校的学科发展策略[J]. 科技管理研究, 2012(8): 137-140.

[19] 宣勇. 基于学科的大学管理模式选择[J]. 中国高教研究, 2002(4): 45-46.

第三章

大学学科布局优化与调整的理论研究

大学学科布局与调整已经成为我国高等教育领域面临的重大挑战之一，这不仅是关乎学科自身存亡的现实问题，在其深层次概念上，它还是一个关于大学乃至区域学科生态如何建构的高等教育结构性问题。习近平总书记在对研究生教育工作的重要指示中指出："推动研究生教育适应党和国家事业发展需要，坚持'四为'方针，瞄准科技前沿和关键领域，深入推进学科专业调整。"[1]随着我国高等教育内涵式发展的不断深入，调整优化学科布局是当前破解高等教育发展不平衡不充分问题的重要路径，是为国家重大发展战略和地区社会经济发展提供更合适的人才保障的关键要素。在此背景下，迫切需要对学科布局与调整的内在逻辑和客观规律进行深入研究，为我国大学规划学科布局、决策学科布局提供充分的理论支撑。

3.1 教育生态学视角下的大学学科布局优化策略

生态学是研究生物与其环境之间的相互关系的科学，包括从生物个体与环境直接影响的小环境到生态系统不同层级的有机体与环境关系的理论。由于生态学本身所总结和形成的相关理论具有明显普适性，在社会科学领域也形成了相关交叉学科，比如管理生态学，管理生态学是指借用一般生态学的基本观点来探讨组织与管理生态环境相互关系即整个管理生态系统各方面关系的一门科学。管理生态学在企业管理活动的研究中，由于其独特的理论基础，展示出了一种人和各种管理生态环境构成的一个管理生态系统，并且认为相关活动能够符合一定程度的生态规律，具有很强的理论指导和具体实践作用。

在教育学领域，生态学的相关理论同样有很强的适用性，并形成教育生态学的交叉学科。教育生态学是依据生态学原理，特别是生态系统、自然平衡、协调进化等原理，研究各种教育现象和成因，进而掌握并指导教育发展的趋势和方向[2]。已经在解决教育学领域出现的问题和预防潜在的危机，对教育生态实践活动进行理论指导等方面取得了重要的成果，成为诊断、分析、解决教育领域现实问题的行之有效的方法[3]。早在1966年,美国教育学者阿什比(E.Ashby)在其著作《英国、印度和非洲的大学:高等教育的生态学研究》中提出了"高等教育生态学"(ecology of higher education)的概念,并提出"任何类型的大学都是遗传与环境的产物"的观点。1976年,美国哥伦比亚大学师范学院院长克雷明(L.A.Gremin)在其著作《公共教育》一书中专门讨论了教育生态学(ecology of education)的概念及相关问题。1977年,英国学者埃格尔斯顿(J.Eggleston)在其著作《学校生态学》中,进一步研究并拓展了教育生态学理论,他提出从"个体生态学"(autoecology)和"群体生态学"(synecology)两个方面研究教育的资源分布。同时期,欧美其他学者也开展了很多教育生态学的研究。我国学者对教育生态学的关注略微落后于欧美。1990年,南京师范大学环境科学研究所吴鼎福出版了国内第一部教育生态学著作《教育生态学》,引起了国内学者对该领域的关注。华东师范大学教育学系范国睿教授较早借鉴生态学系统、联系、共生的思想与方法,研究教育系统的变革与发展,探讨我国学校教育生态系统变迁历程,重点研究区域性学校教育生态结构,以及学校内部的制度、组织、文化和课堂生态,较早提出教育可持续发展思想,主张以多元文化引领健康教育生态,范国睿的著作《教育生态学》获得了国家图书奖等多项荣誉。21世纪以来,国内外不断产出教育生态学相关的研究成果,对高等教育发展形成了良好的理论支撑。

在学科建设领域,同样可以运用教育生态学的相关思想和理论。学科组织系统作为高等教育体系中的重要组成,与整体教育生态系统有着天然的对应关系,这是教育生态学能够运用到学科研究的基础。在高等教育体系中,学科作为一种不断发展和演变的组织,以及学科系统中的一员,它的产生、发展、存在机制、功能价值等都应遵循生态系统的运行规律。

3.1.1 生态学中的 r-K 选择理论

1962年,美国著名生态学家麦克阿瑟(Robert H. MacArthur)认为,由于热带雨林的气候条件稳定,自然灾害较为罕见,动物的繁衍有可能接近环境容纳量,即近似于逻辑斯谛增长(logistic growth)方程中的饱和密度 K,因此,在稳定的环境中,哪个种群能更好地利用环境承载力,达到更高的饱和密度 K,对该种群就有利。相反,在环境不稳定的地方和自然灾害经常发生的地区,只有较高的繁殖能力才能补偿灾害所造成的损失,此时,哪个种群的繁殖能力更高则更有利,由于表达种群繁殖能力的测度之一是内禀增长率(intrinsic rate of increase)r,所以,居住不稳定环境中的物种,具有较大的r是有利的。种群在自然环境生存中,出现了以上两种不同选择,有利于增大内禀增长率的选择称为r-选择,有利于增强个体竞争能力的选择称为K-选择。

1967年,麦克阿瑟和威尔逊(E. O. Wilson)基于之前的研究,进一步把倾向于r-选择的物种称为r-策略者,倾向于K-选择的物种称为K-策略者,并提出物种在生存和进化过程中,总会面临这两个相互对立的进化途径选择,只能从中挑选某一个策略才能在竞争中生存下来。r-策略者对应的是新环境的开拓者,由于存活受到环境不确定性影响较大,需要通过生存概率的筛选,所以可以认为r-策略者是机会主义者,很容易出现突然的爆发和猛烈的衰败。而K-策略者是稳定环境的维护者,可以认为它们是保守主义者,当生存环境发生灾变时很难迅速恢复,如果再有竞争者抑制,就可能趋向灭绝。

现代研究认为,自然生存和选择本质上是一种物种和个体的竞争过程,在竞争过程中,不同物种形成了各自特有的特征,比如,个体大小、种群组织和结构、种群关系、选择优势、繁衍格局等,不同物种之间出现了各不相同甚至对立的实行方式。r-K选择理论很好地解释了这种物种在自然竞争过程中,所产生的各种选择的原因,进一步丰富了达尔文所提出的进化论理论。下文通过一些具体案例进一步介绍r-K选择对于物种生存的影响,从而帮助我们更好地理解大学在学科布局中如何运用r-K选择及其策略。

r-K选择理论在生态学中的应用领域非常广泛,既可用于较大类群之间的比较,也用于近似物种之间的比较,甚至于同一物种之内不同型或不同环境个体之间的比较。在同物种内,不同个体或群体的r-选择和K-选择对个体的身体特征差异不会那么明显,但是不同选择的群体对环境的反应对自身特征所产生的影响,总还存在着向r-选择或K-选择演化的趋势,这也是一些新物种或亚物种产生的原因之一。

对于不同的生物种类,比较昆虫和脊椎动物的生存策略选择。已经证明昆虫快速进化的时期是在二叠纪和三叠纪,当时地球的气候条件复杂多变,尤其是二叠纪末期发生了第三次生物大灭绝事件,这次事件是地球历史上最严重的大灭绝之一,几乎重写了整个地球生态环境,也是五次物种大灭绝事件中最严重的一次，导致98%的海洋生物及96%的陆地生物都在50万年内忽然消失。而脊椎动物主要盛发期是侏罗纪、白垩纪，正是温暖潮湿气候稳定的地质时期，甚至诞生了恐龙这种庞然大物。

在大类群之间作比较，根据不同类群的特点，比如，可以将昆虫看作r-策略者，将脊椎动物看作K-策略者。在大类群的内部，同样可进行比较，比如，鸟类中的鹫、鹰、信天翁是典型的K-策略者，而小型的山雀、虎皮鹦鹉等就是r-策略者。同时，在r-策略者和K-策略者之间有存在过渡，有的更接近于r-策略者，有的更接近于K-策略者；也就是说，从极端的r-策略者到极端的K-策略者之间有一个连续的谱。在农业生态系统中，人类对作物精心管理，杂草和害虫多有较高的生殖和扩散能力，比如，狗尾草、马唐、飞蓬、蚜虫、黏虫和褐飞虱等都是r-策略者。飞蝗可看作两种策略交替的特殊类型。

r-选择和K-选择在进化过程中各有其利弊。K-策略者的种群接近K值但不超过，超过有导致生境退化的可能。低生育力要求有高存活率，这样才能保证种族的延续，因此，K-策略者的防御和保护幼体的能力较强。由于有亲代关怀，K-策略者通常存活率较高，个体较大，寿命较长，这些特征保证了K-策略者在激烈的生存斗争中取得胜利。但是，当K-策略者在过度死亡后，恢复到原有平衡的能力低下，还有可能灭绝。大熊猫、虎、豹等珍稀和濒危动物就是K-策略者，所以，对其保护更为重要，也更加困难。相反，r-策略者的防御和竞争能力不强，死亡率很高，种群很不稳定。但种群不稳定并不意味着进化中必然不利。r-策略者不像K-策略者那样易于灭绝。在低数量时通过迅速增长就能恢复到较高水平；在密度很高时，它们可能消耗大量资源，破坏生态环境和生态平衡，但它们通过扩散而离开被破坏的地区，并且迅速地在别的地区建立起新的种群。这就是说，r-策略者的各别种群虽然易于灭绝，但物种整体却是富有恢复力的。如果说，K-策略者在生存斗争中是以智取胜，则r-策略者就是以量取胜。r-策略者一遇好机会就会大衍生，所以有的学者将它们叫作"机会主义者"。r-策略者的广运动性使其可以连续地面对新环境，是其物种形成的源泉和物种丰富的基础。

应该说，r-K选择只是有机体自然选择的两个基本类型。实际上，在同一地区，同一生态条件下都能找到许多不同的类型，大多数物种则是以一个、几个或大部分特征居于这两个类型之间。因此，将这两个类型看作连续变化的两个极端更为恰当。1976 年,英国生态学家索斯伍德(T.Southwood)、高德吉(P.M.Gadgil)和索布里格(O.Solbrig)提出,生物界的种类存在着"r-K 对策连续体"(r-K continuum of strategy),这种理论也得到了大量验证。

r-K 对策连续体(简称 r-K 连续体)是生物多维进化的产物,地球历史环境的变迁,生物曾经在长期安定的古生态环境中进化,也曾经在高度不稳定的环境中进化,并且为适应新的环境而一直在进化着,所以,我们不仅可以在整个生物界,在各大小类群内、物种内也可以找到 r-K 连续体。生态学家对大范围生物类群进行分析,认为从细菌到鲸,个体大小与世代时间之间有明显的正相关性,在世代时间与繁殖关系上表现为世代时间减半,r 值就加倍,若采取双对数直线回归分析,其呈现斜率为 -1 的线性规律性变化,同时,在 r 值与体重大小的关系上也有明显的规律性。同一物种分布在不同生态梯度上也可以形成一种 r-K 连续体特征。例如,云杉在低海拔地区中偏 r-选择,在中海拔地区中为 K-选择,在中高海拔地区中偏 K-选择,在高海拔地区中为 r-选择。相关知识在目前的生态学领域已经成为共识。

3.1.2 r-K 选择理论在大学学科布局上的应用

上一节详细介绍了生态学中的 r-K 选择理论,本节将把该理论运用到大学学科布局领域中。兔子和老虎都是生物种群中,生存时间长达数千万年而不倒的极为成功的生物,为了更好地理解和在学科布局中运用 r-K 选择理论,我们将选取兔子和老虎两个物种作为生态学中的对应例子。

(1) r-选择策略

在生态学中,r-选择可以理解为兔子种群的生存策略,即种群的数量非常庞大,但是个体很弱小。比如,兔子相对于掠食者,实力很弱,处于生态链中较为低级的位置,生态链更高的层级有很多生物以兔子为食物,因此,在野外的兔子很容易被捕食,兔子所选择的生存策略是超强的繁殖能力,每一年都可以繁殖三四窝,一窝少则三五只,多则十来只,同时,幼兔的生长周期比较短,三五个月就可以基本成熟,非常好地确保了兔子种群的繁衍。r 选择的抗风险能力较强,人类如今是世界的主宰,有研究认为,人类已经导致数十万生物灭绝,但是兔子这种物种远没有灭绝,而且还生存繁衍得很好。1859 年,英格兰农场主奥斯汀带着 24 只来自欧洲的兔子和 72 只鹌鹑抵达澳大利亚,到 19 世纪末,澳大利亚的兔子数量超过了100亿只,直到今天,澳大利亚一直是兔子的乐园。

将 r-选择策略对应到高等教育,可以理解为,在办学资源有限的前提下,学校把资源主要投入到扩大学校办学规模,也就是增加教职工人数、招生数、扩大办学场地,积极申报和增列本科专业、硕士和博士学位授权点等。我国高校扩大规模的根本原因在于21世纪至今,我国高等教育招考人数持续上升。2020年,全国高考人数为1071万人,普通本专科招生967万人,录取率达到90.3%;2021年,全国高考报名人数达到1078万人,全国普通、职业本专科共招生1001万人,录取率高达92.9%。近年来,高考录取率的不断提升主要归功于高职扩招,2019年开始实施高职院校扩招,2020年和2021年,两年高职共扩招达200万人。以下列出了2000年以后,全国出生人口的数据及参加高考的大致对应年份:

2000年:1771万人,大致对应于2017年、2018年高考。

2001年:1702万人,大致对应于2018年、2019年高考。

2002年:1647万人,大致对应于2019年、2020年高考。

(2002年9月《中华人民共和国人口与计划生育法》开始实施)

2003年:1599万人,大致对应于2020年、2021年高考。

2004年:1593万人,大致对应于2021年、2022年高考。

2005年:1617万人,大致对应于2022年、2023年高考。

2006年:1585万人,大致对应于2023年、2024年高考。

2007年:1595万人,大致对应于2024年、2025年高考。

2008年:1608万人,大致对应于2025年、2026年高考。

2009年:1591万人,大致对应于2026年、2027年高考。

2010年:1592万人,大致对应于2027年、2028年高考。

2011年:1604万人,大致对应于2028年、2029年高考。

(2011年11月,各地全面实施双独二孩政策)

2012年:1635万人,大致对应于2029年、2030年高考。

2013年:1640万人,大致对应于2030年、2031年高考。

(2013年11月,《中共中央关于全面深化改革若干重大问题的决定》提出"启动实施一方是独生子女的夫妇可生育两个孩子的政策")

2014 年：1 687 万人，大致对应于2031 年、2032 年高考。

2015 年：1 655 万人，大致对应于2032 年、2033 年高考。

2016 年：1 786 万人，大致对应于2033 年、2034 年高考。

(2016 年1 月1 日起，我国正式施行"全面二孩政策")

2017 年：1 723 万人，大致对应于2034 年、2035 年高考。

2018 年：1 523 万人，大致对应于2035 年、2036 年高考。

2019 年：1 465 万人，大致对应于2036 年、2037 年高考。

2020 年：1 200 万人，大致对应于2037 年、2038 年高考。

2021 年：1 062 万人，大致对应于2038 年、2039 年高考。

以上数据可看出，2021 年参加高考的是2003 年和2004 年出生的人口。从以上人口出生数据来看，从2003 年到2018 年，全国出生人口一直是稳中有升，也就是说，全国高考人数将持续保持目前的体量规模，一直到2035 年，从2036 年起，人口减少的规模效应会逐渐延递到高等教育领域。就近十年数据来看，在受教育人数持续提升、就业压力不断加大的外部环境下，高等教育仍然将处于一个蓬勃发展的态势，虽然未来十年，我国高等教育的整体规模是稳中有升的状态，对于学校的发展策略而言，就可以有着较为灵活的选择，可以采用 r-选择策略扩大学校办学规模，或者采取 K-选择策略聚焦办学资源。

(2) K-选择策略

在生态学中，K-选择可以理解为老虎种群的生存策略，即种群的个体竞争力非常强，但是种群中的个体数量极为有限。老虎是处于生物链最顶端的猫科动物，有森林之王的美誉，老虎的个体极为强壮，一般雄性老虎的体长可达3.3米，体重可达300 千克，在自然界几乎没有天敌，也鲜有对手。但是这种个体的强大也付出了很多其他的代价，一是老虎的环境适应能力不强，必须分布在特定地域，而这意味着老虎是一种对环境有着极高要求的动物，它的生活环境一旦遭到破坏，其数量就会因为适应不了环境而慢慢减少，当然老虎在动物界虽然没有天敌，但是老虎却面临着人类破坏栖息地导致它无法生存的困境。二是老虎繁殖时间较长，数量较少，抚育子代的时间很长，雌虎每胎一般只会产下1～5 只幼仔，大多数时候只有2 只，待幼仔长大后雌虎才会再次发情，中间有2—4 年的间隔时间，幼仔会与雌虎一起生活2—3 年。可见，老虎繁殖和抚育子代的效率远远低于兔子，有着非常明显的 K-选择策略特征。虎原本有8

个亚种,其中有 3 个目前已灭绝:巴厘虎(Panthera tigris balica),原分布于印度尼西亚巴厘岛,20 世纪 30 年代灭绝;爪哇虎(Panthera tigris sondaica),原分布于印度尼西亚爪哇岛,20 世纪 80 年代灭绝;里海虎(Panthera tigris virgata),原分布于里海地区,20 世纪 70 年代灭绝。剩下的 5 种虎分别分布在印度、东南亚、我国以及我国东北-俄罗斯远东地区。比较近代以来老虎和兔子两个物种的生存状态,采用 r-选择策略的兔子的种群在自然环境剧烈改变的情况下生存得很好,而野生老虎种群则逐渐消亡。

K-选择策略对应到高等教育,可以理解为,在办学资源有限的前提下,学校把资源聚焦到一个学科或少数几个学科上,走精英化办学的策略,学校更倾向于控制学校规模,汇聚办学资源,提升办学质量,更趋向于小而精的办学思路。那么,对于目前的高校而言,究竟应采用 r-选择策略还是 K-选择策略,我们来看一下目前全世界和全国最顶尖,也就是办学最成功的高校,在博士点(国内)或博士项目(国外,doctoral program)上的布局选择。

为了实现同层次比较,我们设定国内外一流高校的博士点或博士项目数量,若大于等于 50 个,则该学校倾向于 r-选择策略;若博士点或博士项目数量大于等于 40 个,且小于 50 个,则该学校倾向于 r-K 平衡策略;若博士点或博士项目小于 40 个,则该学校倾向于 K-选择策略。

以下为 2022 年软科中国大学排名前十名高校博士点布局的 r-K 策略情况(学校的博士点数量包括一级学科博士点和专业学位博士点,统计截至 2022 年 8 月):

(1) 清华大学,博士点数量为 65 个,办学策略倾向于 r-选择策略;

(2) 北京大学,博士点数量为 59 个,办学策略倾向于 r-选择策略;

(3) 浙江大学,博士点数量为 72 个,办学策略倾向于 r-选择策略;

(4) 上海交通大学,博士点数量为 61 个,办学策略倾向于 r-选择策略;

(5) 复旦大学,博士点数量为 44 个,办学策略倾向于 r-K 平衡策略;

(6) 南京大学,博士点数量为 48 个,办学策略倾向于 r-K 平衡策略;

(7) 中国科学技术大学,博士点数量为 36 个,办学策略倾向于 K-选择策略;

(8) 华中科技大学,博士点数量为 55 个,办学策略倾向于 r-选择策略;

(9) 武汉大学,博士点数量为 51 个,办学策略倾向于 r-选择策略;

(10) 西安交通大学,博士点数量为 35 个,办学策略倾向于 K-选择策略。

在软科中国大学排名前十名高校中,西安交通大学、中国科学技术大学的办学策略为倾向于 K-选择策略;复旦大学和南京大学的博士点数量大于等于 40 个,且小于 50 个,倾向于 r-K 平衡策略;其他 6 所高校的博士点数列均大于等于 50 个,倾向于 r-选择策略。其中,浙江大学的博士点数量超过了 70 个,达到 72 个,为我国博士点数量最多的高校;清华大学、上海交通大学的博士点数量均超过了 60 个,仅次于浙江大学。这一结果与社会各界对高校的认知是基本一致的,中国科学技术大学一向以小而精闻名,更偏重于理科,西安交通大学的学科布局更偏重于工科,复旦大学和南京大学则认为是文理兼修的高校,而其他高校目前一般被认为是综合性大学,学科布局更为完整,尤其是浙江大学,其是 20 世纪末,即 1998 年由浙江医科大学、浙江农业大学、杭州大学和与原浙江大学四所学校而成立的一所综合性大学,体量庞大。

以下为 2022 年软科世界大学学术排名前十名高校博士项目布局的 r-K 策略情况(学校博士项目统计截至 2022 年 8 月):

(1) 哈佛大学,博士项目数量为 85 个,办学策略倾向于 r-选择策略(哈佛大学博士项目数据来源:https://www.harvard.edu/programs/? degree_levels=graduate);

(2) 斯坦福大学,博士项目数量为 61 个,办学策略倾向于 r-选择策略(斯坦福大学博士项目数据来源:https://bulletin.stanford.edu/programs? KhCQH=Graduate&page=1&pq=&degreeDesignation=PHD%20-%20Doctor%20of%20Philosophy);

(3) 麻省理工学院,博士项目数量为 31 个,办学策略倾向于 K-选择策略(麻省理工学院博士项目数据来源:https://oge.mit.edu/graduate-admissions/programs/doctoral-degrees/);

(4) 剑桥大学,博士项目数量为 62 个,办学策略倾向于 r-选择策略(剑桥大学博士项目数据来源:https://www.postgraduate.study.cam.ac.uk/courses? ucam-ref=global-header);

(5) 加州大学伯克利分校,博士项目数量为 81 个,办学策略倾向于 r-选择策略(加州大学伯克利分校博士项目数据来源:https://grad.berkeley.edu/admissions/choosing-your-program/list/? _degree_types=ph.d.);

(6) 普林斯顿大学,博士项目数量为 42 个,办学策略倾向于 r-K 平衡策略(普林斯顿大学博士项目数据来源:https://gradschool.princeton.edu/academics/

degrees-requirements/fields-study? discipline=All&program=31);

（7）牛津大学，博士项目数量为 87 个，办学策略倾向于 r-选择策略(牛津大学博士项目数据来源：https://www.ox.ac.uk/admissions/graduate/courses/courses-a-z-listing)；

（8）哥伦比亚大学，博士项目数量为 79 个，办学策略倾向于 r-选择策略(哥伦比亚大学博士项目数据来源：https://www.columbia.edu/content/admissions-offices)；

（9）加州理工学院，博士项目数量为 31 个，办学策略倾向于 K-选择策略(加州理工学院博士项目数据来源：https://gradoffice.caltech.edu/academics/optionreps)；

（10）芝加哥大学，博士项目数量为 68 个，办学策略倾向于 r-选择策略(芝加哥大学博士项目数据来源：https://www.uchicago.edu/education-and-research/graduate-programs)。

软科世界大学学术排名前十名的高校均为全球最顶尖的高校，由 8 所美国高校和 2 所英国高校组成，不得不承认，目前英美仍然处于世界高等教育的最顶尖位置。其中，麻省理工学院和加州理工学院的博士项目数量均为 31 个，这两所学校的办学策略倾向于 K-选择策略；仅有普林斯顿大学的博士项目数量大于等于 40 个，且小于 50 个，办学策略倾向于 r-K 平衡策略；其他 7 所学校的博士项目数列均大于等于 50 个，办学策略倾向于 r-选择策略。有三所学校的博士项目数量超过了 80 个，哈佛大学的博士项目数量为 85 个，加州大学伯克利分校的博士项目数量为 81 个，牛津大学的博士项目数量为 87 个，均明显超过国内博士点数量最多的浙江大学。而这一结果也是与社会各界对高校的认知是基本一致的，麻省理工学院和加州理工学院一向以精英化办学闻名，从两校的校名也可以看出，麻省理工学院(Massachusetts Institute of Technology)和加州理工学院(California Institute of Technology)均为 Institute，而不是 University，已经表明了学校的办学思路，两校均更为偏重于理工类学科，在学科大类的布局上与我国的中国科学技术大学有类似之处。

比较国内外一流大学的博士点、博士项目数量情况及其所对应的 r-K 选择策略，可以发现很多有意思的结论。

第一，国内外大学在博士点、博士项目上的 r-K 选择策略具有明显的可比性。可以看出,我们使用同样的比较标准来衡量国内外大学在博士点、博士项目数量上的 r-K 选择策略,均得到符合大众认知的结果,即学校的 r-K 选择策略与公众所认知的学校是综合型大学还是精英型大学是一致的。可以说,国内外顶尖高校在博士点、博士项目数量上的可比性体现了 r-K 选择策略的应用价值。

第二,国内外顶尖高校在博士点、博士项目数量的布局上存在趋同性,国内顶尖大学前十高校和世界顶尖大学前十高校中,r-选择策略和 K-选择策略共存,但倾向于 r-选择策略的高校占绝对多数,都达到了 6~7 所,占大多数,倾向于 K-选择策略或 r-K 平衡策略的高校为 3~4 所,这明显体现出国内外高校在 r-K 选择策略上的倾向性。

第三,比较国内外顶尖高校,国外顶尖高校在 r-K 选择策略上的差异性更为明显,学校更为坚定地执行既有办学策略。即虽然国内外顶尖高校在 r-K 选择策略上的比例是相近的,都更倾向于 r-选择策略,但是,倾向于 K-选择策略的国外顶尖高校的博士项目数量明显少于国内大学,倾向于 r-选择策略且博士数量最多的国外顶尖大学的博士项目数量又明显多于国内大学,这些国外顶尖高校大多有数百年的办学历史,其学校办学策略更为稳定而坚决,而国内高校的快速进步始于 21 世纪初,与国外顶尖高校相比,其发展和办学策略还不够稳定。

第四,与生物界类似,国内外顶尖高校在博士点、博士点项目数量的布局上同样存在 r-K 连续体。即国内外顶尖高校都有学校倾向于 r-K 平衡策略,处于 r-选择策略和 K-选择策略的两个端点之间,即国内的复旦大学、南京大学,国外的普林斯顿大学,而这也体现出了高校在博士点、博士点项目布局上的微妙状态和高等教育办学的多样性。

3.1.3 高校外部办学环境与 r-K 选择策略

从国内外顶尖大学在 r-K 选择策略上的倾向来看,明显更倾向于 r-选择策略。在生态圈,生物的 r-K 选择策略是受到外部环境影响的,外部环境越恶劣,变动频繁,抚育子代时间较短甚至没有,则生物更倾向于 r-选择策略,或者说采用 r-选择策略的生物更容易得到存活。而当外部环境比较稳定良好,抚育子代时间可以很长时,则生物更倾向于 K-选择策略,或者说采用

K-选择策略的生物更容易得到存活,对比生物圈中外部环境与 r-K 选择策略的对应现象,这里我们要讨论外部办学环境对高校 r-K 选择策略的影响。

(1) 国外大学:绩效评估制度与大学办学节奏的提速

20世纪70年代以来,西方国家面对严峻的财政危机和信任危机,开始流行和实施政府问责制度,把企业绩效管理的理念引入政府管理领域,这种行为趋势也被称为新公共管理运动,这一运动强调竞争引入、产出控制与绩效管理等核心理念,主张用市场的力量来推动政府改革,通过绩效评估来测评政府公共管理部门的产出,实行竞争机制,从而促使公共部门提高公共服务的供给质量和效率。这一制度也迅速发展到了公立高等教育领域,第二次世界大战以后,经过较长时间的稳定发展,美国高等教育的规模迅速扩张,至1971年,美国高等教育毛入学率达到50%,进入高等教育普及化阶段。但是当遭遇70年代的经济危机时,里根政府实施财政收缩策略,调整联邦经费投入机制,开始强调州政府职能,州属高校的运营基本依靠州政府财政支持,而州政府在财政压力下,对高校的财政支持比例开始有一定程度的下降,也正是在同一时期,美国公立大学学费增长了115%,而两年制社区学院的学费更是增长了228%。

高等教育规模扩大,学生入学率和入学数量不断上升的同时,高校办学从精英教育逐渐普及,而州政府财政投入减弱,师生比呈明显的下降趋势,这导致美国高等教育质量明显下降,1983年美国国家卓越教育委员会(National Commission on Excellence in Education,NCEE)发布《国家处于危险中:迫切需要教育改革》(*A Nation at Risk -the imperative of educational reform*)的报告,该报告描述了美国高等教育危机现状,激起美国社会各界的强烈反响和看法,报告中提到,"我们的国家正处于危机之中,我们曾经在商业、工业、科学与技术发明领域取得了令人骄傲的卓越成就,但是现在正在被全世界的竞争者不断追赶",还指出,"我们社会的教育基础正在被越来越严重的平庸趋势所影响,这将威胁到我们整个民族的前途和命运,以及人民的未来"。里根在其执政期间,曾大幅减少了联邦政府对教育的援助,但是受到该报告影响,联邦政府在1985年对教育的财政预算有了增加,美国国会提交的教育预算提升至191亿美元,相比于1984年的154亿美元,明显增加了37亿美元。正是在美国高等教育规模扩张和州政府财政预算持续紧缩的背景下,美国部分州开始推行高等教育绩效预算和绩效拨款制度,以应对民众对高等教育问责的要求。

由于美国州政府拥有相对独立的管制职能和权限,各州实施的高等教育绩效评价制度各不相同,其中比较有影响力的有最早实施高等教育绩效评价的田纳西州、绩效评价体系完善且强制实行的南卡罗来纳州等。1979 年,田纳西州高等教育委员会(Tennessee Higher Education Commission,THEC)开始制定和推行田纳西州高等教育绩效评估制度,并开展了第一轮绩效评估工作(1978—1982 年),参与学校包括田纳西州的 23 所公立高校和社区学院。这是美国高等教育领域内的第一项基于绩效激励策略的财政拨款制度。该评估制度自 1979 年实行以来,以 5 年为一周期,已完成了 9 个周期的评估。南卡罗来纳州是全美唯一将教育经费全部进行绩效分配的州。1996 年,南卡罗来纳州议会正式通过了实施高等教育绩效拨款的 359 号法案,其中规定该州的公立高校需要考核 9 个领域的 37 个评价指标,南卡罗来纳州一般 2—3 年评估一次,评估小组由高等教育协调机构、政府立法部门及相关学术委员会代表组成,评估涉及的指标调整、权重修改等的决定权由州政府负责。

高等教育绩效评估制度的实施,明确了学校的绩效评价指标体系,成为美国高校办学的指挥棒,其主要评价指标包括专业达标性评估、标准化考试和职业认证、满意度、教育质量提升措施、政府导向和学生保持情况等。为了保证高等教育的质量,较有影响力的举措包括要求考核高校学生参加美国权威综合能力测试的成绩情况,比如,要求高校学生参加加利福尼亚批判性思维和技能测试(California Critical Thinking Skills Test)、大学基本学术性学科能力测试(College BASE)、大学生学术能力评估(Collegiate Assessment for Academic Proficiency)、ETS 能力水平测试(ETS Proficiency Profile)等综合能力测试。在各州,教育满意度指标始终是高等教育绩效评价的重要组成,主要考核本科生、已毕业本科生和雇主对高校专业教育质量的满意度,学生一般需要参加全美大学生学习性投入调查(the National Survey of Student Engagement,NSSE),并根据绩效评价标准进行记分。同时,为了服务州政府的办学策略,会在绩效评价体系中增加教育资源调配的要求,比如,对低收入群体、少数民族族裔、科学(Science)/技术(Technology)/工程(Engineering)/数学(Mathematics)专业教育进行一定倾斜。大学生毕业率一直是令美国高等教育界非常头疼的一个问题,全美教育统计中心公布的数据显示,2008年美国四年制大学的毕业率为57.2%,美国总统奥巴马在2010年就职伊始,就把提升大学本科毕业率作为他的一个执政目标[4],因此,大学生毕业率也经常是高等教育绩效评价的重要组成。

高等教育绩效评价的实施极为强调教育满意度指标。顾客满意度是市场竞争的产物,诞生于20世纪80年代初,由于被美国马尔科姆·波多里奇国家质量奖(The Malcolm Baldridge National Quality Award)采纳为重要指标而获得推广与发展。美国非常重视高等教育的满意度调查,每年有600所以上的高校参与"全美大学生学习性投入调查",为美国高等教育质量的提高和改进作出了重要贡献。2009年,清华大学首次在国内引入了此项调查。我国的高等教育正面临发展模式转型,《国家中长期教育改革和发展规划纲要(2010—2020年)》中明确提出:"提高质量是高等教育发展的核心任务,是建设高等教育强国的基本要求。"引入满意度调查可以帮助我国的高等教育寻找与欧美发达国家的差距,发现提升高等教育质量的突破点。

美国高等教育绩效评价体系广泛引入了权威第三方评价机构进行教育质量评估。美国发达的高等教育系统为教育绩效评估体系提供了系统性和关键性支持,"专业认证""专业检查""通识教育测评""专业教育测评""满意度"等重要指标均需要引入美国相关第三方机构进行测评,这些指标所参考的第三方机构的数量也随时代发展而不断增多,比如,在田纳西州《2010—2015年绩效评估指导手册》及其附录中,田纳西州高等教育委员会共提供了包括有88个全美标准化考试、职业资格认证和第三方评估机构的推荐清单,一方面提升了评估体系的客观性和公正性,另一方面也极大地减轻了州政府和各大学开展教育评估工作的工作量,同时也繁荣了美国高等教育第三方评价市场,促进了高等教育的多样化发展。

美国及欧洲的高等教育发达国家纷纷实施高等教育绩效评价体系,明显提升了高校办学质量和教育满意度情况,优化了政府教育拨款制度。但是,这也会导致高校加强对教师教学和科研成果产出的考核,近年来,也发生了多起教师不良事件。比如,2014年就职于英国伦敦帝国学院(Imperial College London)实验医学系的毒理学教师斯特凡·格里姆(Stefan Grimm)教授事件,英国伦敦帝国学院实验医学系要求每位教授平均每年入账科研经费20万英镑,格里姆教授虽然积极申请科研项目,但遭遇失败,在没能达到科研经费目标且可能面临失业的情况下自戕身亡,邮件系统在他逝世之后,按照他的设定,自动给其同事群发邮件,题为"帝国学院的教授是被如何对待的"(How Professors are treated at Imperial College),描述了其不堪学校对其学术成果产出的要求,教师承受着"要么出版,要么凋亡"(publish or perish)的压力,在欧美学术界引起轩然大波,欧美各界也纷纷报道此事。该事件的发生也从侧面体现出欧美高校对教师考核要求的提升,以及教师成长过程中对不断提升的考核要求的忍受度正在不断下降,对应到生态系统,即外部环境正在恶化,子代能够获得成长成熟的时间不断减少。

(2) 国内大学：人事制度改革与大学办学节奏的提速

21世纪以来,我国高等教育迅速发展,高等教育体制机制改革也不断深入。2000年6月,中组部、人事部、教育部联合发布《关于深化高等院校人事制度改革的实施意见》,将聘用制推向实践,成为高校人事制度改革的主要目标,经过二十多年的推行和实践,该项制度已经基本落地,聘用制成为我国大学人事制度的重要构成。为了打破高校教职的"铁饭碗",我国大学参考美国高校的终身教职制度(tenure-track),探索实施"非升即走"(up or out)的人事策略,对于新进教师,给予若干年试用期,一般为3年聘期,签订短期合同,试用期满后接受考核,通过若干个聘期的考核要求后,才能获得长期合同,反之必须离职。国内高校通常会给出"3年＋3年"的两个聘期合同,若能通过两个聘期的要求,并在聘期内评上副高级职称,即副教授或副研究员,则能够进入学校的长期聘用。国内高校实施"非升即走"制度最早可以追溯到清华大学1993年在学校部门院系的试点工作,此后,国内高校纷纷进行探索,该项制度进入我国高校已有约三十年的发展历史。

2018年9月,武汉大学教师聘期制首个三年聘期结束,学校共有69位聘期制教师面临首个聘期考核,在校方统一组织的聘期评审中,参加评审的42人仅有4人通过,该事件引起国内关注并被广泛报道[5]。武汉大学于2015年3月开始实施聘期制教师制度,按照"3年＋3年"两个聘期的合约聘用合同,学校对聘期制教师的首个聘期纳入博士后管理,与学校签订聘用协议,薪酬待遇标准由学校制定,经费由学校承担。如果在首个聘期内未能转入事业编制,可继续作第二站博士后,也可以自聘教师方式,签订非事业编制聘用合同,合同期限继续为 3 年,薪酬待遇标准由学院制定,学校给予一定补贴。另一所实施聘期制度并广受瞩目的高校是中山大学,中山大学把学校原有的转制科研编制 B 系列人员进行改革,采用三年聘期制度,给予校内头衔,附加考核要求。2015 年起,学校在 6 年时间中招聘了 8 000 多位青年教师,学校办学产出显著,2014 年以前,中山大学科研到账经费为 10 亿～12 亿元,施行专职科研人员招聘仅三年,2017 年中山大学的科研到账经费猛增至 29 亿元,同时,中山大学自然科学基金项目立项数量持续上升,挤入全国前三,国家社科基金项目和教育部人文社科项目立项数多次位列全国第一,这种连锁反应也引起了各界关注[6]。

对比国内外高校近年来的外部环境状态,可以总结为学术环境的强竞争、外部需求的高迫切、绩效评价的大压力三点,虽然高等教育总体环境不可能仅用三点来总结,但是,这也反映出国内外高等教育外部环境的剧烈变化和强竞争的总体态势,在这种状态下,根据生态学 r-K 选择理论,学校出于自身生存和发展需要,为了加快学科发展的节奏,缩短教师的培养时间,自然会更倾向于 r-选择策略,正如中山大学的做法,引入海量青年教师,通过增加教师数量来提升教学科研成果的产出总量,相比而言,在有限时间内把办学资源集中在少数学科或教师上,则会存在更大的不确定性风险。

3.1.4　学位授权审核工作中的学校 r-K 选择策略

2017 年,国务院学位委员会印发《博士硕士学位授权审核办法》,建立了目前我国学位授权审核工作的整体框架,从 r-K 选择策略进行分析,我国的学位授权审核工作给学校指出了一条 r-选择策略和 K-选择策略轮流侧重、螺旋上升的发展道路。

第一阶段:r-选择策略,本科高校加强建设,形成完整的本科专业布局。对于一所本科高校而言,首先需要围绕自己的办学定位,增厚办学实力,增列一定数量的本科专业,形成较为完整的本科专业布局,经过至少八年的良好发展和沉淀,同时还要争取成为省级学位委员会新增硕士学位授予单位。

第二阶段:K-选择策略,本科高校申请硕士学位授予单位。本科高校对照《新增硕士学位授予单位申请基本条件》,逐一比对条件中给出的要求,加强自身学校和学科建设,比如,在专任教师中具有博士学位教师的比例、全日制在校学生人数与专任教师的比例、师均年科研经费、学校生均经费收入、省部级及以上教学奖励、精品课程、卓越计划和通过专业认证等重要办学指标上下功夫、提质量,最终成功申报硕士单位。

第三阶段,r-选择策略,经认定的硕士学位授予单位高校进一步加强建设,形成完整的硕士学位布局。成为硕士学位授予单位后,学校再次进入韬光养晦、增强实力的阶段,对于一所新增硕士学位授予单位高校,首先需要完善自己的硕士学科布局,从一个硕士学位点,增列到两个、三个及若干个硕士学位点,最终形成比较完整的硕士学位布局,经过至少八年的良好发展和沉淀,同时还要争取成为省级学位委员会新增博士学位授予单位。

第四阶段:K-选择策略,高校进一步申请博士学位授予单位。硕士学位授予单位高校对照《新增博士学位授予单位申请基本条件》,逐一比对条件中给出的要求,加强自身学校和学科建设,比如,在专任教师中具有博士学位教师的比例、全日制在校学生人数与专任教师的比例、师均年科研经费、学校生均经费收入、省部级及以上教学奖励等重要办学指标上下功夫、提质量,最终成功申报博士单位。

第五阶段,r-选择策略,经认定的博士学位授予单位高校进一步加强建设,形成完整的博士学位布局。成为博士学位授予单位后,学校再次进入韬光养晦、增强实力的阶段,对于一所博士学位授予单位高校,首先需要完善自己的博士学科布局,从一个博士学位点,增列到两个、三个及若干个博士学位点,最终形成比较完整的博士和硕士学位布局。

第六阶段:K-选择策略,博士学位授予单位高校进一步申请学位授权自主审核单位、世界一流大学和一流学科建设高校等。成为博士学位授予单位高校并不是学位工作的重点,我国政府还给高校设定了更高的办学目标,包括学位授权自主审核单位、世界一流大学和一流学科建设高校等。尤其是世界一流大学和一流学科建设高校,已经成为我国高等教育加强建设高校的重要举措,此时,学校要根据国务院《统筹推进世界一流大学和一流学科建设总体方案》,以及教育部、财政部、国家发展改革委《关于深入推进世界一流大学和一流学科建设的若干意见》和《统筹推进世界一流大学和一流学科建设实施办法(暂行)》等文件,加强建设,追求更高的办校办学目标。

第七阶段:r-选择策略,成为世界一流学科建设高校并申请获批更多的一流建设学科。

第八阶段及以后,以此类推,可参见哈佛大学、斯坦福大学、麻省理工学院等世界顶尖大学的建设策略。

从这里也可以看出,学位授权审核工作完全可以成为我国绝大部分高校中长期规划中的核心发展路径。学校在不同的发展阶段,根据当前相应的学位授权申报目标,在办学水平、师资力量、教学质量、科研实力、硬件设施、整体条件与支撑等方面不断努力,对应的采用 r -选择策略或 K -选择策略作为办学导向,也对应了学校是做大还是做强,最终实现以申促建,切实提升学校办学水平。

3.2 大学学科优化和调整的驱动逻辑研究

大学在办学过程中,需要结合外部环境和自身办学情况,不断调整和优化学校学科布局,从而加强自身的办学竞争力。学科布局及其调整是大学学科建设的重要顶层设计,学科调整包括学科增列和学科撤销两种举措。学科调整的出发点是为了建立质量自律理念,推动学位与研究生教育走内涵发展之路。我国政府修订和完善了学科专业目录及设置管理办法,建立动态调整机制和优化学科专业结构是一项关键的政策组合,它引导高校从过去以冲动扩张为主的学科专业设置中走出来,按照人才培养的实际需求和学科专业的培养能力进行学科和专业的设置与动态调整。

2013 年,国务院学位委员会第三十次会议审议通过了《关于开展博士、硕士学位授权学科和专业学位授权类别动态调整试点工作的意见》,建立了学位授权点"总量不变,有上有下"的动态调整制度,并于 2014 年启动了试点工作。2015 年,在总结试点工作经验的基础上,印发了《博士、硕士学位授权学科和专业学位授权类别动态调整办法》,并决定自 2016 年起,学位授权点动态调整的范围扩大到全国。到 2021 年,各单位累计撤销博士、硕士学位授权点 1 600 余个,增列博士、硕士学位授权点 1 000 余个,对引导学位授予单位主动优化学科专业结构、提升研究生教育质量发挥了重要作用。

我国政府颁布的学位点动态调整的相关文件表明,我国高等教育,尤其是研究生教育,已经从数量发展逐渐转向质量发展或者是内涵式发展的道路,政府和高校将更为关注学科建设质量,提升学科办学水平。我国高校在学科布局上,将不再仅仅是追求增列学科数量,对于不适应国家社会和高校发展或者办学水平较低的学科,也将被逐步撤销,从而真正实现学科调整的理念。

在世界高等教育发展的长河中,放到更长的时间线上的视角来看,大学学科增列和撤销都是非常常见的办学调整策略,比如,在第一章中曾提到,在大学诞生的初期,神学曾是大学的重要学科组成,但是经过漫长的发展,除了少数服务教会的宗教大学,绝大多数高校都不再设置宗教类学科,神学已经完全成为一个非常小众的学科。近年来,学科调整引起各界广泛关注的事件还有芝加哥大学教育系被撤销。

芝加哥大学作为世界顶尖名校,1894 年,在首任校长威廉·瑞尼·哈珀(William Rainey Harper)和实用主义哲学家、教育家约翰·杜威(John Dewey)等的努力下,芝加哥大学教育系成立。1901 年 7 月 1 日,哈珀校长提议将芝加哥研究所、南方学院、芝加哥手工训练学院并入教育系组成专业教育学院。校方随后正式宣布教育学院成立。约翰·杜威是美国著名哲学家、教育家、心理学家,被视为 20 世纪最伟大的教育改革者之一,2006 年 12 月,美国知名杂志《大西洋月刊》将杜威评为"影响美国的 100 位人物"第 40 名。1894—1904 年,杜威在芝加哥大学任哲学系、心理学系和教育系主任,1902—1904 年还兼任该校教育学院院长,是芝加哥大学教育系的首任系主任,教育学院的首任院长。1904 年,因与哈珀校长产生分歧而辞职,前往哥伦比亚大学哲学系任职,直至退休。

1996 年 11 月,芝加哥大学社会科学院(Division of Social Science)院长理查德·赛勒(Richard P. Saller)提议,要将社会科学院所辖的教育系清除出去。赛勒的计划很快在院里及校方获得通过。消息公布后,引发了社会各界的巨大争议。比如,远在澳大利亚的该系校友安德里克(David Andrich),时任西澳大利亚大学教育学教授、澳大利亚社会科学院院士,向学校发公函说,得知消息,整个澳大利亚都感到震惊。但是,赛勒坚决执行自己的决定,1997 年,教育系的教师与研究生被告知,必须在 4 年之内离开芝加哥大学,到 2001 年,这个由著名教育学家杜威创办的百年老系从芝加哥大学彻底消失[7]。对芝加哥大学教育系命运的相关研究文章甚多,这里限于篇幅和主题不做过多展开。

再回到我国,从学位点动态调整办法实施以来,全国高校已经撤销了数百个学位点,高校和师生也已经逐步接受学科撤销这一办学举措,但是学科调整的理论依据及其影响值得我们进行深入研究。

3.2.1 教育资源投入波动引起学科调整剧烈加速

从欧美大学围绕文、法、医、神四科来组织教学活动开始至今,现代高等教育的本质一直是专业教育,大学按照学科专业分类培养高素质专门人才,其建构高度依赖于学科知识体系的划分,学校的定位和发展愿景都要以自身的学科设置为基础,大学乃至整个高等教育体系均围绕学科建制而运行展开。

从高等教育发展历史来看,当社会稳定且经济快速发展,教育资源投入明显增长时,会出现大范围的学科增列;当遭遇经济危机,教育资源投入萎缩时,大学迫于压力会大幅度撤销学科。可见,教育资源投入的明显增长或萎缩,都会剧烈加速大学学科调整的动态进程,这是学校为了应对特殊境遇和危机所作出的一种应激反应。

第二次世界大战后,美国高等教育在外部良好的经济环境和内部激烈学术竞争的双重驱动下,大学为了追求全面卓越而持续扩张。这种"只增不减"的无序繁殖发展方式制造了大量的"多元巨型大学"(multiversity)[8]。大学为了追求自身学术地位而不断无序扩张,当遭遇到外部环境恶化和资源投入不及预期时,就会陷入生存困境。美国在20世纪70年代进入经济衰退期,美国高校出现高等教育史上首次引人注目的大规模学科调整。其间,美国的35个州共撤销本科和研究生学术项目约600个,其中研究生层次的学术项目占65%[9]。在20世纪70年代、90年代和21世纪初,美国高等教育界共经历了三次学位点撤销潮[10]。

我国大学的整体学科规模也经历了学科数量先稳步增长,然后大规模调整的历程。21世纪以来,我国高等教育进入快速发展阶段,2001年,全国共有博士学位授权点245个、硕士学位授权点457个,合计702个[11]。到2018年,全国共有一级学科博士学位授权点3 498个、一级学科硕士学位授权点(含具有博士授权的硕一点)9 587个[12],与2001年相比,总数增长了18.6倍,这种发展速度创造了高等教育史上的奇迹。与此同时,2018年全国教育经费(46 143.00亿元)比2001年(4 637.66亿元)增长9.9倍[13,14],年均增长率达到14.5%,对学科数量和教育资源投入这两组数据进行比较,可以发现两者的增长幅度基本保持一致。虽然我国的教育经费总投入持续增长,我国政府从 2016 年起主动开展全国高校学位点动态调整工作。根据国务院学位委员会发布的历年《动态调整撤销和增列的学位授权点名单》,从 2016 年至 2019 年,我国大学共新增学位点 987 个,撤销学位点 1 598 个,撤销数量明显大于新增数量,意味着我国高等教育的学科体系进入了调整优化阶段。

如果没有外部教育资源波动的影响,学科调整可能因为学科自身的自然老化消亡和新生迭代而发生,教育资源投入波动加速了这一进程,这容易导致把学科调整笼统的归因于资源投入,实则掩盖了学科调整的内在逻辑。资源投入波动迫使学校领导层必须在较短时间内作出学科调整的选择性决策,这种决策是大学权力运行的重要体现,而在具体到某所大学和某个学科时,又会存在历史因素、人为因素、非理性因素等原因导致决策过程对外的不透明。但是,拨开个性化和非理性因素后,学科调整仍然具有明显的核心驱动逻辑。在对美国大学学科调整的相关研究中,德鲁克(Marvin Druker)的调查显示,大部分高校评估学科时运用了四个关键指标:学科在院校使命中的地位、学科质量、学生需求、与大学战略规划的相关性[15]。谢尔利(Robert Shirley)认为,学科布局调整需要考虑的主要因素是院校使命、外部需求与内在实力[16]。这些研究都表明,大学作为一种资源依赖型组织,外部资源投入波动会导致大学办学规模变动,从而加速学校领导层对学科调整进行决策,但是,学科作为大学内部的结构单元,大学自身具有一套完整而独立的驱动逻辑来决定其内部的学科布局调整。

3.2.2 第一重驱动逻辑:知识生产价值链中的外部需求

20 世纪 90 年代,吉本斯(Michael Gibbons)等学者提出知识生产的模式 1 和模式 2[17],是对人类科学知识生产模式逻辑演进范式的系统性总结。人类科学知识生产随社会变革而剧烈演变,从传统的以学科为本、以高等院校为中心的模式 1 转向跨学科性、基于应用情景的模式 2,并正在转向多特征、多形态并存的模式 3[18]。知识生产模式的迅速演进发生在当前知识经济的时代背景下,知识和技术创新在全球经济发展中的核心驱动作用在实践中获得反复确认,并得到政府、企业和学术界的广泛认可。随着知识生产模式的演进,大学作为社会知识生产的重要主导机构,其在学术价值追求上的冲突益发凸显,即科学研究是基于工具理性导向还是基于价值理性导向,但是,在全球知识经济浪潮下,服务社会经济发展需求已成为大学的重要任务,大学只有努力融入经济体系并成为其中关键环节才能更好地应对时代发展。

在知识经济社会,大学、政府、企业之间已经形成一种互相依存的一体化生存格局。"产业-政府-大学"正在融入统一的产教价值链中[19]。迈克尔·波特(Michael E. Porter)在1985年提出的价值链(value chain)理论指出,价值链对企业竞争优势具有重要作用,在价值链中,总价值包括价值活动(value activities)和利润(margins),由于价值链差异,企业形成了不同的竞争优势[20]。价值链、产业链、创新链等概念随着经济全球化的进程而得到迅速发展,在经济全球化的趋势中,任何国家和组织都无法置身事外,"产业-政府-大学"所组成的价值链就是一种典型的以知识为重要产品的知识生产价值链。迈克尔·波特认为,正确审视竞争优势的方式是分析价值链,而不是分析附加值[20],学科作为知识生产的基础性结构单元,必须要融入知识生产价值链并占据关键性位置,才能取得明显的竞争优势。

基于价值链的视角,学科承接政府和企业的研究项目、推动专利转化、获得科技奖励等都是以知识为产品的重要价值活动,能否顺利获取政府和企业的外部需求,是价值链中的重要内部关联,也是学科竞争优势的关键。除知识外,学科为社会和企业提供的产品还包括学生,学生作为未来生产者能否融入社会和企业也是重要的价值判断。虽然知识和学生都可以看作是由大学和学科所产出的特殊产品,但要特别指出的是,人才培养体现了大学的公益性和服务性,区别于单纯的经济行为,它是大学存在的根本。这也意味着包括大学在内的知识生产价值链所产生的利润超越了经济价值本身,大学和学科为社会发展所提供的知识和人才的附加值具有更广泛的价值意义。

除了从知识生产价值链中的政府和企业两个环节获得外部需求外,学科生存还需要从学校、学校内部的其他学科处获得需求。学校和学校其他学科同样处于知识生产价值链中,如果说"产业-政府-大学"是知识生产价值链的大循环,那么学校内部及其各个学科就是知识生产价值链在大学中的小循环。大学是学科生存的主要依托环境,学科必须要成为学校整体规划中的重要组成,在学校发展愿景中处于一个独特的位置,比如成为学校学科布局中的主干学科,或者是主干学科的重要支撑学科。在学校内部,学科与学科之间同样存在相互需求,积极发展相关联的新兴交叉学科有助获得校内其他学科的支持。在以上各类复杂的价值活动的综合作用下,将标定学科在知识生产价值链中所处的价值地位。

在知识生产价值链中,不仅存在正向需求,还存在"反向需求",即不利于学科生存的负面需求。1992年,美国伊利诺伊州高等教育委员会认为伊利诺伊大学厄巴纳-香槟分校的社会工作学院学生培养供大于求,于是向州政府建议撤销该学院及人才培养项目,这种"反向需求"推动学校考虑撤销社会工作学院[21]。

学科在知识生产价值链中所能得到的外部需求是不断变化的。当外部需求成为学科调整驱动逻辑中的决定性因素时,就会出现同一学科由于外部需求变化,发生时而增列、时而撤销的情况。2013年,上海交通大学在第三轮学科评估后,决定对部分非优质学科进行调整,撤销了兽医学硕士学位授权点[22]。七年后,在2020年的学位点动态调整工作中,学校又计划增列兽医学硕士学位授权点。兽医学是一个传统学科,学科本身主要依托基于原上海农学院建立的农业与生物学院,科研实力在全校整体学科中处于落后位次,在没有其他要素支撑的情况下,外部需求是其发生学科调整的主要驱动逻辑。在当前的后疫情时代,学校出于加强生命科学大学科群建设的目的,重新开设兽医学学科。因此,学科除了要积极获得外部需求,学科生存必须要苦练内功,提升自身实力和学术地位,否则就可能随外部需求变化而发生动态调整。

3.2.3 第二重驱动逻辑:教育评价定位下的学术地位

在高等教育哲学中存在认识论和政治论两种哲学观[23],如果说外部需求更符合政治论哲学观的范式,则教育评价定位下的学术地位就是认识论哲学观的外在体现,是"知识本身即为目的"[24]的古典大学观在当代高等教育领域的一种新的演绎。

教育评价始于20世纪下半叶,西方国家从20世纪70年代开始流行政府问责制度,并扩散到公立高等教育领域。1979年美国田纳西州首先制定和推行高等教育绩效评估制度,将财政拨款与大学绩效指标表现相关联[25]。在政府支持下,各类教育相关第三方机构也日益活跃,跟随高等教育全球化的步伐,THE、US News等第三方机构从20世纪80年代起推出大学排名,并逐渐涵盖全球高校。目前主流的 THE、QS、ARWU 和 U.S.News 四大排名均包含大学排名和学科排名两个排名体系,既充分体现了学科在大学中的重要办学实体地位,同时也把办学压力直接传导到学科一线。21 世纪以来,随着我国高等教育的迅速发展,我国政府高度重视教育评估工作,在学科领域逐步建立起一套完整的教育评价体系,其中包括学科水平评估、专业学位水平评估、学科合格评估、专项合格评估等,已经成为我国高等教育内涵式发展的关键组成。

发展至今,全世界现有的高等教育评价种类繁多,指标体系差异极大,评价目的各不相同。从评价主体进行区分,可以分为政府部门和第三方机构两个类别,由政府部门及其咨询服务机构所开展的教育评价是为了落实包括绩效评价在内的政府教育管理职能;第三方机构则把大学排名作为一种信息产品进行经营活动。目前各种教育排名在全世界范围具有重要影响力,每年相关排名发布都会引起社会各界的广泛关注,排名既是学校学术声望的重要体现,还关系到教育资源分配问题,是大学高度重视的关键性办学指标。

基于绩效的资源分配模式是当前和未来高等教育财政政策的重要发展方向,这也益发凸显教育评价的重要性。教育评价引导资源分配,资源分配影响办学策略,办学策略决定学科调整,在这样一个链式反应下,原本只是体现办学水平的教育评价成功地影响了学科这一大学基础办学单元的存在性。学科开展学术研究仍然可以坚持"知识本身即为目的",但是为了保持自身存在,需要在同行竞争中获得足够优秀的学科排名,即"学术地位",这是认识论哲学观在当代的进一步异化,是科学研究从好奇心驱动向竞争驱动的转化。大学开展科学研究的动力机制正在不断转化和复杂化,新的动力机制并不是对原有机制的否定,而是在与原有机制并存的情况下赋予科学研究更大的"加速度"。

由于同时存在大学排名和学科排名的双重学术排名,必然会出现学科排名与学校排名不匹配的情况,学科需要重视自身学术地位与学校学术地位之间的差异性。学科排名领先于大学排名,学科能够给学校带来学术荣耀和学术地位,学科地位相对稳固;学科排名落后于大学排名,学校就要考虑学科在其他方面的存在价值。据统计,2016—2018 年全国动态撤销的学位点中有 45 个在第四轮学科评估中上榜,其中 C+ 及以下学科达到 31 个,占 69%[26],这还不包括未上榜的排名后 30% 的学科。学科自身的学术地位和学科与学校两者之间学术地位的不匹配是学科调整的第二重驱动逻辑。

3.2.4 第三重驱动逻辑：学科知识的未来发展预期

学科概念存在知识形态的学科和组织形态的学科双重内涵[27]，学科本身来源于人类对科学知识体系的一种主观划分，通过对知识进行分类，建立起次序化、规范化、系统化的知识世界[28]。前文第一重驱动逻辑和第二重驱动逻辑都是从学科组织形态的视角出发，学科的知识形态对学科组织的存在同样具有关键作用。

这里需要引入学科的生命周期理论，宣勇首先在大学学科组织中提出生命周期理论，并将其分成生成期、成长期、成熟期与蜕变期四个阶段[29]。学科的知识形态同样存在生命周期，根据学科动态发展观，可以分为孕育期、成长期、发展期、成熟期和蜕变期[30]。对学科的知识形态的研究可以追溯到19世纪70年代，恩格斯根据当时自然科学发展所显示的突破原有学科界限的新趋势，在分析各种物质运动形态相互转化的基础上指出，原有学科的邻接领域将是新学科的生长点。经济学家于光远指出新旧学科的转化关系，"所谓新学科就是在某一个特定的历史时刻正在建立的学科"[31]。2021年，我国学科目录再作调整，"交叉学科"成为我国第14个学科门类[32]。可以说，新兴交叉学科、前沿学科、边缘学科一直是学科体系中的研究热点。

处于"青年"阶段的新兴学科之所以会获得广泛关注，在于人们对其在科学研究和实践应用两个领域未来广阔前景的巨大预期。纵观人类文明史上的每一次科技革命，都是在某一门新兴学科上取得重大科学技术突破开始的。20世纪80年代，信息科学作为当时的新兴前沿学科，最终实现了以全球互联网络为标志的信息高速公路，深刻地影响并改变了人类社会，成为第三次工业革命的核心标志。新兴学科发展能够为人类社会进步带来巨大增量，甚至是突破性的社会变革，这已经是社会各界的共识。比如，美国科技政策办公室及其下属的国家科学技术委员会长期高度关注新兴学科发展，先后策划并启动了1993年"信息高速公路计划"、2012年"大数据研究和发展计划"、2016年"国家人工智能研究和发展战略计划"等一系列国家级新兴学科发展战略，专项研究经费投入动辄数十亿美元。

正是基于新兴学科的未来巨大发展预期这一重要驱动逻辑，大学能够主动在新兴学科的外部需求和学术地位都从零开始的情况下，投入资源建设新学科,人工智能学科就是一个典型案例。自2017年5月中国科学院大学设立首个人工智能技术学院以来,国内人工智能学院、研究院、研究中心等如雨后春笋一般涌现,2018年我国首批开设人工智能专业的大学已达35所[33],2019年进一步增加到180所[34]。人工智能学科之所以得到快速发展,是因为目前普遍认为人工智能是第四次工业革命中的新引擎和核心科技,包括语音识别、智能驾驶、图像处理等核心技术在内的人工智能学科正在迅速影响整个世界。除了人工智能学科,近年来集成电路、生物医药、石墨烯等新兴学科也由于相同的驱动逻辑而得到大量资源投入,从而获得快速发展。

与生命周期阶段处于快速成长期的新兴学科相比,处于生命周期"中老年"阶段的成熟学科会面临发展预期有限的问题,可能遭遇学科知识经过多年探索后未知领域枯竭、社会需求衰退和产业过剩等一系列挑战,当学校推动学科调整和学科资源分配时,会慎重考虑相关要素。有实证研究指出,资源获取能力较弱的传统学科是撤销重点对象[10]。因此,根据学科知识所处生命周期阶段,作出相应的未来发展预判是学科调整的第三重驱动逻辑。

3.2.5　三重逻辑共同驱动下的大学学科调整

在学科调整的"外部需求-学术地位-发展预期"三重驱动逻辑中,外部需求和学术地位均作用于学科的组织形态,发展预期则作用于学科的知识形态。对于学科的组织形态,外部需求关注的是学科在整个知识生产价值链中的参与程度及所处位置,要同时考量"产业-政府-大学"的大循环链和大学内部的小循环链两种情况。学术地位则是学科自身学术实力在教育评价中的具体定位,还要关注学校与学科在学术地位上的差异性。对于学科的知识形态,从更宏观的全人类知识体系发展的视角出发,根据学科知识所处的生命周期阶段,对其未来发展前景进行预判。当三重驱动逻辑共同产生作用,或者某一重驱动逻辑起重要主导作用时,学科就有可能进入学校学科布局调整的战略博弈中,虽然最终决策还会受到人为和历史原因、权力偏好等非理性因素的影响,但是这种失衡状态将始终把学科置于学科调整的候选名单中。

学科调整的"外部需求-学术地位-发展预期"三重驱动逻辑是基于效益优先的经济理性主义视角下得到的,努力把事物中的全部差异归类还原为一种单纯精确的逻辑关系,这既是当前知识经济时代的必然,也是对古典大学观的进一步颠覆。近年来,过于追求科研产出已经导致学术研究"短平快"盛行,然而很多重大科研成果的产出往往需要研究者常年潜心学术,数十年如一日地甘坐冷板凳。大学领导者要对基础研究等关键领域的学科抱有充分的耐心和信心,即使关键领域学科的组织形态暂时处于一种不利位置,也要在对人类科学知识体系进行整体宏观把握的基础上,谨慎决策学科调整。

与学科存在生命周期相类似,整个人类知识体系也存在生命周期,随着人类对自然和客观事物认识的不断深入,当人类知识体系跨越快速发展阶段,进入平稳的成熟期时,是否会如同成熟学科一样面临知识生产效率降低的困境,此时大学乃至整个高等教育的学科布局应该如何展开。我国在经济生产领域,近年来已经经历了全要素生产率不断增长后逐渐下降的转折,并且成为经济增长速度下滑的重要原因[35]。在学术研究领域,新的学科未知区域是否存在极限,虽然在当前科研空前繁荣的时代来看,这一问题似乎还很遥远,但仍有必要保持谨慎乐观的态度。

本章参考文献

［1］习近平对研究生教育工作作出重要指示强调：适应党和国家事业发展需要　培养造就大批德才兼备的高层次人才［N］.人民日报,2020-07-30(1).

［2］吴鼎福.教育生态学刍议［J］.南京师大学报(社会科学版),1988(3)：33-36+7.

［3］郭丽君,陈中,刘剑群,张智雄.高等教育生态学引论［M］.北京：社会科学文献出版社,2018：8.

［4］曹子轩.高校毕业率低于诸多发达国家　美政府600亿美元帮大学生毕业.［EB/OL］(2010-08-13)［2022-12-28］.http：//qnck.cyol.com/content/2010-08/13/content_3374610.htm.

［5］张笛扬.武大聘期制改革：三年到期后,九成老师没能踏进编制门槛［EB/OL］.(2019-01-28)［2022-12-28］.https：//www.163.com/dy/article/E6JUSOMA05401CQB.html.

［6］985高校6年招聘8000多青年人才引热议［EB/OL］.(2021-09-07)［2022-12-28］.https：//www.sohu.com/a/488363129_100110539.

［7］周勇.芝加哥大学教育系的悲剧命运［J］.读书,2010(3)：80-89.

［8］孟照海.有选择的卓越：世界一流大学的学科布局调整策略——以美国哥伦比亚大学为例［J］.高等教育研究,2018,39(3)：30-36.

［9］Skubal, J M. State-level review of existing academic programs：Have resources been saved? ［J］. Research in Higher Education, 1979(3)：223-232.

［10］蒋林浩,沈文钦,陈洪捷.美国公立高校学位点撤销的三次浪潮［J］.教育研究,2019(2)：62-68.

［11］丁毅强,梁国雄.全国高校学位授权点数据统计分析［J］.学位与研究生教育,2001(12)：21-24.

［12］王占军.中国学位与研究生教育40年(1978—2018)［M］.北京：中国科学技术出版社,2018：210.

[13] 教育部,国家统计局,财政部.关于2018年全国教育经费执行情况统计公告[EB/OL].(2019-09-26)[2021-05-25].http://www.moe.gov.cn/srcsite/A05/s3040/201910/t20191016_403859.html.

[14] 教育部,国家统计局,财政部.关于2001年全国教育经费执行情况统计公告[EB/OL].(2002-12-30)[2021-05-25].http://www.moe.gov.cn/srcsite/A05/s3040/201308/t20130814_155620.html.

[15] Druker, M., Robinson, B. Implementing Retrenchment Strategies: A Comparison of State Governments and Public Higher Education[J]. New England Journal of Public Policy,1994(2):83-96.

[16] Shirley, R., Volkwein, J F. Establishing Academic Program Priorities[J]. Journal of Higher Education,1978(5):472-488.

[17] Gibbons, M., et al. The New Production of Knowledge: The Dynamics of Science and Research in Contemporary Societies[M]. London: Sage Publications,1994:17.

[18] 武学超.西方学者对模式3知识生产的多视角理论阐释[J].科技进步与对策,2016(11):147-151.

[19] 杜驰.产教融合的有效完善与转型升级思考——基于价值链治理的多元分析[J].中国高校科技,2020(12):77-80.

[20] [美] 迈克尔·波特.竞争优势[M].陈丽芳,译.北京:中信出版社,2014:29-33.

[21] Reinardy, J., Halter, A. Social Work in Academia: A Case Study of Survival[J].Journal of Social Work Education,1994(3):300-309.

[22] 张国栋.建立学位授权点退出机制 优化大学学科布局——上海交通大学撤销学位点的探索与思考[J].学位与研究生教育,2015(3):14-18.

[23] [美] 约翰·S·布鲁贝克.高等教育哲学[M].王承绪,等译.杭州:浙江教育出版社,1987:2.

[24] [英] 约翰·亨利·纽曼.大学的理想(节本)[M].徐辉,译.杭州:浙江教育出版社,2001:33.

[25] 张松,张国栋,杜朝辉.美国田纳西州高等教育绩效评估体系的历史演变及启示[J].清华大学教育研究,2014(3):81-86.

[26] 宋婷,杨佳丽,郭向明.基于2016—2018年全国学位授权点动态调整的数据分析[J].教育教学论坛,2020(36):28-30.

[27] 胡建华.知识学科与组织学科的关系分析[J].高等教育研究,2020(5):25-30.

[28] 陈洪澜.论知识分类的十大方式[J].科学学研究,2007(1):30-35.

[29] 宣勇,张鹏.组织生命周期视野中的大学学科组织发展[J].科学学研究,2006(A2):366-370.

[30] 张松,张国栋,王亚光.生命周期视角下新兴学科的生命发展评价研究[J].科学学研究,2018(5):776-782.

[31] 于光远.建立和发展哲学社会科学新学科[J].中国社会科学,1990(1):45-54.

[32] 国务院学位委员会.教育部关于设置"交叉学科"门类、"集成电路科学与工程"和"国家安全学"一级学科的通知[EB/OL].(2020-12-30)[2022-10-08].http://www.moe.gov.cn/srcsite/A22/yjss_xwgl/xwgl_xwsy/202101/t20210113_509633.html.

[33] 教育部关于公布2018年度普通高等学校本科专业备案和审批结果的通知[EB/OL].(2019-03-21)[2022-10-08].http://www.moe.gov.cn/srcsite/A08/moe_1034/s4930/201903/t20190329_376012.html.

[34] 教育部关于公布2019年度普通高等学校本科专业备案和审批结果的通知[EB/OL].(2020-02-21)[2022-10-08].http://www.gov.cn/zhengce/zhengceku/2020-03/05/content_5487477.htm.

[35] 蔡昉.导致我国全要素生产率增长减速的四个趋势[J].经济研究参考,2016(13):4-7.

第四章

我国高等学校学位层次现状分析

经过多年发展,我国已形成了比较完备的高等教育体系,高层次人才培养已经基本能够立足于国内。我国的高等教育从种类上可以分为两类,即学历教育和非学历教育。学历教育方面,又可以分为普通高等教育、成人继续教育,学历教育共包括四个层级,即普通专科、普通本科、硕士研究生、博士研究生,以上就是我国高等教育的基本框架。人才在完成最高学历教育、获得博士学位以后,在获得教学或科研职务之前,还可以选择博士后岗位进行工作。

对于高校而言,更高层次的学位授予单位和学位授权点的申报和建设,关系到高校办学向高层次发展及教育资源配置等重要问题,是学校发展的重大机遇和挑战,对于提升办学层次、增强核心竞争力具有十分重要的意义,备受高校重视和各界关注。

4.1 高校学位授予单位的整体分层

2022 年 5 月 31 日,教育部发布的《全国普通高等学校名单》中,全国高等学校共计 3 013 所,其中普通高等学校 2 759 所,含本科院校 1 270 所、高职(专科)院校 1 489 所。另外有成人高等学校 254 所。结合高校的学位授予层次,共可分为六个层次:

第一层次,学位授权自主审核高校,全国共 32 所;

第二层次,具有博士学位授予权的本科院校(不具备学位授权自主审核权);

第二层次和第三层次之间,能够开展"服务国家特殊需求人才培养项目"博士项目的高校;

第三层次,具有硕士学位授予权的本科院校;

第三层次和第四层次之间,能够开展"服务国家特殊需求人才培养项目"硕士项目的高校;

第四层次,没有博士、硕士学位授予权的普通本科院校;

(前四个层次的高校共 1 270 所)

第五层次,高职(专科)院校,共 1 489 所;

第六层次,成人高等学校,共 254 所。

在六个层次高等学校中,能够开展研究生教育的高校为,从第一层次的学位授权自主审核高校到第三层次和第四层次之间的能够开展"服务国家特殊需求人才培养项目"硕士项目的高校,各层次的学校数量随着学位授权审核工作的开展、学校合并和撤销等原因而不断变化,据作者统计,目前全国 1 270 所普通本科院校中,有博士学位授予权的高校约占 30%,有硕士学位授予权的高校约占 15%。其中,处于生态链最顶端的是 32 所学位授权自主审核高校,占普通高校总数的 2.5%。

中国教育学会原会长钟秉林在一篇与他人合作撰写的论文中指出:"为提高研究生教育质量,引导高校合理分层分类办学,基于全国目前 1 219 所本科院校中硕士和博士学位授予单位分别为 728 和 401 个的现状,借鉴国外发达国家分层办学的基本经验,统筹指导我国高校学士、硕士和博士授予单位的合理分层,设置相应分层比例的'天花板',引导高校办学合理定位和高效利用教育资源,促使高校更好地服务国家和地方经济社会发展需要"[1]。明确指出了高校在学位授予的发展路径存在"天花板",目前我国高等教育和研究生教育目前还处于快速发展阶段,每一次学位授权审核工作都会新增几十所博士、硕士学位授予单位高校,数百个博士点、硕士点,但随着发展平台期的不断邻近,以及我国人口总体年龄层次的不断老化,可以预见的是,高校学位授予发展路径的"天花板"正在不断逼近。

4.2 高校学位授权点的整体分层

根据博士、硕士学位授权点的数量,可以进一步对高校研究生教育的规模和层次进行分类,这里我们主要基于博士学位授权点数量,关注高校博士研究生教育的规模层次情况,这里统计的博士点数量为一级学科博士点和专业学位博士点之和。

第一层次,博士点数量大于 70 个(含),共 1 所,浙江大学。

第二层次,博士点数量大于 60 个(含),少于 70 个,共 3 所,清华大学、中山大学、上海交通大学。

第三层次,博士点数量大于 50 个(含),少于 60 个,共 7 所,北京大学、四川大学、武汉大学、华中科技大学、吉林大学、山东大学、中国科学院大学。

第四层次,博士点数量大于 40 个(含),少于 50 个,共 9 所,南京大学、东南大学、中南大学、复旦大学、同济大学、重庆大学、厦门大学、西安交通大学、华南理工大学。

第五层次,博士点数量大于 30 个(含),少于 40 个,共 14 所,哈尔滨工业大学、天津大学、南开大学、中国科学技术大学、北京理工大学、华东师范大学、郑州大学、北京航空航天大学、北京师范大学、大连理工大学、湖南大学、苏州大学、西南大学、西北工业大学。

第六层次,博士点数量大于 20 个(含),少于 30 个,共 32 所,东北大学、兰州大学、上海大学、暨南大学、南京师范大学、南昌大学、武汉理工大学、北京工业大学、北京交通大学、东北师范大学、陕西师范大学、西北大学、扬州大学、中国人民大学、电子科技大学、云南大学、中国农业大学、北京科技大学、合肥工业大学、湖南师范大学、华东理工大学、华中师范大学、南京理工大学、福建师范大学、河南大学、华南师范大学、西南交通大学、广西大学、贵州大学、昆明理工大学、南京航空航天大学、中国海洋大学。

第七层次,博士点数量大于 10 个(含),少于 20 个,共 70 所,安徽大学、山西大学、首都师范大学、太原理工大学、中国矿业大学、河海大学、华中农业大学、南京农业大学、西北农林科技大学、哈尔滨工程大学、河北大学、青岛大学、深圳大学、西安电子科技大学、西安理工大学、燕山大学、福州大学、山东师范大学、湘潭大学、中国社会科学院大学、海南大学、华南农业大学、江苏大学、内蒙古农业大学、新疆大学、浙江工业大学、东华大学、福建农林大学、江西师范大学、内蒙古大学、北京邮电大学、东北农业大学、河北农业大学、河北师范大学、辽宁大学、南方医科大学、曲阜师范大学、山东农业大学、四川农业大学、天津师范大学、天津医科大学、西北师范大学、浙江师范大学、安徽师范大学、哈尔滨医科大学、河北工业大学、河南农业大学、河南师范大学、黑龙江大学、湖南农业大学、江南大学、上海师范大学、首都医科大学、延边大学、重庆医科大学、北京协和医学院、东北林业大学、广州大学、哈尔滨师范大学、吉林农业大学、辽宁师范大学、南京医科大学、山东科技大学、山西农业大学、上海财经大学、沈阳农业大学、石河子大学、西安建筑科技大学、长安大学、长春理工大学。

第八层次,博士点数量大于 5 个(含),少于 10 个,共 91 所,北京化工大学、大连海事大学、甘肃农业大学、广东工业大学、广西师范大学、杭州电子科技大学、湖北大学、华侨大学、南京工业大学、南京邮电大学、宁波大学、山西医科大学、西南财经大学、长沙理工大学、中国医科大学、安徽农业大学、北京林业大学、成都理工大学、福建医科大学、哈尔滨理工大学、河南科技大学、湖南科技大学、华北电力大学、辽宁工程技术大学、南方科技大学、南京林业大学、内蒙古师范大学、上海理工大学、武汉科技大学、新疆农业大学、中国传媒大学、对外经济贸易大学、广西医科大学、河北医科大学、江西财经大学、昆明医科大学、南京信息工程大学、宁夏大学、陕西科技大学、汕头大学、四川师范大学、西安科技大学、新疆师范大学、新疆医科大学、云南师范大学、浙江工商大学、中北大学、中南财经政法大学、安徽理工大学、东北财经大学、广州医科大学、贵州师范大学、河南理工大学、江西农业大学、兰州交通大学、兰州理工大学、青海大学、石家庄铁道大学、天津工业大学、温州医科大学、云南农业大学、浙江理工大学、浙江农林大学、中南林业科技大学、中央民族大学、安徽医科大学、北京工商大学、大连医科大学、广西民族大学、桂林电子科技大学、海南师范大学、黑龙江中医药大学、济南大学、江苏科技大学、南华大学、南京艺术学院、南京中医药大学、南通大学、内蒙古工业大学、宁夏医科大学、青岛科技大学、三峡大学、山西师范大学、上海科技大学、沈阳工业大学、沈阳建筑大学、天津科技大学、西南科技大学、西南石油大学、长春工业大学、中央财经大学。

第九层次,博士点数量大于 1 个(含),少于 5 个,共 147 所,安徽中医药大学、北京中医药大学、成都中医药大学、东北电力大学、东北石油大学、广州中医药大学、贵州医科大学、哈尔滨商业大学、河南工业大学、黑龙江八一农垦大学、湖南中医药大学、华北水利水电大学、集美大学、辽宁中医药大学、内蒙古科技大学、青海师范大学、山东财经大学、山东理工大学、山东中医药大学、山西财经大学、上海海事大学、上海海洋大学、上海中医药大学、首都经济贸易大学、天津理工大学、天津中医药大学、西南林业大学、西南民族大学、云南财经大学、浙江中医药大学、中国美术学院、中国药科大学、中国政法大学、中南民族大学、重庆交通大学、北京电影学院、大连工业大学、东华理工大学、福建中医药大学、甘肃中医药大学、广东海洋大学、广东外语外贸大学、贵州财经大学、贵州中医药大学、桂林理工大学、河北中医学院、河南中医药大学、湖北中医药大学、华北理工大学、华东交通大学、江西中医药大学、景德镇陶瓷大学、辽宁科技大学、青岛理工大学、上海外国语大学、沈阳药科大学、太原科技大学、天津财经大学、西安工业大学、西安美术学院、西藏大学、长春中医药大学、长江大学、中国人民公安大学、中央美术学院、重庆师范大学、安徽工业大学、北方民族大学、北京建筑大学、北京外国语大学、北京语言大学、常州大学、大连交通大学、广西中医药大学、广州美术学院、哈尔滨音乐学院、杭州师范大学、湖北工业大学、华东政法大学、佳木斯大学、江西理工大学、青岛农业大学、上海戏剧学院、上海音乐学院、沈阳航空航天大学、四川美术学院、武汉工程大学、西北民族大学、西南政法大学、徐州医科大学、云南民族大学、浙江财经大学、郑州轻工业大学、中国计量大学、中央戏剧学院、重庆邮电大学、安徽建筑大学、北京电子科技学院、北京体育大学、北京信息科技大学、成都体育学院、大理大学、广东财经大学、广东药科大学、广东医科大学、桂林医学院、国际关系学院、哈尔滨体育学院、海南医学院、河北科技大学、湖南工业大学、吉林师范大学、吉首大学、江汉大学、兰州财经大学、闽南师范大学、南京财经大学、南京审计大学内蒙古民族大学、内蒙古医科大学、齐鲁工业大学、青海民族大学、山东第一医科大学、上海电力大学、上海对外经贸大学、上海体育学院、上海应用技术大学、沈阳化工大学、四川外国语大学、塔里木大学、天津体育学院、外交学院、温州大学、武汉体育学院、西安工程大学、西安石油大学、西安外国语大学、西安邮电大学、西藏藏医药大学、西藏民族大学、西南医科大学、新疆财经大学、云南中医药大学、中国民航大学、中国音乐学院、中央音乐学院、遵义医科大学。

  从我国高校博士点数量分布来看，呈现非常典型的金字塔形状，即博士点数量大于等于30个的学校数量极少，大部分学校的博士点数量在20个以下，占到了82%，结合目前学位授权审核工作中，博士点审核通过率仅约20%的态势，大部分学校的博士点需求将长期保持在一个非常旺盛的状态。结合学位授予单位和学位授权点的申报及增列两项工作，一所普通本科高校在学位授权申报工作中理想的发展路径为：第一步，申请硕士学位授予单位；第二步，申请增列硕士学位授权点；第三步，申请博士学位授予单位；第四步，申请增列博士学位授权点；第五步，申请学位授权自主审核单位。

4.3 国家急需项目高校学位授权发展态势分析

  在"高校学位授予单位的整体分层"章节中，我们介绍了在具有博士学位授予权的本科院校和具有硕士学位授予权的本科院校之间,还有部分硕士学位授予权的高校获得了"服务国家特殊需求人才培养项目"博士项目,可以在该项目开展博士研究生招生和培养工作。

在具有硕士学位授予权的本科院校和没有博士、硕士学位授予权的普通本科院校之间,有部分高校获得了"服务国家特殊需求人才培养项目"硕士项目,可以在该项目开展硕士研究生招生和培养工作。"服务国家特殊需求人才培养项目"由国务院学位委员会第二十八次会议决定部署开展,即安排少数确属服务国家特殊需求,但尚无硕士学位授予权的高等院校和尚无博士学位授予权的高等院校,在一定时期(5年)和限定的学科范围内招收和培养硕士生、博士生,并按项目主要支撑学科授予学位。待首届硕士生、博士生毕业后,国务院学位委员会对人才培养项目实施情况进行评估,并根据特殊需求的满足情况和国家需求变化情况决定是否继续实施该人才培养项目。

这是学位授权制度的一项重大改革,标志着从按单位授权改为按项目授权,从可以不断增列学科点的全面授权改为只按指定项目、指定学科授权,从长期授权改为有限时间内授权。

根据国务院学位委员会《关于开展"服务国家特殊需求人才培养项目"试点工作的意见》(学位〔2011〕13号)文件精神,国务院学位委员会随后发布了《关于下达"服务国家特殊需求人才培养项目"——学士学位授予单位开展培养硕士专业学位研究生试点工作单位的通知》(学位〔2011〕69号)、《关于做好服务国家特殊需求博士人才培养项目实施工作的通知》(学位〔2013〕4号)。全国分两批次共入选63个硕士项目和35个博士项目。

试点启动时,"服务国家特殊需求人才培养项目"的博士项目首先由论证推荐部门进行推荐,共有30个国家部委办局等部门做了推荐:工业和信息化部、国家安全生产监督管理总局、国家工商行政管理总局(现为国家市场监督管理总局)、国家国防科技工业局、国家粮食局(现为国家粮食和物资储备局)、国家林业局、国家民族事务委员会、国家能源局、国家食品药品监督管理局(现为国家药品监督管理局)、国家体育总局、国家卫生和计划生育委员会(现为国家卫生健康委员会)、国家文物局、国家中医药管理局、国务院扶贫开发领导小组办公室、国务院三峡工程建设委员会办公室、国务院台湾事务办公室、环境保护部(现为生态环境部)、教育部、解放军总装备部、科学技术部、农业部(现为农业农村部)、商务部、水利部、司法部、外交部、文化部(现为文化和旅游部)、中国社会科学院、中央编译局(现为中共中央党史和文献研究院)、中央司法体制改革领导小组办公室、住房和城乡建设部。其中,国家粮食局、国家民族事务委员会、国家食品药品监督管理局、住房和城乡建设部分别独立推荐了2次,国家中医药管理局、国家民族事务委员会独立推荐1次,两者又联合推荐1次,其他部门均独立推荐1次。

根据国务院学位委员会第二十九次会议的相关文件,"服务国家特殊需求人才培养项目"的评审工作十分严格,分为部门管理专家评审和学科专家评审两个阶段进行。

第一阶段,由部门推荐管理专家进行"需求特殊性"评审。对所有申报项目,按推荐部门分为两组。其中,第一组主要为产业和经济相关部门推荐的项目,第二组主要为社会事业和社会管理相关部门推荐的项目。评审专家组由项目分组内的所有部门各推荐1位管理专家,以及财政部、国家自然科学基金委、全国哲学社会科学规划办公室、教育部科技委、教育部社科委等没有论证推荐项目的部门单位推荐专家共同组成。所推荐专家均为本部门有关司局负责同志,熟悉国家发展战略和宏观政策。本阶段评审主要是根据部门对申报项目所作的需求特殊性论证报告等申报材料,对项目是否特殊、重要、急需和不可替代进行评价。评审以召开会议方式进行。专家在审阅材料后进行限额投票。根据专家评审结果,确定同意票率大于等于41%的35个项目进入第二阶段评审,占申报项目总数的18.6%。

第二阶段,由学科专家进行"实施可行性"评审。对于第一阶段评审通过的人才培养项目,根据项目的主要支撑学科进行分组,聘请学科专家进行评审,主要评价申报高校思路是否正确、论证是否充分,人才培养模式及培养方案是否能够培养出满足特殊需求的高层次人才,以及学校是否具备实施项目的基础条件和实施保障措施。在进入第二阶段评审前,有关高等学校制定了项目实施方案,并将行政主管部门和人才需求部门对项目建设的投入、支持作为实施方案的重要内容。项目实施方案作为第二阶段评审的重要依据。评审以召开会议方式进行,评审专家主要为国务院学位委员会学科评议组成员。专家在审阅材料、听取申报单位答辩后进行限额投票。考虑到进入第二轮评审的35个项目都具有较强的特殊性,其中有些项目对区域的发展还具有比较特殊的意义,因此,建议安排实施条件和实施方案较好、专家评价同意票率大于50%的30个项目先进行试点,其余5个项目在完善实施方案并经专家论证后再安排试点。

2017年,第一批特需项目实施期满,有5所高校在2017年学位授权审核中成功"转正",成为博士授予单位,这5所高校为:北京工商大学、北京建筑大学、常州大学、浙江农林大学、浙江财经大学。还有3所高校成为2017年审核增列且需要加强建设的博士授予单位,这3所高校为:新疆财经大学、江西理工大学、河南工业大学。特需项目试点高校经国务院学位委员会批准新增为博士学位授予单位的,不再保留特需项目。

2020年,"服务国家特殊需求人才培养项目"博士项目高校在全国第十三批学位授权审核中又新增5所博士授予单位,它们分别是湖南工业大学、南京财经大学、闽南师范大学、内蒙古民族大学和东华理工大学。

其中,东华理工大学在2020年一次性新增3个一级学科博士点,成为上一轮审核增列的博士授予单位中增列博士点数量最多的高校。其他4所高校各增列1个博士点,均为之前建设的"服务国家特殊需求人才培养项目"博士项目高校,且目前这些学科点为各校的唯一博士点,足以见得特需博士人才培养项目的建设为这些学校申报博士学位授予单位创造了非常良好的基础条件。

近年来,63个"服务国家特殊需求人才培养项目"硕士项目高校中,也已有34个硕士项目高校获硕士学位授权,国家急需项目的整体情况详见表4.1至表4.3。

表4.1 国家急需项目高校获学位授权情况

类型	硕士项目高校		博士项目高校	
	数量/个	比例/(%)	数量/个	比例/(%)
2017年授权	17	27.0	8	22.9
2020年授权	17	27.0	6	17.1
授权总数	34	54.0	14	40.0

续 表

类　型	硕士项目高校		博士项目高校	
	数量/个	比例/(%)	数量/个	比例/(%)
未授权数量	29	46.0	21	60.0
全国项目总数	63	100.0	35	100.0

表 4.2　硕士项目高校获学位授权情况

序号	批次	项目形式	地区	学　　校	办学类型	获学位授权年份
1	第一批	硕士试点	北京	北京电子科技学院	公办	2017
2	第一批	硕士试点	北京	北京石油化工学院	公办	2017
3	第一批	硕士试点	北京	北京城市学院	民办	
4	第一批	硕士试点	河北	华北科技学院	公办	
5	第一批	硕士试点	河北	河北金融学院	公办	
6	第一批	硕士试点	河北	北华航天工业学院	公办	2017
7	第一批	硕士试点	河北	河北传媒学院	民办	2020
8	第一批	硕士试点	辽宁	大连民族学院	公办	
9	第一批	硕士试点	辽宁	鞍山师范学院	公办	2020
10	第一批	硕士试点	辽宁	沈阳工程学院	公办	
11	第一批	硕士试点	吉林	长春工程学院	公办	
12	第一批	硕士试点	吉林	吉林华侨外国语学院(现为吉林外国语大学)	民办	2017
13	第一批	硕士试点	黑龙江	黑龙江东方学院	民办	
14	第一批	硕士试点	上海	上海立信会计学院	公办	
15	第一批	硕士试点	上海	上海电机学院	公办	2020

续 表

序号	批次	项目形式	地区	学 校	办学类型	获学位授权年份
16	第一批	硕士试点	上海	上海第二工业大学	公办	2020
17	第一批	硕士试点	江苏	淮阴工学院	公办	2020
18	第一批	硕士试点	江苏	南京工程学院	公办	2020
19	第一批	硕士试点	江苏	江苏技术师范学院	公办	
20	第一批	硕士试点	浙江	湖州师范学院	公办	2017
21	第一批	硕士试点	浙江	浙江万里学院	公办	2020
22	第一批	硕士试点	浙江	浙江传媒学院	公办	2020
23	第一批	硕士试点	安徽	安徽科技学院	公办	2020
24	第一批	硕士试点	安徽	合肥学院	公办	2017
25	第一批	硕士试点	安徽	合肥师范学院	公办	
26	第一批	硕士试点	福建	闽江学院	公办	
27	第一批	硕士试点	福建	泉州师范学院	公办	
28	第一批	硕士试点	福建	厦门理工学院	公办	2017
29	第一批	硕士试点	江西	宜春学院	公办	
30	第一批	硕士试点	江西	井冈山大学	公办	2020
31	第一批	硕士试点	江西	南昌工程学院	公办	2017
32	第一批	硕士试点	山东	济宁医学院	公办	
33	第一批	硕士试点	山东	山东交通学院	公办	
34	第一批	硕士试点	山东	山东政法学院	公办	
35	第一批	硕士试点	河南	安阳师范学院	公办	2020
36	第一批	硕士试点	河南	南阳师范学院	公办	2017
37	第一批	硕士试点	河南	洛阳师范学院	公办	

续　表

序号	批次	项目形式	地区	学　校	办学类型	获学位授权年份
38	第一批	硕士试点	湖北	黄冈师范学院	公办	
39	第一批	硕士试点	湖北	咸宁学院	公办	
40	第一批	硕士试点	湖北	湖北经济学院	公办	2020
41	第一批	硕士试点	湖南	邵阳学院	公办	
42	第一批	硕士试点	湖南	湖南人文科技学院	公办	
43	第一批	硕士试点	湖南	湖南工程学院	公办	
44	第一批	硕士试点	广东	广东金融学院	公办	
45	第一批	硕士试点	广西	广西财经学院	公办	2020
46	第一批	硕士试点	重庆	重庆科技学院	公办	2017
47	第一批	硕士试点	四川	绵阳师范学院	公办	
48	第一批	硕士试点	四川	四川警察学院	公办	2017
49	第一批	硕士试点	贵州	黔南民族师范学院	公办	
50	第一批	硕士试点	陕西	西安医学院	公办	
51	第一批	硕士试点	陕西	西京学院	民办	2020
52	第二批	硕士试点	河北	中央司法警官学院	公办	
53	第二批	硕士试点	上海	上海海关学院	公办	2017
54	第二批	硕士试点	河北	防灾科技学院	公办	
55	第二批	硕士试点	北京	中国劳动关系学院	公办	2020
56	第二批	硕士试点	北京	中华女子学院	公办	2020
57	第二批	硕士试点	山西	长治医学院	公办	2020
58	第二批	硕士试点	内蒙古	赤峰学院	公办	2017
59	第二批	硕士试点	海南	琼州学院（现为海南热带海洋学院）	公办	2017

续　表

序号	批次	项目形式	地区	学　校	办学类型	获学位授权年份
60	第二批	硕士试点	云南	云南警官学院	公办	
61	第二批	硕士试点	甘肃	天水师范学院	公办	2017
62	第二批	硕士试点	宁夏	宁夏师范学院	公办	2017
63	第二批	硕士试点	新疆	昌吉学院	公办	2017

表 4.3　博士项目高校获学位授权情况

序号	批次	项目形式	地区	学　校	办学类型	获学位授权年份
1	第二批	博士试点	北京	北方工业大学	公办	
2	第二批	博士试点	北京	北京工商大学	公办	2017
3	第二批	博士试点	北京	北京服装学院	公办	
4	第二批	博士试点	北京	北京建筑工程学院(现为北京建筑大学)	公办	
5	第二批	博士试点	北京	首都体育学院	公办	
6	第二批	博士试点	天津	天津职业技术师范大学	公办	
7	第二批	博士试点	天津	天津外国语大学	公办	
8	第二批	博士试点	河北	河北工程大学	公办	
9	第二批	博士试点	内蒙古	内蒙古民族大学	公办	2020
10	第二批	博士试点	辽宁	沈阳大学	公办	
11	第二批	博士试点	辽宁	沈阳理工大学	公办	
12	第二批	博士试点	辽宁	大连外国语学院(现为大连外国语大学)	公办	
13	第二批	博士试点	吉林	吉林师范大学	公办	2020
14	第二批	博士试点	吉林	长春师范学院(现为长春师范大学)	公办	

续　表

序号	批次	项目形式	地区	学　　校	办学类型	获学位授权年份
15	第二批	博士试点	黑龙江	黑龙江科技学院（现为黑龙江科技大学）	公办	
16	第二批	博士试点	江苏	常州大学	公办	2017
17	第二批	博士试点	江苏	徐州师范大学	公办	
18	第二批	博士试点	江苏	南京财经大学	公办	2020
19	第二批	博士试点	浙江	浙江农林大学	公办	2017
20	第二批	博士试点	浙江	浙江财经学院（现为浙江财经大学）	公办	2017
21	第二批	博士试点	浙江	杭州师范大学	公办	2020
22	第二批	博士试点	福建	漳州师范学院（现为闽南师范大学）	公办	
23	第二批	博士试点	江西	东华理工大学	公办	2020
24	第二批	博士试点	江西	江西理工大学	公办	2017
25	第二批	博士试点	山东	山东建筑大学	公办	
26	第二批	博士试点	山东	潍坊医学院	公办	
27	第二批	博士试点	山东	鲁东大学	公办	
28	第二批	博士试点	山东	烟台大学	公办	
29	第二批	博士试点	河南	河南工业大学	公办	2017
30	第二批	博士试点	湖南	吉首大学	公办	2017
31	第二批	博士试点	湖南	湖南工业大学	公办	2020
32	第二批	博士试点	重庆	重庆工商大学	公办	
33	第二批	博士试点	贵州	贵州民族学院（现为贵州民族大学）	公办	
34	第二批	博士试点	陕西	西北政法大学	公办	
35	第二批	博士试点	新疆	新疆财经大学	公办	2017

4.4 学位授权自主审核发展情况分析

前文对高校学位授予层次的分层研究中,第一层次为学位授权自主审核高校,全国共 32 所,这是目前高校在授权自主审核领域中的"天花板"。

2018 年,国务院学位委员会发布《关于高等学校开展学位授权自主审核工作的意见》。学位授权自主审核创新和丰富了我国学位授权审核工作的形势,进一步提升了学校办学自主权,在激发办学活力、提高学科水平、发展交叉学科、形成特色优势、加快创新人才培养、开展高水平研究生教育、提升服务需求能力等方面都具有重要意义,从国家层面为高校开展学位授权自主审核工作提供了依据。

2018 年,全国共有 20 所高校获批成为首批可开展学位授权自主审核的高校,分别为:北京大学、清华大学、中国科学技术大学、南京大学、复旦大学、浙江大学、上海交通大学、中国人民大学、哈尔滨工业大学、西安交通大学、北京航空航天大学、南开大学、同济大学、武汉大学、厦门大学、天津大学、吉林大学、北京师范大学、中国农业大学和中国科学院大学。

2019 年,批准第二批共 11 所高校成为可开展学位授权自主审核的高校,分别为:华中科技大学、北京理工大学、华东师范大学、东南大学、山东大学、中南大学、中山大学、四川大学、重庆大学、西北工业大学和兰州大学。

2020 年以前正式文件公布的学位授权自主审核高校为以上 31 所。2020 年,在教育部学位管理与研究生教育司发布的《迈进高质量、内涵式发展新时代——"十三五"期间学位与研究生教育工作情况》中指出,"坚持放权赋能与加强管理相结合,启动学位授权自主审核改革,目前已批准 32 所高校自主审核增列学位点"。在 2021 年教育部发布的《国务院学位委员会关于下达 2020 年学位授权自主审核单位撤销和增列的学位授权点名单的通知》中,出现了第 32 所自主审核高校——华南理工大学。

2020 年开展的学位授权自主审核中,没有学校获批成为学位授权自主审核的高校。

因此,目前全国共有 32 所学位授权自主审核高校。学位授权自主审核并不意味着学校可以随意增设学位点,在《关于高等学校开展学位授权自主审核工作的意见》中明确规定:"高等学校要合理控制自主审核节奏,根据科学技术发展前沿趋势、经济社会发展需求和本单位学科基础条件,以及资源配置能力,统筹考虑新增学位授权点,每年新增博士学位授权点数量不得超过本单位已有博士学位点数量的5%。"举例来说,若学校已有的博士点为40个,则学校当年可以增列2个博士学位点,若学校已有的博士点达到60个,则学校当年可以增列3个博士学位点。与没有学位授权自主审核的高校相比,这些高校在学科布局方面拥有更大的办学自主权,也体现出政府对这些国内头部高校的极大信任。

2018年至今,学位授权自主审核高校共开展了4次学位授权自主审核工作,从学位点类型来看,32所高校4年增列一级学科点126个,占比51.64%,其中一级学科博士点高达109个,一级学科硕士点仅17个。在专业学位类别上,增列博士专业学位类别41个,硕士专业学位类别36个,目录外硕士专业学位类别5个;在交叉学科学位点的增列数量上,交叉学科博士学位授权点有34个,交叉学科硕士学位授权点有2个[2]~[5]。

从各高校4年来博士点增设的数量来看,博士点增设最多的高校为上海交通大学和中山大学,均增列了8个博士点;其次是中国科学院大学,增列7个博士点;再次是清华大学和四川大学,均增列了6个博士点;北京航空航天大学、东南大学、武汉大学、重庆大学,均增列了5个博士点;其他高校博士点增列数量均少于5个。

分析增列的109个一级学科博士点的学科分布,能够体现出这些头部高校近期的学科布局重点。增列数量最多的是"马克思主义理论"一级学科博士点,共增列8个;其次是"集成电路科学与工程"一级学科博士点,共增列6个;再次是"法学""外国语言文学""新闻传播学"这3个一级学科博士点,均增列有5个。而剩余的增列一级学科博士点分布在48个学科中,呈较为分散的状态。

自主审核高校在交叉学科设置方面,4年共增列41个交叉学科学位点,从学校分布来看,北京大学有4个,是增列交叉学科学位点最多的高校,吉林大学、武汉大学、中国科学技术大学、中国农业大学各增列3个,仅次于北京大学。从交叉学科分布来看,"人工智能"共增列11个,以压倒性优势胜出;"集成电路科学与工程"紧随其后,达到7个;"遥感科学与技术"2个;其余交叉学科均为1个,较为分散。

值得一提的是,2021年较为集中地增列了24个交叉学科学位点,占比高达58.5%,且多所高校实现了交叉学科学位授权点零的突破。比如,同济大学,获批全国首个知识产权交叉学科博士学位授权点;天津大学,获批"地球系统科学"博士学位授权交叉学科,这是全国首个"地球系统科学"交叉学科博士学位授权点,这些交叉学科博士点的设置,有利于人才培养、学科特色的形成、学科结构的调整,与国家经济建设和社会发展对高层次人才的需求相呼应。

自主设置目录外学位点,能够打破学科壁垒,拓展学科边界,抢占学术高地,促进学科之间的交叉融合,形成研究特色,培育新的学科增长点,为科学研究和人才培养提供学科基础。2020年,有2所高校增列5个目录外硕士专业学位授权类别,中国人民大学有3个,分别是"应用伦理""社会政策""人力资源开发与管理"学科;北京大学有2个,分别是"社会政策""大数据"学科。自主设置与调整学科目录外学位点,是优化学校学科专业布局的重要措施。以中国人民大学劳动人事学院申报的"人力资源开发与管理硕士专业学位"为例,这是全国首个也是目前唯一获批的相关学位点,与学校现有的"人力资源管理硕士学术学位"等硕士项目相辅相成,进一步丰富并完善了劳动人事学院的学科建设和人才培养体系,推动了相关领域的研究与实践深入发展。

学位点的建设与增列,是一面做加法、一面做减法的过程,可将学科研究的资源进一步优化、聚焦。作为"双一流"建设的重要组成部分,增列学位点尤其是一级学科博士点,可彰显高校学科建设的水平和影响力。而撤销学位点的动作,则体现了高校对接国家战略需求,是主动进行消肿、聚焦主业、精益求精的深度调整。

32所高校4年里共撤销24个学位点。从数量看,撤销学位点数量最多的是南京大学,撤销10个学位点;其次是北京师范大学和中国科学院大学,各撤销3个学位点;厦门大学和中国人民大学各撤销2个学位点;北京大学、北京航空航天大学、清华大学、天津大学各撤销1个学位点;其余23所高校未有撤销动作。从学位点类型来看,32所高校4年撤销一级学科8个,全部为硕士授权点;撤销二级学科15个,同样全部为硕士授权点;另外撤销硕士专业学位授权类别1个。在9所撤销学位点的高校里，南京大学不仅在撤销学位点数量上高达10个，撤销学科还包含了控制科学与工程、生物医学工程2个一级学科硕士点，其他像"海洋地质""水文学及水资源""民族学""体育教育训练学"等学科，都不是南京大学的优势学科，有所舍弃才能将调剂出来的资源追加到更多的一流学科建设中。北京师范大学，虽然只是撤销了2个学位点，但力度也不小，撤销了测绘科学与技术、安全科学与工程2个一级学科硕士点。

主动撤销这些与学校发展方向关联不大、后继无力的学位点，意味着高校在学科建设上不断调整定位，与其盲目扩张，追求大而全，不如收缩阵地、集中资源巩固特色与优势学科，轻装上阵，向更高目标迈进。

4.5 民办高校学位层次情况分析

近年来，我国民办高校发展迅速，根据教育部发布的截至2022年5月31日的《全国普通高等学校名单》，全国1 270所本科院校中，共有412所民办本科院校，占到所有本科院校数量的近三分之一。412所民办高校包括民办普通本科大学有226所，民办的职业本科大学22所，以及未完成转设的独立学院164所。此外，有9所本科学校为独立合作办学机构，参照民办本科管理，分别为上海纽约大学、西交利物浦大学、昆山杜克大学、宁波诺丁汉大学、温州肯恩大学、北京师范大学-香港浸会大学联合国际学院、香港中文大学（深圳）、深圳北理莫斯科大学、广东以色列理工学院。若算上这9所参照民办本科管理的中外合作办学、内地与港澳台地区合作办学学校，则全国共有民办本科院校421所。

近年来，随着我国高等教育实现从精英化向大众化的历史跨越，普通高校作为我国高等教育的主力军，整体规模最大，教育教学质量最高，发展也最为迅速，我国民办高校虽然规模较小，但是经过国家一系列改革后也逐步向正规化发展。国家已经出台若干文件支持民办高等教育的发展，比如，2016年国务院发布《国务院关于鼓励社会力量兴办教育 促进民办教育健康发展的若干意见》，以促进民办高等教育健康发展，引入营利性、非营利性机构分类管理的创新机制，以及实施税收优惠作为财政扶持的措施，为市场的发展提供有力支持。2021年4月修订的《中华人民共和国民办教育促进法实施条例》,明确规定了"国家鼓励企业以独资、合资、合作等方式依法举办或者参与举办实施职业教育的民办学校",在资产管理、并购办学形式等多角度针对民办高校予以充分支持。2020年5月,教育部发布《关于加快推进独立学院转设工作的实施方案》,要求到2020年末,各独立学院全部制定转设工作方案,同时推动一批独立学院实现转设。此举有望为民办高教集团带来教学管理质量改善、外延并购加速,以及业绩提升。未来各集团可自行定价学费、学费提价空间较大,同时民办高校还可根据各学校特色自行打造特色院校以提升竞争力和吸引力。总体来看,我国民办高等教育正处于蓬勃发展的阶段。

随民办高校的迅速发展,其人才培养层次从本科、专科不断向更上层的学位等级延伸,逐渐开始产生研究生培养的需求。在上一章节介绍的"服务国家特殊需求人才培养项目"建设高校中,有5所民办高校获得了"服务国家特殊需求人才培养项目"硕士项目,分别为:北京城市学院、吉林华侨外国语学院(现为吉林外国语大学)、黑龙江东方学院、西京学院、河北传媒学院。经过"服务国家特殊需求人才培养项目"的建设,这些民办学校获得了快速发展。

目前全国已有5所民办高校成为硕士学位授予单位,包括2017年获批的吉林华侨外国语学院(现为吉林外国语大学),2021年获批的河北传媒学院、三亚学院、西京学院、宁夏理工学院,其中吉林华侨外国语学院、西京学院、河北传媒学院这三所学校也是"服务国家特殊需求人才培养项目"建设高校。

吉林外国语大学是吉林省重点高校。学校创办于1995年;2003年被教育部批准为民办普通高等本科院校;2005年获得学士学位授予权并开始联合招收硕士研究生;2006年通过司法公证,将学校所有资产全部捐献给社会;2007年成为全国民办高校中第一所也是目前唯一一所"省重点高校";2010年经国务院批准,成为全国唯一的国家教育体制改革——"探索非营利性民办高校办学模式"试点单位;2011年经国务院学位委员会批准,成为首批培养专业学位研究生(翻译硕士)的培养试点民办高校;2015年成为全国第一所在美国开办孔子学院的民办大学;2016年成为全国唯一入选"国家中西部高校基础能力建设工程"的民办大学;2017年成为全国唯一一所获得"中国政府奖学金来华留学生招生资格"的民办大学,圆满通过教育部审核评估,被吉林省学位委员会批准为博士学位授予单位立项建设高校;2018年被国务院学位委员会批准为硕士学位授予单位,经教育部批准更名为吉林外国语大学;2020年入选吉林省特色高水平应用型大学建设项目。学校拥有翻译、教育、汉语国际教育、国际商务、会计、旅游管理、工商管理、出版等8个硕士专业学位授权点和教育学硕士学位授权一级学科点。其中翻译硕士覆盖英语、日语、俄语、德语、法语、西班牙语、意大利语等9个语种。学校开设46个本科专业,涵盖20个外语语种及文学、经济学、管理学、教育学、艺术学、工学、法学7个学科门类,形成了"外语+专业""专业+外语""双外语"和"小语种+英语+专业"等人才培养模式。

陕西西京学院是2020年成为硕士学位授权的4所民办高校之一。学校创建于1994年,2005年获批为普通本科高校,2009年获学士学位授予权,2010年作为全国第一所民办高校通过教育部本科合格评估,2011年学校获批成为"服务国家特殊需求人才培养项目"硕士专业学位研究生试点单位,2017年通过了教育部本科教学审核评估,2018年被陕西省确立为"一流学院"建设单位,2021年10月经教育部批准,学校正式获批成为硕士学位授予单位。学校致力于创建百年传承的高水平大学,确立了工学为主,理学、经济学、管理学、文学、艺术学、医学多学科发展的学科布局,形成了工学、管理学、艺术学三大优势学科群;建有省部级科研平台8个,目前有40个本科专业、5个专业硕士学位点。

河北传媒学院是2020年成为硕士学位授权的4所民办高校之一。该校创建于2000年,2007年升格为普通本科院校,2015年通过教育部本科教学工作合格评估,2020年通过教育部本科教学工作审核评估。2011年获批专业硕士研究生招生资格(艺术硕士),2021年获批硕士学位授予单位。学校以建设高水平应用型大学为目标,形成了以艺术类、新闻传播学类专业为主,艺术学、文学、工学、管理学、教育学多学科融合发展的学科专业布局;学校设有48个本科专业、3个专业硕士研究生专业。

三亚学院是2020年成为硕士学位授权的4所民办高校之一。该校前身为创建于2005年的海南大学三亚学院,2012年完成独立学院转设并更名为三亚学院,2015年通过教育部本科教学工作合格评估,2021年获批硕士学位授予单位。学校以创办中国高水平民办大学为目标,下设25个学院,开设56个本科专业(含专业方向),涵盖经济学、管理学、法学、文学、教育学、艺术学、工学、理学、医学等 9 个学科门类。

宁夏理工学院是 2020 年成为硕士学位授权的 4 所民办高校之一。该校创建于 1985 年，2005 年升格为普通本科院校，2015 年通过教育部本科教学工作合格评估，2021 年获批硕士学位授予单位。学校经过 37 年的发展，已形成本科教育为主，兼顾专科教育、成人教育和继续教育等多层次人才培养体系。现已成为以工学为主，经济学、管理学、法学、文学、艺术学、教育学、理学、农学等 9 个学科门类协调发展的普通本科高等学校。现有 11 个二级院（系）和 3 个教辅单位。开设本科专业 51 个。

民办高校的快速发展体现出我国高等教育大众化进程中的多元化特征。我国民办高等教育的发展始于 20 世纪末，这是时期是我国经济社会快速发展的阶段，同时高等教育也进入了跨越式发展期，在这样的时代背景下，部分社会资金开始尝试进入高等教育领域，成为公办教育的补充力量。近年来，涌现出一大批民办的非学历教育机构，这些民办教育机构往往开展技能培训、考试考证补习、高等教育自学考试辅导等服务。随着相关教育服务的不断成熟，有的机构和资金开始尝试与正规高校合作，这里有两种形式，一种是这些社会组织与国内正规高校合作办学，形成了以独立学院这一历史产物为代表的民办高等教育；另一种是与境外知名高校合作办学，通常以中方大学分校或内设学院（专业）的形式办学，为引入境外优秀高等教育资源作出了极为有益的探索。随着民办高等教育机构的不断发展，出现了获得政府授权，能够开展正规专科学历教育的民办学校，同时一些民办学校按照本科院校的标准和要求，不断提升办学水平，通过了院校设置评议，发展成为具有本科学位授予权的普通本科院校或高职本科院校。而以吉林外国语大学等学校为代表的部分民办学校再次领先一步，率先获批硕士学位授予单位。

民办学校的发展历程证明，我国民办教育经过自身的不断努力和相关政府部门的指导协调，是能够依靠自身发展，逐步做大做强的。可以预见的是，在目前 5 所的基础上，未来能够获批硕士学位授予单位的民办高校数量将不断增多，再经过一段时间的建设和发展，未来甚至有可能出现办学质量优秀的民办高校成为博士学位授予单位。民办高校获批学位授予单位学位授予单位情况详见表 4.4 和表 4.5。

表 4.4 公办、民办高校获批学位授予单位总体情况

类型	2017年学位授权审核批准情况		2020年学位授权审核批准情况	
	公办/个	民办/个	公办/个	民办/个
博士单位	28	0	34	0
硕士单位	28	1	37	4
合　计	56	1	71	4

表 4.5 获批学位授予单位的民办高校

序号	地区	单位名称	学校类型	增列年份	类型
1	吉林	吉林华侨外国语学院（现为吉林外国语大学）	民办	2017	硕士单位
2	河北	河北传媒学院	民办	2020	硕士单位
3	海南	三亚学院	民办	2020	硕士单位
4	陕西	西京学院	民办	2020	硕士单位
5	宁夏	宁夏理工学院	民办	2020	硕士单位

本章参考文献

[1] 姚云,钟秉林.第十二次博士硕士学位授权审核政策解析[J].研究生教育研究,2018(4):9-13.

[2] 教育部.国务院学位委员会关于下达2018年现有学位授权自主审核单位撤销和增列的学位授权点名单的通知[EB/OL].(2019-05-06)[2023-03-13].http://www.moe.gov.cn/s78/A22/tongzhi/201905/t20190524_383153.html.

[3] 教育部.国务院学位委员会关于下达2020年学位授权自主审核单位撤销和增列的学位授权点名单的通知[EB/OL].(2021-10-26)[2023-03-13].http://www.moe.gov.cn/srcsite/A22/yjss_xwgl/moe_818/202111/t20211112_579366.html.

[4] 教育部.国务院学位委员会关于下达2021年学位授权自主审核单位撤销和增列的学位授权点名单的通知[EB/OL].(2022-07-21)[2023-03-13].http://www.moe.gov.cn/srcsite/A22/yjss_xwgl/moe_818/202208/t20220823_654778.html.

[5] 教育部.2019年学位授权自主审核单位撤销和增列的学位授权点名单公布[EB/OL].(2020-04-07)[2023-03-13].http://m.jyb.cn/rmtzcg/xwy/wzxw/202004/t20200407_314625_wap.html.

第五章

省域视角下我国大学学科增列态势研究

学位授权审核是指国务院学位委员会根据法定职权批准可授予学位的高等学校和科学研究机构及其可以授予学位的学科(含专业学位类别)的审批行为。学位授权审核制度是我国学位与研究生教育制度的重要内容,中华人民共和国成立以来,我国建立起了完善的学位授权审核制度,根据国家需求和高等教育实际,不断完善和优化制度体系,逐渐形成了目前符合国情、架构完善、人民满意的学位授权审核制度体系。

5.1 我国学位授权审核工作发展历程

我国的研究生教育始于1951年,学位授权审核制度建立于1980年,学位制度实施四十余年来,共开展了十三批学位授权审核,按照我国学位授权审核工作的发展历程,可以分为三个阶段:第一个阶段是1949—1977年,学位授权审核制度建立之前,也是我国研究生教育的发端;第二个阶段是1978—2000年,学位授权审核制度的形成阶段;第二个阶段是新世纪以来,即2000年至今,学位授权审核制度的完善与改革阶段。

十三批学位授权审核工作中,第一批至第三批是学位授权审核工作的建立阶段,开启了我国研究生教育的新发展时期,此时,国务院学位委员会确定了学位授权审核的指导思想、审核的标准,制定学科专业目录,建立了我国高校研究生院制度等,填补了我国学位授权审核的空白。第四批至第九批的过程中,学位授权审核的重心下移,成立省级学位管理部门,部分高校试行自主审核博士生导师资格和硕士学位授权点。第十批至今,社会发展的需求成为推动学位授权审核改革的重要力量。

5.1.1 我国研究生教育的发端(1949—1977年)

中华人民共和国成立后,党和政府十分重视人才的培养,在"以苏为师"宏观背景下,我国研究生培养模式从借鉴美国完全转向模仿苏联。在苏联专家的协助下,我国开始有目的地培养一年制研究生和二年制研究生。

1951年,国家组织了首次全国研究生统一招生。中国科学院和中央教育部联合发布《1951年暑假招收研究实习员、研究生办法》,该年全国共选拨招收了276名研究生,其中,14所高校招收了181名研究生(其中中国人民大学招收了101名)、中国科学院招收了95名研究实习员。

1953年起,研究生教育逐步正规化。1953年教育部出台《高等学校培养研究生暂行办法(草案)》,明确招收研究生的目的是培养高等学校师资和科学研究人才。1956年教育部出台《1956年高等学校招收副博士研究生暂行办法》,博士研究生教育开始起步。1961年教育部出台《教育部直属高等学校暂行工作条例(草案)》,1963年教育部出台《高等学校培养研究生工作暂行条例(草案)》,进一步完善了研究生教育的规章制度,"文化大革命"后,上述相关文件相继为《中华人民共和国学位条例》等有关条例、规定所代替。

从1949—1965年,全国共招收研究生2.34万人,其中毕业1.64万人。从1966年开始,研究生招生工作被迫暂停,初步探索建立起来的研究生教育制度停滞。在这段时期,我国未建立起完善的学位授予制度。

5.1.2 学位授权审核制度的形成(1978—2000年)

1978年,我国恢复研究生招生,迎来了研究生教育发展的春天。邓小平同志倡导了研究生教育领域三大战略决策:恢复研究生教育、建立学位制度和大规模派遣留学生,为我国改革开放和社会主义现代化强国建设奠定了高层次人才培养的基础。

1980年,研究生教育开始恢复正规化。1980年全国人民代表大会常务委员会通过《中华人民共和国学位条例》,至此,我国以法律形式正式确立了完整的学位制研究生教育。1981年国务院出台《中华人民共和国学位条例暂行实施办法》。

1981年,学位授权审核制度正式建立。1981年国务院学位委员会颁布《国务院学位委员会关于审定学位授予单位的原则和办法》,该文件是审定各级学位授予单位及其学科、专业是否具备授予单位条件的重要依据,它规定了各级学位授予单位及其有权授予学位的学科、专业在教师队伍、课程设置、科研条件和管理制度等方面应达到的基本条件。

1981年11月26日，我国首批博士和硕士学位授予单位、学科、专业点和导师名单获国务院批准，由国务院学位委员会下达。首批博士学位授予单位共151个，博士学位授予单位的学科、专业点共812个，可以指导博士研究生的导师共1 155人；硕士学位授予单位共358个，硕士学位的学科、专业点共3 185个。151个首批博士学位授予单位中，高校有114所，上海有11所，分别为：复旦大学、上海交通大学、华东师范大学、同济大学、华东化工学院（现为华东理工大学）、华东纺织工学院（现为东华大学）、上海中医学院（现为上海中医药大学）、上海财经学院（现为上海财经大学）、上海医科大学（现为复旦大学上海医学院）、上海第二医科大学（现为上海交通大学医学院）、上海科学技术大学（现为上海大学）。

1983年，国务院学位委员会组织开展了第二批学位授权审核。1983年3月15日，国务院学位委员会第四次会议通过修订的《高等学校和科研机构授予博士和硕士学位的学科专业目录（试行草案）》，公布试行；1983年12月5日，国务院学位委员会第五次会议通过经学科评议组第二次会议审核的第二批博士和硕士学位授予单位及其学科、专业名单，并报国务院批准；决定从1984年起，在一部分学位授予单位进行在职人员申请学位的试点工作。

1984年起，我国建立研究生院制度，批准在北京大学等22所高校试办研究生院。在我国普通高校和科研机构中共有经教育部批准建立的研究生院65所，其中上海有6所：复旦大学、同济大学、上海交通大学、华东师范大学、华东化工学院（现为华东理工大学）、第二军医大学（现为海军军医大学）。

1986年，国务院学位委员会组织开展了第三批学位授权审核。1986年7月28日，国务院学位委员会第七次会议审批通过第三批博士、硕士学位授予单位及其学科、专业和博士生指导教师名单，经国务院同意，该名单由国务院学位委员会直接批准。

1990年，国务院学位委员会组织开展了第四批学位授权审核。1990年10月5日至6日，国务院学位委员会第九次会议批准学科评议组第四次会议通过的第四批博士、硕士学位授予单位及学科、专业名单；通过了《授予博士、硕士学位和培养研究生的学科、专业目录》；原则同意在我国设置和试办工商管理硕士学位，我国专业学位设置试点工作开始。

1993年，国务院学位委员会组织开展了第五批学位授权审核。1993年12

月10日至11日,国务院学位委员会第十二次会议批准第五批博士、硕士学位授权审核结果;开展由省级学位委员会组织审批硕士点的试点工作。

1995年开始,我国开始实行新的学位授权审核办法:新增博士、硕士学位授予单位和博士点由国务院学位委员会组织审核和批准;硕士点由地方、部门或学位授予单位根据统一规定的办法组织审核、批准;学位授予单位在自行审核招收培养博士生计划的同时,遴选确定博士生指导教师。在一定的学科范围内和一定的总量控制下,硕士点审批权也下放给成立了省级学位委员会的省市和一部分条件较好的高等学校。

1996年,国务院学位委员会组织开展了第六批学位授权审核。1996年4月29日至30日,国务院学位委员会第十四次会议批准第六批博士、硕士学位授权学科、专业名单;同意数学等5个学科共26个学科点试行按一级学科行使博士学位授予权。

1997年,我国颁布了我国首个学科专业目录《授予博士、硕士学位和培养研究生的学科、专业目录》,建立了延续至今的学科专业目录体系。

1998年,国务院学位委员会组织开展了第七批学位授权审核。1998年6月17日至18日,国务院学位委员会第十六次会议批准学科评议组第七次会议复审通过的第七批博士和硕士学位授权学科、专业名单;采用新的学科专业目录。

2000年,国务院学位委员会组织开展了第八批学位授权审核。2000年12月26日至27日,国务院学位委员会第十八次会议批准学科评议组第八次会议审核通过的第八批博士、硕士学位授权学科、专业名单。

5.1.3 学位授权审核制度的完善与改革(2000年至今)

2001年,全国共有博士学位授权点1 397个、硕士学位授权点8 970个,合计10 367个[1],与1981年学位授权审核制度建立之初的3 997个相比[2],增长了2.6倍,年均增长率达到4.9%,我国逐步建立起完整的研究生教育学科专业体系。从1995年我国实行新的学位授权审核办法后,一直到2010年,国务院学位委员会每两年开展一次学位点调整工作,全国学位点总数稳步提升,其中,博士学位点数量增长明显,从2001年的1 397个,占学位点总数的13.5%,增长到2018年的3 498个,占学位点总数的36.5%[3],即博士学位点占比逐渐提高,硕士学位点占比逐渐下降。

2003年,国务院学位委员会组织开展了第九批学位授权审核。2003年7月25日至26日,国务院学位委员会第二十次会议经无记名投票表决批准了第九批博士学位授权学科、专业名单。

2006年,国务院学位委员会组织开展了第十批学位授权审核。2006年1月23日至24日,国务院学位委员会第二十二次会议以投票表决的方式通过了第十批博士和硕士学位授权学科、专业名单;讨论了清华大学、北京大学自行审核增列一级学科博士点的结果。

2011年,国务院学位委员会组织开展了第十一批学位授权审核。2011年2月12日,国务院学位委员会第二十八次会议召开,审核了第十一批博士学位授权学科、专业名单。

2011年至2016年,全国连续5年未开展全国性的学位点调整工作,国务院学位委员会在广东等地试点学位点动态调整撤销和增列,在大部分地区,学位点调整工作处于暂时停滞状态。

2016年起,我国开始有组织地开展全国性学位点动态调整,学科布局进入调整优化阶段。2015年,国务院学位委员会根据我国研究生教育发展的新形势,在部分地区和学校试点学位点动态调整工作。2015年11月,国务院学位委员会下发《博士、硕士学位授权学科和专业学位授权类别动态调整办法》,并决定自2016年起将调整工作实施范围扩大到全国,从此建立起延续至今的学位点动态调整制度,并出台了学位点自主审核等一系列新举措。根据国务院学位委员会发布的历年《动态调整撤销和增列的学位授权点名单》,从2016年至2019年,我国共新增学位点987个,撤销学位点1598个,撤销数量明显大于新增数量,意味着我国整个学科体系进入了调整优化阶段。

2016年全国首次开展学位点动态调整工作,出现了我国历史上首次大规模学位点撤销。这是由两个方面的原因造成的:第一,由于2011年至2016年,全国连续5年未开展全国性的学位点调整工作,各地各校积压了一批历史遗留学位点和学科;第二,根据最新的学科专业目录,二级学科将被淘汰,全国一大批二级学科进入撤销名单。因此,2016年首次开展学位点动态调整工作中,全国学位点增长规模和撤销规模都是历年最高的,尤其在学位点撤销方面,由于大量的二级学科撤点,全国撤点总数达到惊人的576个。

2019年起,增列和撤销学位点数量相近,动态调整工作逐渐进入平稳态势。2016年、2017年和2018年是动态调整工作实施的前三年,三年间撤销学位点数远超新增学位点数,这三年时间充分消化了各高校之前积累的存量需求。经过三年的大幅度调整后,2019年起,全国学位点增列和撤销的数量逐渐接近,这意味着我国的学位点动态调整工作进入平稳态势,学位点动态调整的主要目的将更为聚焦于学位点布局结构优化。

2017年,国务院学位委员会组织开展了第十二批学位授权审核。2018年1月,国务院学位委员会审核了第十二批博士学位授权学科、专业名单。

我国学位点总数以先不断增加,然后保持稳定,并有序调整的态势重复了20世纪下半叶美国高等教育的发展道路。第二次世界大战后,美国高等教育在外部良好的经济环境和内部激烈学术竞争的双重驱动下,大学为了追求全面卓越而不断扩张,这种"只增不减"的无序繁殖发展方式在美国制造了大量的"多元巨型大学"(multiversity)。大学为了追求自身学术地位而无序扩张的态势不可避免的遭遇到外部资源限制而导致的生存困境,美国在20世纪70年代进入经济衰退期,出现高等教育史上首次引人注目的大规模学科调整。其间,美国的35个州共撤销本科和研究生学术项目约600个,其中研究生层次的学术项目占65%。在20世纪70年代、90年代和21世纪初,美国高等教育界共经历了三次学位点撤销潮。

5.1.4 研究生院制度和学科目录制度

学位授权审核工作的发展历程中,有两个非常重要的举措和机制,直到今天一直在影响我国研究生教育的发展,一是研究生院制度,二是学科目录制度。

1984年,我国建立研究生院制度,教育部批准北京大学、清华大学在内的22所高校试办研究生院。研究生院制度的建立极大地推动了我国研究生教育的发展,高校研究生院本身也成为研究生教育的中坚力量。1995年,为了加强研究生院设置的宏观管理,提高研究生教育质量和办学效益,促进研究生教育基地建设,原国家教育委员会颁布《研究生院设置暂行规定》,制定了研究生院的相关规则制度,研究生院的建设和发展进一步正规化。此后至今,全国经教育部(含原国家教育委员会)批准建立的研究生院共56所,直到2012年,教育部取消了研究生院设置行政审批,改为报备制度,此后全国各高校根据自身发展需要,纷纷设立研究生院。在高校各机关部处中,研究生院也成为历史上唯一要教育部批准才能设立的学校机关。

1983年3月,国务院学位委员会第四次会议决定公布并试行《高等学校和科研机构授予博士和硕士学位的学科专业目录(试行草案)》,该文件的出台标志着我国建立起高等教育的学科目录制度。该文件将学科专业分为10个学科门类,分别为哲学、经济学、法学、教育学、文学、历史学、理学、工学、农学和医学。在10个学科门类中共设置了63个一级学科,其中哲学门类1个,经济学门类1个,法学门类5个,教育学门类3个,文学门类3个,历史学门类1个,理学门类12个,工学门类25个,农学门类6个,医学门类6个。1983年至1985年,又增设了军事学门类及下设的9个学科专业。

1990年,国务院学位委员会第九次会议正式批准《授予博士、硕士学位和培养研究生的学科、专业目录》,这是我国第二份学科目录,同时该目录去除了试行内容,也意味着这是我国第一份正式版本的学科目录。这个版本的学科目录共包括11个学科门类(含1983年增设的军事学门类),72个一级学科(含1985年增设军事学专业)和620个二级学科。

1997年,国务院学位委员会、原国家教育委员会联合发布《授予博士、硕士学位和培养研究生的学科、专业目录》(1997年颁布),这是我国第三份学科目录,也是第二份正式版本学科目录。这个版本的学科目录于1997年发布后,共先后经过1998年10月、2005年12月、2008年4月三次补充修订,修订工作也体现了我国学科目录制度本身的与时俱进,修订的主要原则是:科学、规范、拓宽,修订的目标是,逐步规范和理顺一级学科,拓宽和调整二级学科。这个阶段的主要变化是,增加了管理学学科门类,此时授予学位的学科门类增加到12个,一级学科由原来的72个增加到89个,二级学科(学科、专业)由原来的654种调整为386种。

2011年,国务院学位委员会第二十八次会议审议批准《学位授予和人才培养学科目录(2011年)》,这是我国第四份学科目录,也是第三份正式版本的学科目录。伴随同时期我国高等教育尤其是研究生教育的快速发展,此版本的学科目录进一步充实和完善,新增一级学科的主要来源可以分为两类,一是原有一级学科拆分,二是以二级学科为基础新增,两种新增方式均与原目录相关学科有明确对应关系,体现出学科目录工作的谨慎和严谨,这也提升了学科目录本身的严肃性和权威性,奠定了一直到今天,学科目录对研究生教育的重要指导作用。这个阶段的主要变化是,新增了艺术学门类,同时下设5个一级学科,在上个版本中,艺术学原属文学门类,此次从一级学科升格为单独的学科门类,对我国艺术学教育、艺术学高校及相关师生起到了极大的鼓舞作用。2015年,在"工学"门类下,增设一级学科"网络空间安全",此版本学科目录的学科门类增加到13个,一级学科共计111个,此版本已不包括二级学科。

2011年学科目录还有一个重大变化是,附有《专业学位授予和人才培养目录》,共有39个专业学位,其中"建筑学"可授予学士、硕士专业学位,"教育""工程""兽医""临床医学""口腔医学"5个专业可授予硕士、博士专业学位,其他授予硕士专业学位。

2018年,国务院学位委员会、教育部发布《国务院学位委员会、教育部关于对工程专业学位类别进行调整的通知》,经国务院学位委员会第三十四次会议审批,决定统筹工程硕士和工程博士专业人才培养,将工程专业学位类别调整为"电子信息"(代码0854)、"机械"(代码0855)、"材料与化工"(代码0856)、"资源与环境"(代码0857)、"能源动力"(代码0858)、"土木水利"(代码0859)、"生物与医药"(代码0860)、"交通运输"(代码0861)8个专业学位类别。工程硕士领域中的"项目管理""物流工程""工业工程"3个领域调整到"工程管理"(代码1256)专业学位类别。调整后,工程专业学位类别不再保留。

2021年1月,国务院学位委员会、教育部印发《国务院学位委员会教育部关于设置"交叉学科"门类、"集成电路科学与工程"和"国家安全学"一级学科的通知》,"交叉学科"正式成为我国第14个学科门类,"集成电路科学与工程""国家安全学"成为该门类下的一级学科,截至此时,我国的学科目录中共包括14个学科门类和113个一级学科。

截至本书成稿时,所使用的学科目录是2011年版本的2018年修订版,即《学位授予和人才培养学科目录(2018年4月更新)》。2018年新目录是在2011年版目录的基础上的更新,并不是一个完全修订的新版目录。根据《国务院学位委员会 教育部关于印发〈学位授予和人才培养学科目录设置与管理办法〉的通知》(学位〔2009〕10号)规定,我国一级学科的调整为每十年进行一次,现在还未到全面调整的时间点。《学位授予和人才培养学科目录

(2018年4月更新)》与2011年的版本相比,主要变化为:增加了"网络空间安全"一级学科;工程专业学位类别被调整;将"农业推广硕士"专业学位更名为"农业硕士"专业学位;新增中医专业学位,既可授予中医博士专业学位,又可授予中医硕士专业学位;"军制学"调整为"军事管理学"。截至2022年6月,学科目录共包括14个学科门类、113个一级学科、47个专业学位类别。

2021年12月,国务院学位委员会下发《博士、硕士学位授予和人才培养学科专业目录(征求意见稿)》,新目录征求意见稿有两个重大变动,一是专业学位从之前的目录附属,调整到学科目录正文中,即把专业学位纳入相应学科门类。二是增加了交叉学科这一学科门类,授予学位的学科门类增加到14个。其他主要变动包括:哲学学科门类中,新增"应用伦理"专业学位;经济学学科门类中,一级学"科理论经济学"和"应用经济学"合并为"经济学"一级学科,新增"数字经济"硕士专业学位;法学学科门类中,新增了"中共党史党建""纪检监察学"两个一级学科,"知识产权""国际事务"两个硕士专业学位;历史学门类中,"文物与博物馆"单列为"文物""博物馆"两个硕士专业学位;农学门类中,新增了"水土保持与荒漠化防治学"一级学科;工学学科门类中,这次增设了"密码"硕士专业学位,"气象"博士、硕士专业学位,原来的"船舶与海洋工程"学科拆分为"船舶科学与工程""海洋工程与技术"两个一级学科;医学门类中,增加了"法医学"一级学科,还新增了"针灸"硕士专业学位,值得注意的是,由于专业学位的调整,本版本中"临床医学""口腔医学""药学"明确学术学位与专业学位并存;艺术学科门类的变化较大,1301代码对应的"艺术学理论"被更替为"艺术学"(含音乐、舞蹈、戏剧、影视、美术设计等历史、理论研究),进一步明确了该学科的名称和内涵,同时,原来的"音乐与舞蹈学""戏剧与影视学""美术学""设计学"均从一级学科调整为专业学位,"音乐与舞蹈学"列为"音乐""舞蹈"两个单独的专业学位,还增设了"戏曲与曲艺""美术与书法"等专业学位;新增的交叉学科门类中,有6个一级学科,除了已正式公布的"集成电路科学与工程""国家安全学"外,还有"设计学""遥感科学与技术""智能科学与技术""区域国别学"等。

2022年6月,教育部召开新闻发布会,总结过去十年硕博招生情况。为进一步支撑知识创新、科技服务和产业升级,我国组织开展了新一轮学科专业目录修订工作,研究生教育新版目录即将印发实施。另一个重大变化是教育部将研究编制《急需学科专业引导发展清单》。在国家急需领域主动布局人才培养项目,发挥新型举国体制优势,面向国家重大战略需求和主攻方向,2021年超常规布局集成电路、公共卫生等人才培养专项,今年还将继续部署相关专项,有目标、有重点、成建制地培养国家急需高层次人才。采取专门措施加强党的建设、中共党史、考古学、非物质文化遗产等急需学科建设。研究编制急需学科专业引导发展清单,包括中华早期文明、国际传播、量子科学与技术、高端装备等数十个急需领域,近期即将印发实施,今后每年更新,持续增强对国家急需学科专业的响应能力。

5.1.5 上海学位授权审核工作发展历程

1981年,我国首批博士和硕士学位授予单位、学科、专业点和导师名单获国务院批准,上海有11所,分别为:复旦大学、上海交通大学、华东师范大学、同济大学、华东化工学院(现为华东理工大学)、东华大学、上海中医学院(现为上海中医药大学)、上海财经大学、上海医科大学(现为复旦大学上海医学院)、上海第二医科大学(现为上海交通大学医学院)、上海科学技术大学(现为上海大学)。

1999年,上海高校建成重点学科研究基地12个。

2000年,上海市政府投入6亿元专项经费在上海高校建设一批国内领先的学科,已评选出10个"重中之重"建设的学科,力争3年后成为国内同类学科的高峰,达到国际水平。

2001年,继上海市10个"重中之重"重点学科建设启动后,又相继启动了第二批上海市39个重点学科、第四批上海市教育委员会26个重点学科、上海市教育委员会6个重点培育学科的建设。

2002年,启动42个第四批市教委重点学科建设,这些学科分布在14所市属和市管本科高校中,其中,理工类学科27个,医科类学科9个,社科类学科6个。上海市的10个"重中之重"重点学科中有9个学科被列为教育部重点学科。

2003年,统筹和加强高校重点学科建设,除2001年上海市在给予复旦大学和交通大学各6亿元配套建设经费外,2001—2003年陆续拨出6亿元专项经费用于上海高校重点学科建设。在本科专业设置中,启动目录外新专业的自主审批工作,初步完成知识产权、会展管理与经济等目录外新专业的设置。

2004年,市教委制定新一轮上海高校重点学科建设规划纲要,促使上海高校各门类学科梯次趋向协调科学。

2005年,加强高校重点学科建设,有69个学科列入上海市重点学科(第二期)建设范围,其中,优势学科15个(含4个以专项投入方式进行建设的第一期上海市"重中之重"学科)、特色学科39个、培育学科15个。

2007年,在8所教育部直属高校及第二军医大学进行上海市重点学科(第二期)建设,评选75个学科列入建设范围,其中,自然科学类学科51个、人文社会科学类学科21个、综合(管理)类学科3个,基地建设周期为2008—2010年。58个学科列入上海市教育委员会第五期重点学科建设范围。新增4所高校为国家重点学科建设单位,新增国家重点学科(二级学科、三级学科)41个,另有27个学科为国家重点(培育)学科。

2008年,市教委会同市发展改革委、市财政局开展"985工程"二期建设项目绩效中期检查;启动"211工程"三期建设。有17个国家重点学科、4个国家重点(培育)学科通过教育部国家重点学科评估;11所有博士点的市属高校均有国家重点学科布点。开展上海市重点学科(第二期)建设绩效验收,启动上海市重点学科(第三期)建设。开展上海高校发展定位规划与学科专业布局结构优化调整工程,市教委与27所市属本科院校就发展定位规划开展协商共38次。16所市属本科高校申请增设专业43个,批准同意增设本科专业26个;检查187个新建专业,其中7个专业被限期整改。

2009年,上海市重点学科三期建设计划共核定上海大学的"复杂环境下材料力学研究及实验平台"、上海交通大学医学院的"分子生物影像研究平台建设"等186项重点学科建设项目,并下达首期建设经费。市教委第五期重点学科增补"现代电力企业管理""港航电力传动与控制工程"等22个,总数达到70个。

2011年,深化高校重点学科建设和管理,加强分类绩效评价,实施奖惩机制,按108个重点学科建设中期评估结果,给予6个优秀学科增加50%年度经费额度的奖励,对1个经费执行率过低的学科暂停下拨年度经费。

2012年,161个学科列入一流学科建设范围。全面启动上海高职"飞跃计划"(后示范性高职院校建设计划),上海医药高等专科学校等4所完成验收的国家示范性高职院校向专业特色鲜明、校企深度融合、具有国际影响的高职院校发展。确定上海海事职业技术学院等 8 所院校为市特色高职建设院校,上海行健职业学院等 2 所院校为市特色高职培育院校。发布上海市法律硕士等 16 种专业学位论文基本要求和评价指标体系,双盲评议 16 种专业学位论文。审核批准 3 所独立学院增列为学士学位授予单位,24 所学校 101 个本科专业(含 3 所独立学院的 44 个专业)增列为学士学位授予专业。上海各研究生培养单位的 317 个一级学科参加全国第三轮学科评估

2013 年,经全国第三轮一级学科评估高校一流学科动态调整,至年底,34 个学科列入上海高校一流学科(A 类)建设(其中国家一级重点学科 17 个),132 个学科列入上海高校一流学科(B 类)建设。

2014 年,发布《上海高等学校学科发展与优化布局规划(2014—2020 年)》(沪教委高〔2014〕44 号)、《上海市高等学校学科发展与优化布局规划(2014—2020 年)实施方案》(沪教委科〔2014〕70 号)深入推进上海教育综合改革,上海市教育委员会决定在上海高校一流学科建设的基础上,重点建设一批支撑具有全球影响力的科技创新中心建设的"高峰高原学科"。

2015 年,高校"高峰高原学科"建设完成 26 所高校共 96 个学科的专家咨询、论证。

2019 年,向教育部遴选推荐上海大学力学系、上海师范大学中文系、上海科技大学物理学 3 个学科建设部级基础学科拔尖学生培养基地。[4]

5.2 全国学位授权审核工作动态研究

2017 年,我国学位授权审核工作迎来重要改革,国家先后发布了一系列重要文件,主要包括:2017 年印发《博士硕士学位授权审核办法》,随后还发布了《学位授权审核申请基本条件(试行)》,2018 年印发《国务院学位委员会关于高等学校开展学位授权自主审核工作的意见》等一系列文件,从而形成了目前的学位授权审核工作框架:学位授权审核包括新增学位授权审核和学位授权点动态调整两种方式;新增学位授权审核分为新增博士硕士学位授予单位审核、学位授予单位新增博士硕士一级学科与专业学位类别审核、自主审核单位新增学位点审核。

《博士硕士学位授权审核办法》还明确规定了相关工作的开展周期,比如,新增学位授权审核由国务院学位委员会统一部署,每3年开展一次;新增博士硕士学位授予单位申请基本条件、新增博士硕士学位点申请基本条件、自主审核单位申请基本条件由国务院学位委员会制定,每6年修订一次。除此以外,文件对具体工作流程和细节都做了详细的规定和说明。

2017年至今,按照新的学位授权审核办法已开展了两次学位授权审核工作,即2017年第十二批学位授权审核工作和2020年第十三批学位授权审核工作。

5.2.1 学位授权审核工作流程解析

2017年印发《博士硕士学位授权审核办法》的相关工作要求,可以把整项工作分为两个层面八个步骤:

第一个层面为省级工作层面,包括了启动、申报、省级形式审查和省级专家评审四个步骤。

第一步:工作启动。国务院学位委员会发布学位授权审核工作通知,第十二批的通知正式发布时间为2017年3月17日,报送国务院学位办的时间为2017年10月31日前,省级层面的工作时间有七个月;第十三批的通知正式发布时间为2020年9月28日,报送国务院学位办的时间为2020年12月15日前,省级层面的工作时间仅有三个半月。

第二步:申请单位向省级学位委员会提交申报材料。第十二批的通知中明确省级接收截止时间为2017年7月31日,也就是给学校留了四个月的填报材料时间,第十三批通知中没有明确省级接收截止时间,但是由于留给省级层面的工作时间总共只有三个半月,各省市留给学校的填报时间一般在一个月以内,这也是第十三批授权审核工作中,有很多学校和学科在国家形式审查环节出现问题的一个重要因素,没能充分地做好材料内容和数据的准确性审核工作。

第三步:省级形式审查。省级学位委员会对申请单位的资格和材料进行审查,将申请材料在本省(区、市)教育主管部门官方网站上向社会公开,并按有关规定对异议进行处理。

第四步:省级专家评审。省级学位委员会根据学位点的类型,组织专家对符合申请基本条件的博士硕士学位点进行评议,专家组人员中应包括相应学科评议组成员或专业学位教指委委员。省级学位委员会在专家组评议基础上召开省级学位委员会会议,提出拟新增博士硕士学位点的推荐名单,在经不少于五个工作日公示后,报国务院学位委员会。

省级学位委员会的评审流程是申请博士硕士学位授予单位、博士硕士学位授权点工作的第一个门槛,只有通过省级层面的评审、公示等环节并获得省级推荐后,才能进入到国家层级进行竞争。西北政法大学由于连续24年申请博士单位没有成功而广受关注,法学五院四系是中华人民共和国建立的五所政法院校及四所大学的法律系的简称,西北政法大学就是其中的原西北政法学院,该校的法学学科在学科评估和软科中国最好学科排名等多项评价中都表现不错,进一步了解其申博历程可以发现,包括2020年的第十三批授权审核工作中,该校多次没有通过省级层面的评审。因此,根据授权审核工作的相关要求,学校首先要考虑在省级层面获得推荐。

接着进入第二个层面,即国家工作层面,包括了国务院学位委员会形式审查,国务院学位委员会专家评审,公布正式名单,公布需要加强建设的新增博士、硕士学位授予单位建设进展核查结果四个步骤。

第五步:国家层面材料核查。国务院学位委员会委托教育部学位与研究生教育发展中心(简称教育部学位中心),开展学位授权审核的材料核查、复审有关工作。这项工作位列教育部学位中心工作职能的第二条,可见其重要性。

第六步:国务院学位委员会专家评审。国务院学位委员会委托学科评议组或专业学位教指委,对省级学位委员会推荐的拟新增博士、硕士学位点进行评议,获得2/3(含)以上专家同意的确定为拟新增博士学位点。国务院学位委员会将拟新增博士、硕士学位点名单向社会进行为期十个工作日的公示,并按有关规定对异议进行处理。第十三批学位授权审核工作的公示时间为2021年7月26日至2021年8月3日。

第七步:国务院学位委员会审议批准新增博士、硕士学位点。第十三批学位授权审核工作的公布时间为2021年11月15日,公布名单和公示名单相比,减少了一个一级学科博士点,即四川师范大学的戏剧与影视学,这也是第十三批中戏剧与影视学唯一通过国务院学位委员会专家评审的博士点,但最终未能落地。

第八步：国务院学位委员会公布，需要加强建设的新增博士、硕士学位授予单位建设进展核查结果。在公布和公示名单中，新增博士、硕士授予单位分为两类，一类是自批准之日起，可开展研究生培养工作，另一类是需进一步加强建设，补短板强弱项，待其办学水平和研究生培养能力达到相应要求，并通过国务院学位委员会组织核查后，再开展招生、培养、授予学位工作。上述单位的主管部门应进一步加大投入，加强建设，采取措施切实提升其学科水平和人才培养质量。第十三批学位授权审核工作中，第一类也就是直接获批的博士学位授予单位有 14 家、硕士学位授予单位有 25 家，第二类需要加强建设的博士学位授予单位有 20 家、需要加强建设的硕士学位授予单位有 18 家，这也可以看出，国家对新增学位授予单位工作非常严肃和谨慎。2022 年 8 月 22 日，国务院学位委员会印发了《关于下达需要加强建设的新增博士、硕士学位授予单位建设进展核查结果的通知》(学位〔2022〕17 号)，19 所博士学位授予单位和 16 所硕士学位授予单位及相关学位授权点通过核查。通过比较可以发现，有一家单位没有通过博士学位授予单位核查，即国际关系学院，有两家单位没有通过硕士学位授予单位核查，即鞍山师范学院、宁夏理工学院，国家关系学院所申请的博士点为政治学，也是第十三批中政治学唯一通过国务院学位委员会专家评审的博士点，但最终未能落地。

所以，从整个学位授权审核工作流程中可以看出，整项工作流程非常严谨，在省级层面和国家层面都有形式审核或材料核查、专家评审、公示等环节，在具体实践中，各个环节都会产生退出或淘汰，学校要认真对待每一个步骤，都不能掉以轻心，不然很有可能在某一个环节掉下来。

5.2.2 近两批学位授权审核工作整体态势研究

2017 年印发《博士硕士学位授权审核办法》以来，共开展了第十二批、第十三批两轮学位授权审核工作，对学位授权审核工作形成了符合国家发展和时代需求的清晰导向，《博士硕士学位授权审核办法》的第三条指出：学位授权审核要全面贯彻国家教育方针，围绕国家区域发展战略和经济社会发展，以服务需求、提高质量、推动研究生教育内涵发展为目的，依法依规进行。《博士硕士学位授权审核办法》的第四条指出：学位授权审核应当保证学位授予质量、服务社会发展需求、支撑研究生教育发展、激发培养单位活力，构建责权分明、统筹规划、分层实施、公正规范的制度体系。在《国务院学位委员会关于开展 2020 年博士硕士学位授权审核工作的通知》中明确指出：审核工作要紧密围绕国家战略和经济社会发展,统筹规划,科学布局,优先新增国家发展重点领域、空白领域和急需领域的一级学科和专业学位类别。可以看到,相关文件等都非常明确我国学位授权工作的导向,我们通过具体分析 2017 年、2020 年博士、硕士学位授权审核工作情况,可以更深刻地了解国家和区域发展所需要的学科方向。[5]-[8]

按照 2020 年博士点申报中,省级推荐学科的成功率进行排序,共有共 14 个学科的成功率大于等于 33.33%,需要注意的是,统计口径为,包含新增博士学位授予单位的新增博士点,不含二级学科博士点升一级学科博士点,这是因为二级学科博士点升一级学科博士点的成功率为 100%。

这里,我们对不同博士点的申报成功率按难度分为五档：容易,申报成功率为 50%；较易,申报成功率为 30%(含)到 50%；一般,申报成功率为 20%(含)到 30%；较难,申报成功率为 10%(含)到 20%；困难,申报成功率小于 10%。

1009 特种医学,2017 年第十二批新增 1 个,2020 年第十三批申报 1 个、成功 1 个,申报成功率为 100.00%,申报难度为容易。

0702 物理学,2017 年第十二批新增 10 个,2020 年第十三批申报 28 个、成功 23 个,申报成功率为 82.14%,申报难度为容易。

0601 考古学,2017 年第十二批新增 0 个,2020 年第十三批申报 3 个、成功 2 个,申报成功率为 66.67%,申报难度为容易。

0909 草学,2017 年第十二批新增 1 个,2020 年第十三批申报 2 个、成功 1 个,申报成功率为 50.00%,申报难度为容易。

0710 生物学,2017 年第十二批新增 9 个,2020 年第十三批申报 37 个、成功 18 个,申报成功率为 48.65%,申报难度为较易。

0701 数学,2017 年第十二批新增 8 个,2020 年第十三批申报 58 个、成功 28 个,申报成功率为 48.28%,申报难度为较易。

1004 公共卫生与预防医学,2017 年第十二批新增 3 个,2020 年第十三批申报 7 个、成功 3 个,申报成功率为 42.86%,申报难度为较易。

0704 天文学,2017 年第十二批新增 1 个,2020 年第十三批申报 5 个、成功 2 个,申报成功率为 40.00%,申报难度为较易。

0703 化学,2017 年第十二批新增 9 个,2020 年第十三批申报 51 个、成功 18 个,申报成功率为 35.29%,申报难度为较易。

0815 水利工程,2017 年第十二批新增 5 个,2020 年第十三批申报 6 个、成功 2 个,申报成功率为 33.33%,申报难度为较易。

0825 航空宇航科学与技术,2017 年第十二批新增 0 个,2020 年第十三批申报 3 个、成功 1 个,申报成功率为 33.33%,申报难度为较易。

0712 科学技术史,2017 年第十二批新增 2 个,2020 年第十三批申报 3 个、成功 1 个,申报成功率为 33.33%,申报难度为较易。

1003 口腔医学,2017 年第十二批新增 2 个,2020 年第十三批申报 3 个、成功 1 个,申报成功率为 33.33%,申报难度为较易。

0829 林业工程,2017 年第十二批新增 0 个,2020 年第十三批申报 3 个、成功 1 个,申报成功率为 33.33%,申报难度为较易。

再按照 2020 年第十三批博士点申报中,省级推荐学科的数量进行排序,有 19 个学科的省级推荐数量大于等于 30 个,统计口径同样是包含新增博士学位授予单位的新增博士点但不含二级学科博士点升一级学科博士点。

0305 马克思主义理论,2017 年第十二批新增 5 个,2020 年第十三批申报 80 个、成功 5 个,申报成功率为 6.25%,申报难度为困难。

0701 数学,2017 年第十二批新增 8 个,2020 年第十三批申报 58 个、成功 28 个,申报成功率为 48.28%,申报难度为较易。

0703 化学,2017 年第十二批新增 9 个,2020 年第十三批申报 51 个、成功 18 个,申报成功率为 35.29%,申报难度为较易。

1202 工商管理,2017 年第十二批新增 7 个,2020 年第十三批申报 50 个、成功 2 个,申报成功率为 4.00%,申报难度为困难。

0817 化学工程与技术,2017 年第十二批新增 7 个,2020 年第十三批申报 49 个、成功 6 个,申报成功率为 12.24%,申报难度为较难。

1204 公共管理,2017 年第十二批新增 8 个,2020 年第十三批申报 47 个、成功 2 个,申报成功率为 4.26%,申报难度为困难。

0202 应用经济学,2017 年第十二批新增 4 个,2020 年第十三批申报 40 个、成功 3 个,申报成功率为 7.50%,申报难度为困难。

0802 机械工程,2017 年第十二批新增 7 个,2020 年第十三批申报 39 个、成功 5 个,申报成功率为 12.82%,申报难度为较难。

0805 材料科学与工程,2017 年第十二批新增 6 个,2020 年第十三批申报 38 个、成功 3 个,申报成功率为 7.89%,申报难度为困难。

0710 生物学,2017 年第十二批新增 9 个,2020 年第十三批申报 37 个、成功 18 个,申报成功率为 48.65%,申报难度为较易。

1201 管理科学与工程,2017 年第十二批新增 5 个,2020 年第十三批申报 37 个、成功 2 个,申报成功率为 5.41%,申报难度为困难。

0812 计算机科学与技术,2017 年第十二批新增 7 个,2020 年第十三批申报 34 个、成功 3 个,申报成功率为 8.82%,申报难度为困难。

0832 食品科学与工程,2017 年第十二批新增 6 个,2020 年第十三批申报 34 个、成功 3 个,申报成功率为 8.82%,申报难度为困难。

0502 外国语言文学,2017 年第十二批新增 8 个,2020 年第十三批申报 34 个、成功 1 个,申报成功率为 2.94%,申报难度为困难。

0301 法学,2017 年第十二批新增 7 个,2020 年第十三批申报 33 个、成功 1 个,申报成功率为 3.03%,申报难度为困难。

0501 中国语言文学,2017 年第十二批新增 7 个,2020 年第十三批申报 33 个、成功 1 个,申报成功率为 3.03%,申报难度为困难。

0830 环境科学与工程,2017 年第十二批新增 6 个,2020 年第十三批申报 32 个、成功 0 个,申报成功率为 0.00%,申报难度为困难。

0814 土木工程,2017 年第十二批新增 7 个,2020 年第十三批申报 30 个、成功 3 个,申报成功率为 10.00%,申报难度为较难。

1304 美术学,2017 年第十二批新增 2 个,2020 年第十三批申报 30 个、成功 2 个,申报成功率为 6.67%,申报难度为困难。

从成功率较高的学科名单中可以看到,比较近两轮学科增列数量,2020 年新增点数量增加最多的学科为"数学""物理学""化学""生物学",其中"数学"增加最多,达到 20 个,"物理学"增加了 13 个,"生物学"增加了 9 个,"化学"增加了 9 个。有增就有减,新增数量减少幅度较大的学科有,"外国语言文学"减少了 7 个,"公共管理"减少了 6 个,"法学"减少了 6 个,"中国语言文学"减少了 6 个,"环境科学与工程"减少了 6 个,"工商管理"减少了 5 个,等等。可以看到,新增学科主要集中在基础学科("数学""物理学""化学""生物学"),而减少学科则为文学类、管理类、法学类等人文社科学科,和少数工科。

其中,与普遍认知存在较大差异的是"马克思主义理论"一级学科博士点。国家高度重视"马克思主义理论"学科的发展,一般也认为,"马克思主义理论"一级学科博士点是比较容易申报的,从省级推荐数量上也可以发现,该学位点以 80 个的推荐数量遥遥领先于其他博士点。但是,当去除 12 个二级学科博士点升一级学科博士点后,"马克思主义理论"博士点新增数量仅有 5 个,其中还包括了新增博士学位授予单位的 1 个,增列比例仅为 6.3%,申报难度等级达到困难的程度。

统计 2020 年第十三批所有一级学科博士点申报的难度等级:

申报难度为容易的共有 4 个学科,分别为:"特种医学""物理学""考古学""草学",占所有申报学科的 4.0%。

申报难度为较易的共有 10 个学科,分别为:"数学""公共卫生与预防医学""天文学""化学""水利工程""林业工程""口腔医学""科学技术史""航空宇航科学与技术",占所有申报学科的 10.1%。

申报难度为一般的共有 16 个学科,分别为:"植物保护""图书情报与档案管理""畜牧学""中医学""轻工技术与工程""林学""力学""核科学与技术""网络空间安全""系统科学""农业工程""安全科学与工程""光学工程""仪器科学与技术""冶金工程""纺织科学与工程",占所有申报学科的 16.2%。

申报难度为较难的共有 25 个学科,分别为:"体育学""医学技术""风景园林学""地球物理学""统计学""信息与通信工程""控制科学与工程""建筑学""交通运输工程""地质资源与地质工程""电气工程""机械工程""作物学""世界史""测绘科学与技术""化学工程与技术""中药学""地理学""民族学""药学""设计学""土木工程""农林经济管理""护理学",占所有申报学科的 25.2%。

申报难度为困难的共有 44 个学科,分别为:"新闻传播学""软件工程""水产""食品科学与工程""计算机科学与技术""园艺学""材料科学与工程""应用经济学""心理学""美术学""中西医结合""马克思主义理论""中国史""生物医学工程""管理科学与工程""音乐与舞蹈学""教育学""公共管理""工商管理""中国语言文学""法学""外国语言文学""环境科学与工程""生态学""社会学"

"理论经济学""基础医学""动力工程及工程热物理""电子科学与技术""戏剧与影视学""政治学""临床医学""哲学""城乡规划学""生物工程""船舶与海洋工程""艺术学理论""海洋科学""矿业工程""兽医学""地质学""农业资源与环境""公安学""公安技术""大气科学",占所有申报学科的44.4%。

可以发现,约70%的学位点申报难度为较难和困难,与此同时,以"数学""物理""化学""生物学"为代表的基础学科则申报更为容易。结合申报成功率和申报热度,可以进一步把不同学科分为四个维度:

一是以"物理学""生物学"等为代表的高成功、高申报维度。

二是以"考古学""公共卫生与预防医学"等为代表的高成功、低申报维度。

三是以"马克思主义理论""工商管理"等为代表的低成功、高申报维度。

四是以"社会学""艺术学理论"等为代表的低成功、低申报维度。

5.3 省域视角下学位授权审核增列布局态势研究

2021年公布的第十三批学位授权审核结果中,全国新增博士学位授予单位33个,涉及新增博士点43个。全国共推荐新增博士学位授予单位50个,推荐新增博士点120个。其中,国际关系学院进入公示,但是未通过2022年公布的需要加强建设的新增博士、硕士学位授予单位建设进展核查。进入公示名单的单位入围比例为66%。

2021年公布的第十三批学位授权审核结果中,全国新增硕士学位授予单位39个,涉及新增硕士点101个。全国共推荐新增硕士学位授予单位60个,推荐新增硕士点161个。其中,鞍山师范学院、宁夏理工学院进入公示,但是未通过2022年公布的需要加强建设的新增博士、硕士学位授予单位建设进展核查。进入公示名单的单位入围比例为65.0%(新增硕士学位授予单位/推荐硕士学位授予单位×100%)。

2021年公布的第十三批学位授权审核结果中,全国新增博士点360个,包括现有授权单位的317个和新增授权单位的34个。其中,四川师范大学的"戏剧与影视学"进入公示名单,但未进入公布名单,也去除了国际关系学院的政治学。按类别划分,包括一级学科博士点266个,专业学位博士点94个,总入围比例为22%(全国各省份共推荐1 655个,总入围比例=(360÷

1 655)×100%,各省/自治区/直辖市推荐情况来自 2020 年各省/自治区/直辖市的教育主管部门公示,下同)。

2021 年公布的第十三批学位授权审核结果中,全国新增硕士点 1 658 个,包括现有授权单位的 1 557 个,新增授权单位的 101 个。其中,去除了鞍山师范学院的"教育学",宁夏理工学院的"电子信息""会计"。按类别划分,包括一级学科硕士点 447 个,专业学位硕士点 1 211 个,总入围比例为 84%。

5.3.1　新增学位授予单位的省域布局态势

(1) 新增博士学位授予单位省域布局态势

全国共有 27 个省/自治区/直辖市申请增列博士授予单位,有 23 个省/自治区/直辖市进入公示,天津市、山西省、黑龙江省、甘肃省申请但未有单位入围。

从入围数量来看,浙江省、广东省各入围 3 个,北京市、上海市、江苏省、山东省、贵州省、陕西省各入围 2 个,其他省市 1 个。北京市共推荐的 6 所高校中,其中 2 所部属高校均进入公示,4 所地方高校仅 1 所进入公示。

从入围比例来看,包括上海市在内有 14 个省/自治区/直辖市的入围比例为 100%。

浙江省 3 个:杭州师范大学及其"生物学""教育学",温州大学及其"化学",中国计量大学及其"光学工程""仪器科学与技术"。

广东省 3 个:广东药科大学及其"中西医结合",广州美术学院及其"美术学""设计学",广东财经大学及其"应用经济学"。

北京市 2 个:北京信息科技大学及其"仪器科学与技术",北京电子科技学院及其"网络空间安全"。

上海市 2 个:上海应用技术大学及其"化学工程与技术",上海对外经贸大学及其"应用经济学"。

江苏省 2 个:南京财经大学及其"应用经济学",南京审计大学及其"统计学"。

山东省 2 个:齐鲁工业大学及其"计算机科学与技术",青岛农业大学及其"园艺学""水产"。

贵州省 2 个:遵义医科大学及其"临床医学",贵州中医药大学及其"中医学""中药学""中医学"。

陕西省 2 个：西安工程大学及其"纺织科学与工程"，西安邮电大学及其"信息与通信工程"。

河北省：河北科技大学及其"化学工程与技术"。

内蒙古自治区：内蒙古民族大学及其"中药学"。

辽宁省：沈阳化工大学及其"化学工程与技术"。

吉林省：吉林师范大学及其"化学"。

安徽省：安徽建筑大学及其"土木工程"。

福建省：闽南师范大学及其"中国语言文学"。

江西省：东华理工大学及其"测绘科学与技术""地质资源与地质工程""核科学与技术"。

河南省：郑州轻工业大学及其"化学工程与技术""食品科学与工程"。

湖北省：江汉大学及其"化学工程与技术"。

湖南省：湖南工业大学及其"材料科学与工程"。

广西壮族自治区：桂林医学院及其"临床医学"。

重庆市：四川美术学院及其"美术学""设计学"。

四川省：西南医科大学及其"临床医学"。

云南省：大理大学及其"药学"。

西藏自治区：西藏民族大学及其"马克思主义理论"。

（2）新增硕士学位授予单位的省域布局态势

全国共有 28 个省/自治区/直辖市申请增列硕士授予单位，最终 26 个省/自治区/直辖市有硕士学位授予单位获得增列。

从入围硕士学位授予单位数量来看，仅有 4 个省/直辖市入围数量在 2 个及以上，浙江省 8 个、江苏省 6 个、广东省 3 个、北京市 2 个，其他省/自治区/直辖市包括上海市均为 1 个。北京市推荐的 2 所部属高校均获得增列。

从入围比例来看，北京市等 15 个省/自治区/直辖市的入围比例为 100%。

浙江省 8 个：台州学院及其"机械""材料与化工""资源与环境"，丽水学院及其"教育学""农学""护理学"，嘉兴学院及其"马克思主义理论""材料与化工""会计"，浙江万里学院及其"国际商务""生物与医药""工程管理"，宁波工程学院及其"材料与化工""土木水利""工程管理"，浙江警察学院及其"警务"，浙江传媒学院及其"汉语国际教育""新闻与传播""艺术"。

江苏省 6 个：淮阴师范学院及其"教育学""生物与医药"，江苏警官学院及其"警务"，淮阴工学院及其"材料与化工""交通运输""农学"，南京工程学院及其"机械""能源动力""艺术学"，江苏理工学院及其"教育学""机械""资源与环境"。

广东省 3 个：肇庆学院及其"教育学""电子信息""艺术学"，广东金融学院及其"金融""保险""会计"，广东石油化工学院及其"电子信息""材料与化工""资源与环境"。

北京市 2 个：中华女子学院及其"法律""社会工作""教育学"，中国劳动关系学院及其"社会工作""新闻与传播""公共管理"。

天津市：天津中德应用技术大学及其"机械"。

河北省：河北传媒学院及其"新闻与传播""艺术学"。

山西省：长治医学院及其"临床医学""护理学""药学"。

内蒙古自治区：呼伦贝尔学院及其"教育学""旅游管理"。

吉林省：吉林工程技术师范学院及其"教育学""机械"。

黑龙江省：黑龙江工程学院及其"资源与环境""交通运输""艺术学"。

上海市：上海商学院及其"国际商务""旅游管理"。

安徽省：安徽科技学院及其"机械""农学""兽医学"。

福建省：莆田学院及其"新闻与传播""机械""资源与环境"。

江西省：井冈山大学及其"马克思主义理论""社会工作""生物与医药"。

山东省：滨州学院及其"资源与环境""交通运输"。

河南省：安阳师范学院及其"教育学""汉语国际教育""文物与博物馆"。

湖北省：湖北经济学院及其"金融""法律""会计"。

湖南省：湖南城市学院及其"马克思主义理论""城乡规划学""土木水利"。

广西壮族自治区：广西财经学院及其"金融""税务""会计"。

海南省：三亚学院及其"社会工作""电子信息""旅游管理"。

重庆市：重庆文理学院及其"机械""材料与化工""农学"。

四川省：攀枝花学院及其"材料与化工""会计"。

贵州省：铜仁学院及其"马克思主义理论""材料与化工""农学"。

云南省：云南警官学院及其"警务"。

陕西省：西京学院及其"电子信息""机械"。

甘肃省：河西学院及其"教育学""农学""旅游管理"。

(3) 博士、硕士学位授予单位省域布局整体态势

2020 年第十三批学位授权审核工作，到 2022 年 8 月公布《关于下达需要加强建设的新增博士、硕士学位授予单位建设进展核查结果的通知》后，整项工作画上句号。以此为截止时间点，可以获得目前全国各省/自治区/直辖市博士、硕士学位授予单位布局的整体态势[9]。

按各省/自治区/直辖市增列后的博士学位授予单位数量排序：

北京市：共有 67 所普通高校，41 所博士学位授予单位高校，14 所硕士学位授予单位高校。

江苏省：共有 78 所普通高校，26 所博士学位授予单位高校，10 所硕士学位授予单位高校。

上海市：共有 40 所普通高校，22 所博士学位授予单位高校，4 所硕士学位授予单位高校。

广东省：共有 67 所普通高校，19 所博士学位授予单位高校，10 所硕士学位授予单位高校。

辽宁省：共有 65 所普通高校，18 所博士学位授予单位高校，17 所硕士学位授予单位高校。

湖北省：共有 68 所普通高校，17 所博士学位授予单位高校，10 所硕士学位授予单位高校。

陕西省：共有 57 所普通高校，17 所博士学位授予单位高校，10 所硕士学位授予单位高校。

山东省：共有 70 所普通高校，16 所博士学位授予单位高校，14 所硕士学位授予单位高校。

浙江省：共有 60 所普通高校，15 所博士学位授予单位高校，12 所硕士学位授予单位高校。

黑龙江省：共有 39 所普通高校，15 所博士学位授予单位高校，6 所硕士学位授予单位高校。

四川省：共有 53 所普通高校，13 所博士学位授予单位高校，11 所硕士学

位授予单位高校。

湖南省：共有52所普通高校，12所博士学位授予单位高校，4所硕士学位授予单位高校。

天津市：共有30所普通高校，11所博士学位授予单位高校，8所硕士学位授予单位高校。

安徽省：共有46所普通高校，10所博士学位授予单位高校，9所硕士学位授予单位高校。

河南省：共有57所普通高校，10所博士学位授予单位高校，8所硕士学位授予单位高校。

云南省：共有32所普通高校，10所博士学位授予单位高校，3所硕士学位授予单位高校。

河北省：共有61所普通高校，9所博士学位授予单位高校，11所硕士学位授予单位高校。

江西省：共有45所普通高校，9所博士学位授予单位高校，6所硕士学位授予单位高校。

重庆市：共有26所普通高校，9所博士学位授予单位高校，5所硕士学位授予单位高校。

福建省：共有39所普通高校，9所博士学位授予单位高校，3所硕士学位授予单位高校。

吉林省：共有37所普通高校，8所博士学位授予单位高校，11所硕士学位授予单位高校。

广西壮族自治区：共有38所普通高校，8所博士学位授予单位高校，6所硕士学位授予单位高校。

山西省：共有34所普通高校，8所博士学位授予单位高校，4所硕士学位授予单位高校。

甘肃省：共有22所普通高校，8所博士学位授予单位高校，3所硕士学位授予单位高校。

新疆维吾尔自治区：共有19所普通高校，7所博士学位授予单位高校，4所硕士学位授予单位高校。

内蒙古自治区：共有17所普通高校，6所博士学位授予单位高校，5所硕士学位授予单位高校。

贵州省：共有29所普通高校，6所博士学位授予单位高校，3所硕士学位授予单位高校。

海南省：共有8所普通高校，3所博士学位授予单位高校，2所硕士学位授予单位高校。

西藏自治区：共有4所普通高校，3所博士学位授予单位高校，1所硕士学位授予单位高校。

宁夏回族自治区：共有8所普通高校，3所博士学位授予单位高校，1所硕士学位授予单位高校。

青海省：共有4所普通高校，3所博士学位授予单位高校，0所硕士学位授予单位高校。

全国共有普通高校1272所，其中有372所博士学位授予单位高校，217所硕士学位授予单位高校。

截至2022年8月后的高校学位层次情况来看，北京、江苏、上海、广东是当之无愧的我国高等教育发达地区，这也与这些省市的经济发展情况相匹配。辽宁、湖北、陕西、山东作为高等教育历史发展较好的区域，在博士、硕士学位授予单位高校布局上也体现出很强的实力。

从总体学校层次来看，目前我国高校呈现出博士学位授予单位高校明显多于硕士学位授予单位高校的态势，这一方面体现了我国高校积极进取，不断发展，同时也因为博士学位授予单位高校都是由硕士学位授予单位高校升格形成，只有每轮新增硕士学位授予单位高校的数量达到新增博士学位授予单位高校数量的2倍及以上，硕士学位授予单位高校数量的增加态势才能超过博士学位授予单位高校数量的增加态势。从这个角度来看，硕士学位授予单位高校数量较多的省/自治区/直辖市，未来的高等教育发展空间会更大，比如辽宁省、北京市、山东省等。

5.3.2 新增学位点的省域布局态势

(1) 新增博士学位点的省域布局态势

全国共有31个省/自治区/直辖市、生产建设兵团及军队系统向国家推荐增列博士点，均有博士点进入公示，计算口径包括新增单位的新增博士点。

从入围数量来看,有 4 个省市入围数量在 20 个以上,分别为江苏省 34 个,广东省 32 个,浙江省 26 个,上海市 24 个。

从入围比例来看,全国博士点公示平均比例为 22%(全国各省份共推荐 1 655 个,总入围比例=(360÷1 655)×100%,各省/自治区/直辖市推荐情况来自 2020 年各省/自治区/直辖市的教育主管部门公示,下同),有 4 个省市达到 30%,分别为青海省 36%,贵州省 35%,上海市 34%,浙江省 33%。

全国共 20 所高校新增博士点数量在 4 个以上,华东理工大学和南昌大学以新增 9 个博士点并列全国第一。

按各省/自治区/直辖市增列博士点数量排序:

江苏省:共新增 34 个博士点,包括 24 个一级学科博士点,10 个专业学位博士类别,本轮增列后,共有 362 个博士点,包括 331 个一级学科博士点,31 个专业学位博士类别。

广东省:共新增 32 个博士点,包括 25 个一级学科博士点,7 个专业学位博士类别,本轮增列后,共有 236 个博士点,包括 214 个一级学科博士点,22 个专业学位博士类别。

浙江省:共新增 26 个博士点,包括 23 个一级学科博士点,3 个专业学位博士类别,本轮增列后,共有 154 个博士点,包括 137 个一级学科博士点,17 个专业学位博士类别。

上海市:共新增 24 个博士点,包括 19 个一级学科博士点,5 个专业学位博士类别,本轮增列后,共有 291 个博士点,包括 262 个一级学科博士点,29 个专业学位博士类别。

北京市:共新增 17 个博士点,包括 7 个一级学科博士点,10 个专业学位博士类别,本轮增列后,共有 545 个博士点,包括 499 个一级学科博士点,46 个专业学位博士类别。

江西省:共新增 17 个博士点,包括 13 个一级学科博士点,4 个专业学位博士类别,本轮增列后,共有 65 个博士点,包括 60 个一级学科博士点,5 个专业学位博士类别。

陕西省:共新增 16 个博士点,包括 11 个一级学科博士点,5 个专业学位博士类别,本轮增列后,共有 208 个博士点,包括 188 个一级学科博士点,20 个专业学位博士类别。

湖北省：共新增 14 个博士点，包括 8 个一级学科博士点，6 个专业学位博士类别，本轮增列后，共有 229 个博士点，包括 208 个一级学科博士点，21 个专业学位博士类别。

安徽省：共新增 13 个博士点，包括 10 个一级学科博士点，3 个专业学位博士类别，本轮增列后，共有 112 个博士点，包括 101 个一级学科博士点，11 个专业学位博士类别。

河南省：共新增 13 个博士点，包括 10 个一级学科博士点，3 个专业学位博士类别，本轮增列后，共有 105 个博士点，包括 97 个一级学科博士点，8 个专业学位博士类别。

四川省：共新增 13 个博士点，包括 10 个一级学科博士点，3 个专业学位博士类别，本轮增列后，共有 153 个博士点，包括 136 个一级学科博士点，17 个专业学位博士类别。

云南省：共新增 12 个博士点，包括 8 个一级学科博士点，4 个专业学位博士类别，本轮增列后，共有 75 个博士点，包括 68 个一级学科博士点，7 个专业学位博士类别。

福建省：共新增 11 个博士点，包括 7 个一级学科博士点，4 个专业学位博士类别，本轮增列后，共有 112 个博士点，包括 105 个一级学科博士点，7 个专业学位博士类别。

山东省：共新增 10 个博士点，包括 6 个一级学科博士点，4 个专业学位博士类别，本轮增列后，共有 169 个博士点，包括 151 个一级学科博士点，18 个专业学位博士类别。

内蒙古自治区：共新增 9 个博士点，均为一级学科博士点，本轮增列后，共有 47 个博士点，均为一级学科博士点。

湖南省：共新增 9 个博士点，包括 8 个一级学科博士点，1 个专业学位博士类别，本轮增列后，共有 160 个博士点，包括 147 个一级学科博士点，13 个专业学位博士类别。

广西壮族自治区：共新增 9 个博士点，包括 6 个一级学科博士点，3 个专业学位博士类别，本轮增列后，共有 52 个博士点，包括 46 个一级学科博士点，6 个专业学位博士类别。

贵州省：共新增 9 个博士点，包括 6 个一级学科博士点，3 个专业学位博士类别，本轮增列后，共有 37 个博士点，包括 33 个一级学科博士点，44 个专业学位博士类别。

山西省：共新增 8 个博士点，包括 5 个一级学科博士点，3 个专业学位博士类别，本轮增列后，共有 75 个博士点，包括 70 个一级学科博士点，5 个专业学位博士类别。

天津市：共新增 8 个博士点，包括 6 个一级学科博士点，2 个专业学位博士类别，本轮增列后，共有 114 个博士点，包括 103 个一级学科博士点，11 个专业学位博士类别。

河北省：共新增 7 个博士点，包括 5 个一级学科博士点，2 个专业学位博士类别，本轮增列后，共有 88 个博士点，包括 81 个一级学科博士点，7 个专业学位博士类别。

吉林省：共新增 7 个博士点，包括 5 个一级学科博士点，2 个专业学位博士类别，本轮增列后，共有 122 个博士点，包括 112 个一级学科博士点，10 个专业学位博士类别。

重庆市：共新增 7 个博士点，包括 6 个一级学科博士点，1 个专业学位博士类别，本轮增列后，共有 94 个博士点，包括 84 个一级学科博士点，10 个专业学位博士类别。

辽宁：共新增 6 个博士点，包括 4 个一级学科博士点，2 个专业学位博士类别，本轮增列后，共有 159 个博士点，包括 144 个一级学科博士点，15 个专业学位博士类别。

黑龙江省：共新增 6 个博士点，包括 5 个一级学科博士点，1 个专业学位博士类别，本轮增列后，共有 136 个博士点，包括 124 个一级学科博士点，12 个专业学位博士类别。

海南省：共新增 5 个博士点，包括 4 个一级学科博士点，1 个专业学位博士类别，本轮增列后，共有 20 个博士点，包括 19 个一级学科博士点，1 个专业学位博士类别。

青海省：共新增 5 个博士点，全部为一级学科博士点，本轮增列后，共有 10 个博士点，全部为一级学科博士点。

新疆维吾尔自治区：共新增 4 个博士点，包括 2 个一级学科博士点，2 个专业学位博士类别，本轮增列后，共有 49 个博士点，包括 44 个一级学科博士点,5个专业学位博士类别。

宁夏回族自治区：共新增3个博士点,全部为一级学科博士点,本轮增列后,共有14个博士点,包括13个一级学科博士点,1个专业学位博士类别。

军队高校：共新增3个博士点,全部为一级学科博士点。

甘肃省：共新增2个博士点,全部为一级学科博士点,本轮增列后,共有65个博士点,包括62个一级学科博士点,3个专业学位博士类别。

西藏自治区：共新增1个博士点,为一级学科博士点,本轮增列后,共有5个博士点,全部为一级学科博士点。

全国共新增360个博士点,包括266个一级学科博士点,94个专业学位博士类别,本轮增列后,共有4 066个博士点,包括3 704个一级学科博士点,362个专业学位博士类别。

分析本轮博士点增列省域布局情况,高等教育发达和经济发达地区为最大赢家,包括江苏省、广东省、浙江省、上海市和北京市。江苏省以新增34个博士点位居第一,尤其值得关注的是广东省和浙江省,与广东和浙江两省现有博士点数量比较,这两个省的博士点增加幅度（增加数量/现有数量）位居前列,说明这两个省的高等教育呈现出高速发展的态势。上海和北京作为直辖市,其博士点增列数量同样位居前列。除了以上5个省市,山西、湖北作为高等教育较发达地区,本轮增列博士点数量同样表现不错。

中西部地区方面,江西省、云南省表现最为突出,江西省以新增17个博士点的数量与北京市并列,位居第五名,云南省新增12个,位列第十二名,经过次轮新增后,这两个省的博士点总数有了显著增长。

还值得关注的是新增博士点的类别情况,虽然在正式通知中明确,新增博士学位授权点向专业学位倾斜,但是从最后的增列情况来看,新增一级学科博士点数量远超专业学位类别,数量上要多172个,两者的比例为2.83∶1,再从全国博士点总数来看,一级学科博士点比专业学位博士类别高出10倍以上。

聚焦到学校层面,本轮有8所高校的增列博士点数量达到5个及以上,分别为：

华东理工大学,共新增9个博士点,包括5个一级学科博士点,4个专业学位博士类别。

南昌大学,共新增9个博士点,包括7个一级学科博士点,2个专业学位博士类别。

深圳大学,共新增7个博士点,包括5个一级学科博士点,2个专业学位博士类别。

浙江工业大学,共新增6个博士点,包括4个一级学科博士点,2个专业学位博士类别。

武汉理工大学,共新增6个博士点,包括3个一级学科博士点,3个专业学位博士类别。

南京邮电大学,共新增5个博士点,包括4个一级学科博士点,1个专业学位博士类别。

福州大学,共新增5个博士点,包括3个一级学科博士点,2个专业学位博士类别。

陕西师范大学,共新增5个博士点,全部为一级学科博士点。

可以发现,新增数量较多的头部高校的所在省/自治区/直辖市与新增数量较多的头部省/自治区/直辖市基本一致,其中,华东理工大学和南昌大学是本轮增列的最大赢家,均达到9个,其他如深圳大学等高校的表现也不错,经过本轮增列,这些学校在博士点的整体布局上进一步完备。

(2) 新增硕士学位点的省域布局态势

全国共有31个省/自治区/直辖市向国家推荐增列硕士点,均有硕士点进入公示(计算口径包括新增单位新增硕士点)。

从入围数量来看,有4个省入围数量在100个以上,分别为江苏省130个,山东省114个,河南省110个,广东省102个。

从入围比例来看,全国硕士点公示平均比例为84%,有10个省/自治区/直辖市达到90%。

全国共22所高校新增硕士点数量在10个以上,青海民族大学新增15个硕士点排名全国第一。

江苏省:共新增130个硕士点,包括36个一级学科硕士点,94个专业学位硕士类别,本轮增列后,共有980个硕士点,包括463个一级学科硕士点,517个专业学位硕士类别。

山东省:共新增114个硕士点,包括35个一级学科硕士点,79个专业学位硕士类别,本轮增列后,共有763个硕士点,包括373个一级学科硕士点,390个专业学位硕士类别。

河南省：共新增110个硕士点,包括34个一级学科硕士点,76个专业学位硕士类别,本轮增列后,共有582个硕士点,包括283个一级学科硕士点,299个专业学位硕士类别。

广东省：共新增102个硕士点,包括21个一级学科硕士点,81个专业学位硕士类别,本轮增列后,共有601个硕士点,包括246个一级学科硕士点,355个专业学位硕士类别。

浙江省：共新增93个硕士点,包括15个一级学科硕士点,78个专业学位硕士类别,本轮增列后,共有545个硕士点,包括235个一级学科硕士点,310个专业学位硕士类别。

四川省：共新增92个硕士点,包括25个一级学科硕士点,67个专业学位硕士类别,本轮增列后,共有567个硕士点,包括259个一级学科硕士点,308个专业学位硕士类别。

北京市：共新增74个硕士点,包括19个一级学科硕士点,55个专业学位硕士类别,本轮增列后,共有992个硕士点,包括430个一级学科硕士点,562个专业学位硕士类别。

湖北省：共新增74个硕士点,包括21个一级学科硕士点,53个专业学位硕士类别,本轮增列后,共有740个硕士点,包括346个一级学科硕士点,394个专业学位硕士类别。

陕西省：共新增69个硕士点,包括21个一级学科硕士点,48个专业学位硕士类别,本轮增列后,共有604个硕士点,包括292个一级学科硕士点,312个专业学位硕士类别。

安徽省：共新增60个硕士点,包括14个一级学科硕士点,46个专业学位硕士类别,本轮增列后,共有448个硕士点,包括221个一级学科硕士点,227个专业学位硕士类别。

上海市：共新增57个硕士点,包括9个一级学科硕士点,48个专业学位硕士类别,本轮增列后,共有557个硕士点,包括223个一级学科硕士点,334个专业学位硕士类别。

重庆市：共新增49个硕士点,包括9个一级学科硕士点,40个专业学位硕士类别,本轮增列后,共有330个硕士点,包括156个一级学科硕士点,174

个专业学位硕士类别。

福建省：共新增 44 个硕士点，包括 11 个一级学科硕士点，33 个专业学位硕士类别，本轮增列后，共有 291 个硕士点，包括 121 个一级学科硕士点，170 个专业学位硕士类别。

湖南省：共新增 44 个硕士点，包括 16 个一级学科硕士点，28 个专业学位硕士类别，本轮增列后，共有 467 个硕士点，包括 206 个一级学科硕士点，261 个专业学位硕士类别。

新疆维吾尔自治区：共新增 43 个硕士点，包括 16 个一级学科硕士点，27 个专业学位硕士类别，本轮增列后，共有 232 个硕士点，包括 109 个一级学科硕士点，123 个专业学位硕士类别。

云南省：共新增 41 个硕士点，包括 10 个一级学科硕士点，31 个专业学位硕士类别，本轮增列后，共有 300 个硕士点，包括 136 个一级学科硕士点，164 个专业学位硕士类别。

河北省：共新增 40 个硕士点，包括 9 个一级学科硕士点，31 个专业学位硕士类别，本轮增列后，共有 455 个硕士点，包括 226 个一级学科硕士点，229 个专业学位硕士类别。

内蒙古自治区：共新增 39 个硕士点，包括 16 个一级学科硕士点，23 个专业学位硕士类别，本轮增列后，共有 237 个硕士点，包括 122 个一级学科硕士点，115 个专业学位硕士类别。

江西省：共新增 39 个硕士点，包括 11 个一级学科硕士点，28 个专业学位硕士类别，本轮增列后，共有 397 个硕士点，包括 208 个一级学科硕士点，189 个专业学位硕士类别。

黑龙江省：共新增 38 个硕士点，包括 10 个一级学科硕士点，28 个专业学位硕士类别，本轮增列后，共有 411 个硕士点，包括 209 个一级学科硕士点，202 个专业学位硕士类别。

广西壮族自治区：共新增 36 个硕士点，包括 8 个一级学科硕士点，28 个专业学位硕士类别，本轮增列后，共有 294 个硕士点，包括 145 个一级学科硕士点，149 个专业学位硕士类别。

贵州省：共新增 36 个硕士点，包括 8 个一级学科硕士点，28 个专业学位硕士类别，本轮增列后，共有 193 个硕士点，包括 94 个一级学科硕士点，99 个专业学位硕士类别。

甘肃省：共新增 34 个硕士点，包括 8 个一级学科硕士点，26 个专业学位硕士类别，本轮增列后，共有 255 个硕士点，包括 123 个一级学科硕士点，132 个专业学位硕士类别。

西藏自治区：共新增 32 个硕士点，包括 11 个一级学科硕士点，21 个专业学位硕士类别，本轮增列后，共有 79 个硕士点，包括 40 个一级学科硕士点，39 个专业学位硕士类别。

辽宁省：共新增 31 个硕士点，包括 16 个一级学科硕士点，15 个专业学位硕士类别，本轮增列后，共有 640 个硕士点，包括 344 个一级学科硕士点，296 个专业学位硕士类别。

吉林省：共新增 30 个硕士点，包括 6 个一级学科硕士点，24 个专业学位硕士类别，本轮增列后，共有 420 个硕士点，包括 202 个一级学科硕士点，218 个专业学位硕士类别。

山西省：共新增 28 个硕士点，包括 7 个一级学科硕士点，21 个专业学位硕士类别，本轮增列后，共有 237 个硕士点，包括 114 个一级学科硕士点，123 个专业学位硕士类别。

青海省：共新增 28 个硕士点，包括 12 个一级学科硕士点，16 个专业学位硕士类别，本轮增列后，共有 94 个硕士点，包括 53 个一级学科硕士点，41 个专业学位硕士类别。

海南省：共新增 23 个硕士点，包括 7 个一级学科硕士点，16 个专业学位硕士类别，本轮增列后，共有 95 个硕士点，包括 45 个一级学科硕士点，50 个专业学位硕士类别。

天津市：共新增 15 个硕士点，包括 1 个一级学科硕士点，14 个专业学位硕士类别，本轮增列后，共有 365 个硕士点，包括 184 个一级学科硕士点，181 个专业学位硕士类别。

宁夏回族自治区：共新增 13 个硕士点，包括 5 个一级学科硕士点，8 个专业学位硕士类别，本轮增列后，共有 90 个硕士点，包括 46 个一级学科硕士点，44 个专业学位硕士类别。

全国共新增 1 658 个硕士点，包括 447 个一级学科硕士点，1 211 个专业学位硕士类别，本轮增列后，共有 13 261 个硕士点，包括 6 254 个一级学科硕士点,7 007个专业学位硕士类别。

分析本轮硕士点增列省域布局情况,江苏、山东、河南、广东四省的本轮增列数量最多,其中值得关注的是河南省和广东省,与两省现有硕士点数量比较,这两个省的硕士点增加幅度(增加数量/现有数量)位居前列,说明这两个省的高等教育呈现出高速发展的态势。硕士增加数量较多,将会为成为未来博士点增列的基础,提高所在省/自治区/直辖市未来的发展潜力。

还值得关注的是新增硕士点的类别情况,与博士点增列情况相比,新增硕士专业学位类别的数量远超一级学科硕士点,数量上要多764个,两者的比例为2.71∶1,再从全国硕士点总数来看,硕士专业学位类别在总数也已经超高了一级学科硕士点,两者的比例为1.12∶1。

聚焦到高校层面,本轮有22所高校的新增硕士点数量达到10个及以上,7所高校的新增硕士点数量达到12个及以上,分别为:

青海民族大学,共新增15个硕士点,包括5个一级学科硕士点,10个专业学位硕士类别。

石河子大学,共新增14个硕士点,包括4个一级学科硕士点,10个专业学位硕士类别。

常州大学,共新增12个硕士点,包括2个一级学科硕士点,10个专业学位硕士类别。

鲁东大学,共新增12个硕士点,包括4个一级学科硕士点,8个专业学位硕士类别。

临沂大学,共新增12个硕士点,包括3个一级学科硕士点,9个专业学位硕士类别。

郑州航空工业管理学院,共新增12个硕士点,包括1个一级学科硕士点,11个专业学位硕士类别。

西藏大学,共新增12个硕士点,包括3个一级学科硕士点,9个专业学位硕士类别。

新增硕士数量较多的高校明显提升了自己的高等教育办学实力,也为未来冲刺博士学位授权点打下了扎实基础。

(3)近两轮新增情况的省域态势

比较近两轮学位授权审核的增列情况。

新增学位单位方面,2017年(第十二批)新增博士学位授予单位28个,2020年(第十三批)为33个;2017年(第十二批)新增硕士学位授予单位29个,2020年(第十三批)为39个,可以看到2020年新增单位呈明显增加趋势。

新增博士学位点方面,2017年(第十二批)新增一级学科博士点649个,2020年(第十三批)为266个;2017年(第十二批)新增专业学位类别49个,2020年(第十三批)为94个,从两轮变化来看,非常明显的体现出向专业学位类别倾斜的趋势。

新增硕士学位点方面,2017年(第十二批)新增一级学科硕士点1 270个,2020年(第十三批)为447个;2017年(第十二批)新增专业学位类别887个,2020年(第十三批)为1 211个,从两轮变化来看,与博士学位点相比,硕士点在新增点层次的分布上已经基本达到预期,当然也同样明显的体现出向专业学位类别倾斜的趋势。

从近两轮新增学位授权总量上按省域进行比较,新增博士授权单位较多的省/自治区/直辖市为:浙江省(5个)、北京市(4个)、上海市(4个)和广东省(4个);新增硕士授权单位较多的省/自治区/直辖市为:浙江省(8个)、江苏省(6个)、北京市(4个)和广东省(4个);新增博士点较多的省/自治区/直辖市为:江苏省(83个)、广东省(79个)、北京市(59个)、上海市(58个)和浙江省(58个);新增硕士点较多的省/自治区/直辖市为:江苏省(277个)、浙江省(254个)、广东省(218个)。

(4) 近两轮进入公示但最后未增列情况

2017年(第十二批)公示34个博士学位授予单位、30个硕士学位授予单位,国务院学位委员会会议批准增列28个博士单位、29个硕士单位。有6个博士学位授权申请单位、1个硕士学位授权申请单位公示但未增列。6个博士学位授权申请单位为:安徽财经大学、河北工程大学、吉林师范大学、齐鲁工业大学、山西中医药大学、西华师范大学。1个硕士学位授权申请单位为天津中德应用技术大学。上述申请单位在2020年(第十三批)学位授权审核工作中,吉林师范大学、齐鲁工业大学成功成为博士学位授予单位,天津中德应用技术大学成功成为硕士学位授予单位。山西中医药大学再次得到省级推荐但未能增列成功,安徽财经大学、河北工程大学、西华师范大学未能得到省级推荐。

2020年(第十三批)中有1个博士点进入公示但未获增列,即四川师范大学的"戏剧与影视学"。有1个博士学位授予申请单位、2个硕士学位授予申请单位进入公示和公布名单,但未能通过加强建设的新增博士、硕士学位授予单位建设进展核查,博士学位授予申请单位为国际关系学院,对应学科为"政治学",硕士学位授予申请单位为鞍山师范学院,对应学科为"教育学";宁夏理工学院,对应学科为"电子信息""会计"。

本章参考文献

[1] 丁毅强,梁国雄.全国高校学位授权点数据统计分析[J].学位与研究生教育,2001(12):21-24.

[2] 我国学位和研究生教育大事记(1977—1983)[J].学位与研究生教育,1984(1):92-98.

[3] 王战军.中国学位与研究生教育40年(1978—2018)[M].北京:中国科学技术出版社,2018:210.

[4] 毛丽娟.终日乾乾,与时偕行:上海恢复研究生教育40年[M].上海:华东师范大学出版社,2019.

[5] 教育部.国务院学位委员会关于下达2017年审核增列的博士、硕士学位授权点名单的通知[EB/OL].(2018-03-22)[2023-03-13]. http://www.moe.gov.cn/srcsite/A22/yjss_xwgl/moe_818/201803/t20180326_331245.html.

[6] 教育部.国务院学位委员会关于下达2017年审核增列的博士、硕士学位授予单位及其学位授权点名单的通知[EB/OL].(2018-05-02)[2023-03-13]. http://www.moe.gov.cn/srcsite/A22/yjss_xwgl/moe_818/201805/t20180509_335457.html.

[7] 教育部.国务院学位委员会关于下达2020年审核增列的博士、硕士学位授权点名单的通知[EB/OL].(2021-10-26)[2023-03-13]. http://www.moe.gov.cn/srcsite/A22/yjss_xwgl/moe_818/202111/t20211112_579351.html

[8] 教育部.国务院学位委员会关于下达2020年审核增列的博士、硕士学位授予单位及其学位授权点名单的通知[EB/OL].(2021-10-26)[2023-03-13]. http://www.moe.gov.cn/srcsite/A22/yjss_xwgl/moe_818/202111/t20211112_579350.html.

[9] 中国研究生招生信息网.院校库[EB/OL].(2022-12-30)[2023-03-13]. https://yz.chsi.com.cn/sch/.

第六章

省域视角下我国大学学科建设水平研究

学科作为大学办学的重要组织层级,是直接承担人才培养、科学研究等高校主要职能的大学内设组织,对大学学科办学水平进行衡量,是大学整体办学水平的直观体现。对学科水平进行评价,已经成为高等教育评价的重要评价维度,无论是高等教育主管部门还是第三方评价机构以及社会各界,都高度关注大学学科评估情况。

我国目前存在多个层次的大学学科评估。

第一个层次,高等教育主管部门出于提高办学质量和绩效评价的目的所开展的学科评估,比如"双一流"建设成效评价,由教育部、财政部、国家发展改革委专门印发的《"双一流"建设成效评价办法(试行)》中指出,该评价是对高校及其学科建设实现大学功能、内涵发展及特色发展成效的多元多维评价,综合呈现高校自我评价、专家评价和第三方评价结果。该评价按不同评价方面、不同学校和学科类型,以区间和梯度分布等形式,呈现建设高校和建设学科的综合评价结果,不计算总分、不发布排名。值得注意的是,其评价结果是作为下一轮建设范围动态调整的主要依据,而对实施有力、进展良好、成效明显的建设高校及建设学科,加大支持力度;对实施不力、进展缓慢、缺乏实效的建设高校及建设学科,减少支持力度。

另外一个由高等教育主管部门推行的重要评估是学位授权点合格评估,学位授权点合格评估是我国学位授权审核制度和研究生培养管理制度的重要组成部分,分为专项合格评估和周期性合格评估。2020年11月11日,国务院学位委员会、教育部印发《学位授权点合格评估办法》,明确指出,新增学位授权点获得学位授权满3年后,均应当接受专项合格评估。周期性合格评估每6年进行一轮次,每轮次评估启动时,获得学位授权满6年的学位授权点和专项合格评估结果达到合格的学位授权点,均应当接受周期性合格评估。区别于竞争性评估,学位授权点合格评估是一种达标性评估,其目的在于对我国所有高校的所有学位授权点进行全覆盖式的达标性评估,确保所有学位点能够达到硕士学位点或博士学位点的基本办学要求,学位授权点合格评估遵循科学、客观、公正的原则,坚持底线思维,以研究生培养和学位授予质量为重点,学科条件保障与人才培养质量提升相统一。

第二个层次是由第三方开展大学学科版型水平评价。较具影响力的有,教育部学位与研究生教育发展中心对全国博士硕士学位授予权的一级学科进行整体水平的评估,截至 2022 年 12 月,已开展了四轮学科评估,形成了广泛的影响力。软科最好学科排名由第三方高等教育评价专业机构软科每年发布,获得高等教育界及社会各界的广泛认可和关注。世界四大大学排名美国 U.S.News 世界大学排名、英国 QS 世界大学排名、英国 THE 泰晤士高等教育世界大学排名、中国软科世界大学学术排名均会发布世界大学学科排名,世界范围内的大学学科排名将在下一个章中进行研究。

6.1 学科评估的历史发展及其指标体系

学科评估是教育部学位与研究生教育发展中心(简称学位中心)按照国务院学位委员会和教育部颁布的《学位授予和人才培养学科目录》(简称学科目录),对全国博士硕士学位授予权的一级学科进行整体水平的评估。学科评估是学位中心以第三方方式开展的非行政性、服务性评估项目,2002 年首次开展,至 2022 年 12 月已完成四轮,第五轮正在开展中。

6.1.1 第一轮学科评估

第一轮学科评估从 2002 年到 2004 年陆续公布了 80 个学科的评估结果,形成了人文社科、理学、工学、农学、医学五类学科评估指标体系,一级指标分为学术队伍、科学研究、人才培养和学术声誉四项,采用客观评估和主管评估相结合的方法进行评估。客观数据来源于各学位授予单位填报并确认的基本数据表,以及教育部、科技部、国家知识产权局、中国科学院文献情报中心、南京大学中国社会科学研究评价中心等公共信息源。学术声誉来源于同行专家反馈的声誉调查信息,将客观数据和学术声誉调查得分根据指标体系加权平均,计算出每个学科点的综合得分及排名。

本轮评估有两个特点:一是为了公平公正,将参加评估学科的数据在网上适度公布,接受相关单位的查询与质疑,全面核实评估信息,提高评估信息的可靠性；二是每个学科的学术声誉调查专家数量达到100人。

第一轮学科评估的指标体系分为文、理、工、农、医五类，是由一级指标和二级指标组成的两级评价体系，共包括4个一级指标和12个二级指标[1]，具体如下：

一级指标"学术队伍"，包括3个二级指标，分别为：

① 具有博士学位的教师和具有硕士学位的教师在全部专职教师和研究人员中的占比；② 院士人数；③ 长江学者人数。

一级指标"科学研究"，包括4个二级指标，分别为：

① 科研条件（仅对理、工、农类）；② 获奖情况；③ 发表学术论文情况；④ 科研项目情况。

一级指标"人才培养"，包括4个二级指标，分别为：

① 获国家优秀教师成果奖情况；② 学生情况；③ 三年期间授予学位的研究生在校期间人均发表学术论文篇数；④ 全国优秀博士学位论文数。

一级指标"学术声誉"，包括1个二级指标，即学术声誉调查得分情况。

6.1.2 第二轮学科评估

第二轮学科评估于2006年启动，全国共有331个单位的2 369个一级学科自愿申请参加，参加学科数比第一轮增加了77%，第二轮学科评估分两个批次完成，其中第一批次31个一级学科评估结果于2007年公布，第二批次50个一级学科的评估结果于2009年公布。

学位中心开展第二轮学科评估工作是以服务社会和学位授予单位为宗旨，对评估结果及反映学科发展状态的数据进行挖掘分析，提供学科评估分析报告，为单位了解学科发展的优势与不足、分析学科发展的内在规律、进行学科规划与建设提供参考，通过公布评估结果，为社会了解学科水平和发展状况信息、为学生选报学科、专业提供参考。当然，学科评估结果只是从一个方面反映学科的整体水平，社会各界要正确、客观地看待和使用评估结果。[2]

第二轮学科评估的指标体系分为人文社科、理学、工学、农学、医学和管理学六类，由一级指标、二级指标和三级指标组成的三级评价体系，共包括3个一级指标、8个二级指标和24个三级指标，具体如下：

一级指标"学术队伍"，包括2个二级指标，即"教师情况""专家情况"。

"教师情况"包括两个三级指标：

① 专职教师及研究人员总教；② 具有博士学位人员占专职教师及研究人员比例。

"专家情况"包括两个三级指标：

① 院士人数；② 有其他"头衔"的人才数。

一级指标"科学研究"，包括 4 个二级指标，即"科研基础""获奖专利""论文专著""科研项目"。

"科研基础"包括 2 个三级指标：

① 国家重点学科、国家重点实验室、国防科技重点实验室、国家工程技术研究中心、国家工程研究中心、教育部人文社科基地数；② 省部级重点学科、省部级重点实验室、省级人文社科基地数。

"获奖专利"包括 4 个三级指标：

① 获国家三大奖、教育部高校人文社科优秀成果奖数；② 获省级三大奖及"最高奖"、省级哲学（人文）社科优秀成果奖数；③ 获中华医学科技奖、中华中医药科技奖数（仅对"医学"类）；④ 获发明专利数（仅对"工学、农学、医学"类）。

"论文专著"包括 5 个三级指标：

① CSCD 或 CSSCI 收录论文数；② 人均 CSCD 或 CSSCI 收录论文数；③ SCI、SSCI、AHCI、EI 及 MEDLINE 收录论文数；④ 人均 SCI、SSCI、AHCI、EI 及 MEDLINE 收录论文数；⑤ 出版学术专著数。

"科研项目"包括 4 个三级指标：

① 境内国家级科研项目经费；② 境外国际合作科研项目经费；③ 境内国家级及境外合作科研项目数；④ 人均科研经费。

一级指标人才培养，包括两个二级指标，即"奖励情况""学生情况"。

"奖励情况"包括两个三级指标：

① 获国家优秀教学成果奖数；② 获全国优秀博士学位论文数。

"学生情况"包括 3 个三级指标：

① 授予博士学位数；② 授予硕士学位数；③ 目前在校攻读博士、硕士学位的留学生数。

与第一轮学科评估相比，第二轮学科评估的指标体系有较大变动，一是从二级指标体系改为三级指标体系,评价体系更为完整全面;二是末级指标从第一轮的 12 个(二级指标)增加为第二轮的 23 个(三级指标),数量上翻了一番,即评价的范围更为广阔,相对而言,能够得到更为客观的学科水平评价结果;三是参评单位和学科大幅度增加,学科评估的整体影响力进一步提升。

6.1.3 第三轮学科评估

第三轮学科评估于 2011 年 12 月启动,2012 年 1 月底,教育部学位与研究生教育发展中心正式发布评估结果,该轮评估在 95 个一级学科中进行(不含军事学门类)。评估对象是具有研究生培养学位授予资格的一级学科,以高等学校为主,兼顾科研院所。共有 391 个单位的 4 235 个学科参加评估,学科参评率比上一轮增长 79%。全国高校中,国家重点学科的参评率为 93%,博士一级授权学科的参评率为 80%。[3]

此轮学科评估有三个目的:一是服务大局,贯彻落实《国家中长期教育改革和发展规划纲要(2010—2020 年)》提出的"鼓励专门机构和社会中介机构对高等学校学科、专业、课程等水平和质量进行评估"的精神,服务研究生教育"提高质量、优化结构、鼓励特色、协同创新"的大局;二是服务高校,通过对学科建设成效和质量的评价,帮助高校了解学科现状、优势与不足,促进学科内涵建设,提高研究生培养和学位授予质量;三是服务社会,提供客观的学科水平信息,为学生选报学校、学科和社会人才流动提供参考。

本轮学科评估采用"客观评价与主观评价相结合、以客观评价为主"的指标体系,包括"师资队伍与资源""科学研究水平""人才培养质量"和"学科声誉"4 个一级指标,指标权重全部由参与学科声誉调查的约 5 000 名专家确定。根据教育部"提高高等教育质量三十条""2011 协同创新计划"和"研究生教育综合改革"等有关精神,第三轮评估广泛征求各方意见,指标设置突出"质量、成效、特色",在各方普遍关注的"学生评价""论文评价""科研评价""特色评价"等方面进行改革创新,倡导新的"学科评价质量文化"。本轮评估指标体系有以下五大改革措施:

一是强调质量,淡化规模,树立学科评价的正确导向。为全面贯彻落实以质量为核心的精神,引导参评单位树立注重质量的良好氛围,本轮评估全面改革排名性评估的一般做法，采用多项代表性指标代替总量指标，同时对规模指标设置数量上限，克服单纯追求规模的倾向，在"比总量"和"比人均"之间找到"比质量"这个平衡点。

二是创新学生质量评价模式，开创学生质量评价的新视角。改革人才评价方式，强调学生为本，注重在学生培养质量与毕业后发展质量方面相结合的评价理念。引入用人单位对"学生毕业后质量跟踪评价"；新增"学生派出留学、交流"指标，鼓励对学生培养的投入；首次引入"全国博士学位论文抽检情况"指标，促进博士学位论文质量全面提高。

三是创新学术论文评价模式，营造学术论文评价的良好氛围。以"SCI论文数"单一指标评价学术论文的做法早已饱受诟病。本轮评估首次采用"定量与定性""质量与数量""国内与国外"相结合的"多维度学术论文评价"方法。如将论文"他引次数"及"ESI高被引论文数"与"最新发表的高水平期刊论文"同时纳入评价指标等，创立了学术论文评价的新质量文化。

四是改革科研成果评价模式，强调学科的社会服务能力。强调专利成果的转化与应用，鼓励专利成果为社会经济建设服务。同时，在主观评价部分增加了社会服务和学术道德等内涵，邀请大量行业和企业人士及所有参评单位本学科专家对学科的社会声誉进行全面评价，形成了"崇尚创新、重视质量、社会参与"的科研评价新模式。

五是分类设置指标体系，突出学科特色，强化分类指导。进一步分门类、分学科设置指标体系，对特色一级学科设置特色指标，克服评估趋同导向。如对艺术类、建筑类、体育、工商管理等学科，设置"艺术创作水平""建筑设计水平""学生体育比赛获奖""优秀案例"等特色指标，鼓励不同学科办出特色。

第三轮评估工作程序共包括五个步骤。

一是数据采集。数据采集包括"公共数据采集"与"单位材料报送"两部分。学位中心通过教育部、科技部、国家自然科学基金委、有关教指委、学会等官方数据源获取公共数据；通过参评单位申报获取参评学科数据。

二是数据核实。评估数据真实性是评估结果可靠性的重要保证。数据核查主要包括四个方面：一是按数据采集标准，对单位填报数据进行筛查；二是开发专门系统，对多单位、多学科重复填写的数据进行核查；三是利用学位中心构建的公共信息库,开发专门系统对填报数据进行核对;四是对发表学术论文等数据进行抽查。此项工作是学科评估最重要的环节之一,核查反馈材料多达近万页。

三是信息公示。在确保国家信息安全的前提下,对单位填报的部分信息在参评单位范围内进行网上信息公示,接受各方异议,并对异议情况再按评估标准进行确认。

四是专家问卷调查。学科评估借鉴国内外经验,采用"客观评价和主观评价相结合"的评价模式,邀请专家对学科声誉、学术道德、社会贡献与学生毕业后质量等方面进行主观评价。主观评价通过"问卷调查"方式进行,每个学科参与调查的专家一般为50~100人。本次评估除邀请本学科专家外,还特邀了部分来自教育部、科技部、文化部(现为文化和旅游部)、国家自然科学基金委等30多个部委及大型企业的近500名行业、企业界人士。

五是结果统计与发布。学科评估结果按照"精确计算、聚类统计"的原则产生。本轮评估首先按指标体系精确计算得到的原始得分,然后改变以往"四舍五入取整"产生并列排位的做法,采用"聚类统计"算法,将原始得分相近的聚为一类,使得分类更科学、同一类并列的单位更多,从而淡化名次,引导单位更加关注学科建设的优势与不足。考虑到科研院所的特殊情况,高校和科研院所评估数据进行统一计算,公布时分别排列。

评估结果显示,国家重点建设投入和高校加强学科建设成果显著,评估结果前五位的学科中,超过75%是国家重点学科,其中"985工程"高校占73%,"211工程"高校占84%。通过此次评估,促进了大学学科建设,让学生、家长和社会了解高校、科研机构的教育能力和人才培养水平,进而提高研究生培养和学位授予质量。与前两轮评估相比,传统学科评估结果相对稳定,新兴学科有一定波动,而一些学科内涵界定比较宽泛的学科评估结果变化相对较大。此外,国家新学科目录调整对促进学科特色发展初见成效,分类特色指标体系也比较科学地反映出特色高校学科建设成效,专业院校得分明显提升,如中国传媒大学的"戏剧与影视学"、东华大学的"纺织科学与工程"、江南大学的"食品科学与工程"、四川大学的"口腔医学",学科整体水平得分均居参评高校首位。通过此次学科评估,帮助高校对学科进行了全面体检。此次评估的整体性、权威性和导向性,对高校发展有基础性、长效性的作用。

第三轮学科评估的指标体系分为"人文社科""理工农医""管理统计"和"计算机"四类,是由一级指标、二级指标组成的两级评价体系,共包括4个一级指标、17个二级指标,具体如下:

一级指标"师资队伍与资源",包括4个二级指标:

① 专家团队情况:院士、"海外高层次人才引进计划"入选者、长江学者、国家杰出青年科学基金获得者、百千万人才工程国家级人选、国家级教学名师、马克思主义理论研究和建设工程首席专家、"四个一批"人才、教育部新世纪人才以及国家自然科学基金委员会创新群体、教育部创新团队;体育学科还包括符合相关规定的优秀运动员、教练员、裁判员。② 师生比:本学科专职教师和研究人员总数与在册学生总数之比。③ 专职教师情况:本学科专职教师和研究人员总数,且设有上限。④ 重点学科、重点实验室情况。

一级指标"科学研究水平",包括6个二级指标:

① 代表性学术论文质量:国内外收录的具有代表性的学术论文的他引次数及ESI高被引论文情况(不针对体育及艺术类);提供规定篇数的高水平学术论文,由专家进行主观评价(不针对体育及艺术类);在SSCI及CSSCI、CSCD源期刊上人均发表的学术论文数(仅对"人文社科""管理""艺术"类)计算机A类论文数(仅对计算机类)。② 科学研究获奖情况。③ 出版学术专著或转化成果专利情况:部分学科考察出版学术专著情况,部分学科考察成果专利转化情况。④ 代表性科研项目情况(含人均情况)。⑤ 艺术创作水平(仅对"艺术"类,不含艺术学理论)。⑥ 建筑设计水平(仅对"建筑"类)。

一级指标"人才培养质量",包括6个二级指标:

① 教学与教材质量:国家级和省级优秀教学成果奖;国家级规划教材与精品教材情况;优秀案例情况(仅对工商管理学科)。② 学位论文质量:全国优秀博士学位论文入选论文与提名论文数,及计算机学会优博论文数(仅对计算机学科)或MPA优秀专业硕士学位论文数(仅对公共管理学科);全国博士学位论文抽检情况。③ 学生国际交流情况。④ 学生体育比赛获奖(仅对"体育"类)。⑤ 优秀在校生及毕业生情况。⑥ 授予学位数(设置上限)。

一级指标"学科声誉",对应的二级指标为"学科声誉"(含学术声誉、社会贡献、学术道德等)。

第三轮学科评估与第二轮相比,新设立了师生比指标,淡化了博士学位占比。本轮评估中,科研论文要求为代表性期刊论文及他引,国内限填 20 篇,国际限填 30 篇,近五年 ESI 高引论文,*Nature* 和 *Science* 单列。专利方面仅填入发生实际转化的。国内论文他引方面,中国知网(CNKI)专门开发了学科评估检索数据库,为只去除第一作者的不完全他引。这些在 2008 年第二轮评估中只需填入数量(含人均论文数),及 EI 和 SCI 或 CSCD 检索结果。第三轮评估和第二轮评估中的论文归属都以通讯作者单位界定,第三轮的简表则需要填入第一作者和通讯作者。2008 年第二轮中专利数据也不限数量及转化与否。科研项目方面,第三轮评估中重要(横向)项目可最多可填 30 项,而第二轮不作限制。第三轮比第二轮主要增加了"规划教材"一项,同时强化了学生国际交流指标(含派出和国外留学生)。学科简介之后增加了"优秀毕业生简介"。第三轮评估的指标体系中强调了博士论文抽检情况。

6.1.4 第四轮学科评估

第四轮学科评估于 2016 年 4 月启动,按照"自愿申请、免费参评"原则,采用"客观评价与主观评价相结合"的方式进行。第四轮评估于 2016 年在 95 个一级学科范围内开展(不含军事学门类等 16 个学科),共有 513 个单位的 7 449 个学科参评(比第三轮增长 76%),全国高校具有博士学位授予权的学科有 94% 申请参评。[4]

本轮评估的评估目的与上轮相近。一是服务大局。贯彻落实国家研究生教育发展方针,展示我国学科发展成就,建立学科评价的中国标准和中国模式,服务研究生教育"提高质量、优化结构、鼓励特色、内涵发展"的大局。二是服务高校。通过对学科建设成效和质量的评价,帮助高校了解学科优势与不足和发展过程中不平衡不充分的情况,促进学科内涵建设,提高学科水平和人才培养质量。三是服务社会。满足社会对教育质量的知情需求,为社会各界了解和分析学科水平与质量信息提供服务。

第四轮学科评估深入贯彻研究生教育综合改革精神,按照"人才为先、质量为要、中国特色、国际影响"的价值导向,在继承前三轮评估指标体系基本框架的基础上,经广泛调研论证形成了第四轮学科评估指标体系。

本轮的指标体系方面,第三轮学科评估结果发布后,学位中心进行广泛深入的调研论证工作。

一是委托课题专项研究。2013年在中国学位与研究生教育学会专门设立"学科评估指标体系研究"重点课题,组织力量开展专项研究。

二是深入一线广泛调研。先后在16个省市召开了18场全省范围内的指标体系调研会,当面听取了200余所高校的800余名专家、校长及40余位省/自治区/直辖市教育主管部门代表的意见建议。

三是集中开展专题咨询。召开医学类、艺术类、农林类和国防等特色学科的毕业生质量、师资队伍评价等指标相关的专题研讨会,听取了100多位专家的意见建议。四是吸取"代表委员"和社会人士意见。认真梳理、研究和吸收了全国"两会"代表委员和社会人士、有关媒体关于学科评估的意见建议。

本轮评估结果按分档方式呈现,具体方法是按学科整体水平得分的百分位位次,将前70%的学科分9档公布:前2%(或前两名)为A+,2%~5%为A(不含2%,下同),5%~10%为A-,10%~20%为B+,20%~30%为B,30%~40%为B-,40%~50%为C+,50%~60%为C,60%~70%为C-。70%后的没有公布。

第四轮学科评估的指标体系共设置人文、社科、理工、农学、医学、管理、艺术、建筑、体育等9套指标体系框架,是由一级指标、二级指标、三级指标组成的三级评价体系,具体如下:

一级指标"师资队伍与资源",包括3个二级指标:"师资队伍质量""师资数量""支撑平台"。

"师资队伍质量"指的是师资队伍的年龄、学缘、学历、职称结构和海外经历等,提供限定数量的骨干教师(其中青年教师不少于6名)情况(年龄、学科方向、学术头衔、学术兼职等情况)和团队情况,由专家对师资队伍的水平、结构和国际化等情况进行综合评价。

"师资数量"指的是专任教师总数(设置上限)。

"支撑平台"指的是重点实验室、基地、中心(仅对"理工""农学""医学"类)。

一级指标"人才培养质量",包括3个二级指标:"培养过程质量""在校生质量""毕业生质量"。

"培养过程质量"包括3个三级指标:

① 课程教学质量;② 导师指导质量(试点);③ 学生国际交流。

"在校生质量"包括 4 个三级指标：

① 博士生学位论文质量；② 优秀在校生（"体育"类除外）；③ 授予学位数（设置上限）；④ 学生体育比赛获奖（仅限"体育"类）。

"毕业生质量"包括 2 个三级指标：

① 优秀毕业生；② 用人单位评价（试点）（"艺术""体育""建筑"类除外）。

一级指标"科学研究水平"，包括 4 个二级指标："科研成果""科研获奖""科研项目（含人均情况）""建筑设计获奖（仅对"建筑"类）"。

"科研成果"包括 3 个三级指标：

① 学术论文质量；② 出版专著（仅对"人文""社科""管理（含统计学）""建筑"类）/专利转化（仅对"理工""农学"类）/专利转化与新药研制（仅对"医学"类）/专著专利（仅对"艺术"类）；③ 出版教材。

一级指标"社会服务与学科声誉"，包括 2 个二级指标："社会服务特色与贡献""学科声誉"。

指标中注明为试点的，主要体现导向，在评估中权重较小。

与上轮相比，本轮评估指标体系又有明显变化。比如，在教师数上设置上限，达到上限值不再加分，克服唯数量倾向。本轮评估人文社会学科不再单列"支撑平台"定量指标，但可在学科简介中予以充分体现。首次试点开展大规模用人单位调查，将高校人才培养质量的话语权拓展到教育系统之外。代表性论文方面，要求必须包含一定比例的国内期刊，特别是哲学社会科学学科，以鼓励优秀成果优先在国内期刊发表。"科研获奖"除关注国家和省级政府设奖外，本次评估采纳了调研共识，选取部分在领域具有广泛共识、对行业具有突出影响的社会力量设奖，丰富了指标内涵。首次增加社会服务贡献类相关指标，通过各学科提供的服务经济社会建设总体情况和若干代表性案例，体现不同地区、不同类型单位服务社会的特色与贡献，克服"一把尺"评价的弊端。学科声誉评估的专家组成方面，引入部分行业、企业专家，并在部分理工学科试点引入海外专家评价学科的国际声誉。

本轮评估程序共包括七个步骤。

一是信息采集。信息采集包括"公共数据采集"和"单位材料报送"两个环节。学位中心在评估工作启动前通过国家自然科学基金委等有关部门和第三方数据提供商等获取公共数据，再通过参评学科严格按照数据填报标准提供其他评估信息。

二是信息核实与公示。评估信息真实性是结果可靠性的重要保障。学位中心通过四个步骤核实相关信息：一是通过证明材料核查、公共数据比对、重复数据筛查等举措，对申报信息进行全面核查；二是在确保国家信息安全的前提下对部分材料进行网上公示，接受同行监督；三是将核查结果与公示异议反馈给各单位进行核实确认；四是对重点数据进行抽查，对发现问题较多的高校加大抽查核实力度。

三是主观评价。主观评价包括问卷调查、专家评议和声誉调查三部分。一是对学生和用人单位进行大规模网络问卷调查；二是邀请同行专家对"师资队伍质量""优秀在校生""优秀毕业生""学术论文质量""社会服务贡献"等主观指标进行"基于客观事实的主观评价"；三是邀请同行专家和行业、企业专家进行学科声誉调查，同时还首次邀请海外同行专家对"数学""物理学""化学""机械工程""计算机科学与技术""材料科学与工程"等 6 个学科试点进行国际声誉调查。本次评估共有 13 000 多名同行专家、23 万名学生和 15 万名用人单位联系人参与了主观评价。

四是权重确定。学位中心采用专家法和德尔斐法相结合的方法，遵循严格的程序分"三步走"确定指标权重。第一步，学位中心参考上轮指标权重和本轮评估改革理念，形成指标权重设定基本考虑和权重"初值"；第二步，召开专家研讨会，确定指标权重设定原则和权重"参考值"；第三步，在每个参评学科至少挑选一位专家(实际邀请专家近 9 000 名)，根据权重设置原则和"参考值"给出各自的建议权重，学位中心通过求平均得到 95 个学科的最终权重。

五是结果产生。学科评估采用"客观评价与主观评价相结合"的指标体系。一是客观指标，经数据全面核查和修订后，按照"线性规划法"计算得到各末级指标得分。对于专任教师数、授予学位数等规模指标设置上限，达到上限值则得分相同；对于省/自治区/直辖市一级的奖励，将不同省/自治区/直辖市的设奖总数与研究生培养规模进行标准化处理。二是主观指标，分别邀请同行专家与行业专家、在校学生、用人单位代表对不同指标分别进行评价，得到各末级指标得分。然后再根据指标权重加权得出二级指标、一级指标和整体水平得分。

六是结果公布。第四轮评估结果按照"精准计算、分档呈现"的原则公布。根据"学科整体水平得分"的位次百分位,将排位前70%的学科分为9档公布:前2%(或前2名)为A+,2%～5%为A(不含2%,下同),5%～10%为A-,10%～20%为B+,20%～30%为B,30%～40%为B-,40%～50%为C+,50%～60%为C,60%～70%为C-。考虑到科研院所等单位的特殊性,按惯例仍与高校评估结果分别呈现。同时,首次对外公布我国学科建设主要成就,以展示党的十八大以来我国学科建设的蓬勃发展。为促进高校全面了解学科建设整体情况,本轮评估首次为参评高校提供"学科优秀率"(即A档学科占全校博士硕士授权学科数的比例),以帮助学校发现学科布局问题,警示"摊大饼"式盲目扩张。

七是咨询服务。通过学科评估,学位中心建立了我国目前最精准、最完备的学科大数据库,体现了我国学科建设的重大进步,特别是党的十八大以来取得的巨大成就。学位中心将按评估初衷进行多类型、深层次的数据挖掘,为各级政府、参评单位提供多元化的学科分析研究报告,统计学科核心指数,揭示学科发展规律,展现学科发展成就,为促进学科内涵建设提供服务。

6.2 省域视角下大学学科评估水平态势

第三轮和第四轮学科评估是到目前为止正式公布评估结果的最近两轮学科评估,对这两类学科评估结果进行统计研究,并按行政区划进行分类,其结果对于判断和衡量我国省/自治区/直辖市一级高等教育尤其是研究生教育的发展水平有重要价值。

在此之前,需要统一第三轮和第四轮学科评估的成绩评价方式,由于第三轮学科评估公布的是具体名次,而四轮评估首次采用"分档"的方式公布评估结果,不公布得分、不公布名次,不强调高校之间精细分数的差异和排名次序的前后,而是采用按百分位进行分档的方式。对第三轮学科评估结果即学科具体位次按照第四轮评估结果的分档形式进行折算,从而对两轮学科评估形成可比较的统计方式。按照A+学科数量进行排序,第三轮学科评估表现最为优秀的前15个省/自治区/直辖市为(A档学科比例=A档学科数/上榜学科总数):

北京市：共有139个A档学科，其中A+学科98个，A学科15个，A-学科26个，C-以上即上榜学科总数435个，A档学科比例为32%。

上海市：共有61个A档学科，其中A+学科22个，A学科11个，A-学科28个，C-以上即上榜学科总数275个，A档学科比例为22%。

江苏省：共有51个A档学科，其中A+学科25个，A学科5个，A-学科21个，C-以上即上榜学科总数318个，A档学科比例为16%。

湖北省：共有35个A档学科，其中A+学科13个，A学科3个，A-学科19个，C-以上即上榜学科总数261个，A档学科比例为13%。

浙江省：共有25个A档学科，其中A+学科7个，A学科4个，A-学科14个，C-以上即上榜学科总数168个，A档学科比例为15%。

四川省：共有11个A档学科，其中A+学科7个，A-学科4个，C-以上即上榜学科总数126个，A档学科比例为9%。

湖南省：共有15个A档学科，其中A+学科6个，A-学科9个，C-以上即上榜学科总数110个，A档学科比例为14%。

安徽省：共有13个A档学科，其中A+学科6个，A学科3个，A-学科5个，C-以上即上榜学科总数69个，A档学科比例为19%。

黑龙江省：共有13个A档学科，其中A+学科6个，A学科4个，A-学科3个，C-以上即上榜学科总数96个，A档学科比例为14%。

陕西省：共有12个A档学科，其中A+学科5个，A学科2个，A-学科5个，C-以上即上榜学科总数165个，A档学科比例为7%。

天津市：共有19个A档学科，其中A+学科5个，A学科2个，A-学科12个，C-以上即上榜学科总数109个，A档学科比例为17%。

广东省：共有17个A档学科，其中A+学科3个，A学科1个，A-学科13个，C-以上即上榜学科总数104个，A档学科比例为16%。

山东省：共有8个A档学科，其中A+学科3个，A学科1个，A-学科4个，C-以上即上榜学科总数116个，A档学科比例为7%。

辽宁省：共有8个A档学科，其中A+学科1个，A学科1个，A-学科6个，C-以上即上榜学科总数186个，A档学科比例为4%。

福建省：共有4个A档学科，A学科3个，A-学科1个，C-以上即上榜学科总数66个，A档学科比例为6%。

同样的,按照 A+学科数量进行排序,第四轮学科评估表现最为优秀的前 15 个省/自治区/直辖市为(A 档学科比例=A 档学科数/上榜学科总数):

北京市:共有 188 个 A 档学科,其中 A+学科 89 个,A 学科 39 个,A-学科 60 个,C-以上即上榜学科总数 597 个,A 档学科比例为 31%。

上海市:共有 91 个 A 档学科,其中 A+学科 26 个,A 学科 27 个,A-学科 38 个,C-以上即上榜学科总数 350 个,A 档学科比例为 26%。

江苏省:共有 80 个 A 档学科,其中 A+学科 23 个,A 学科 17 个,A-学科 40 个,C-以上即上榜学科总数 466 个,A 档学科比例为 17%。

湖北省:共有 52 个 A 档学科,其中 A+学科 14 个,A 学科 10 个,A-学科 28 个,C-以上即上榜学科总数 307 个,A 档学科比例为 17%。

浙江省:共有 44 个 A 档学科,其中 A+学科 13 个,A 学科 11 个,A-学科 20 个,C-以上即上榜学科总数 211 个,A 档学科比例为 21%。

湖南省:共有 25 个 A 档学科,其中 A+学科 7 个,A 学科 3 个,A-学科 15 个,C-以上即上榜学科总数 199 个,A 档学科比例为 13%。

安徽省:共有 16 个 A 档学科,其中 A+学科 7 个,A 学科 3 个,A-学科 6 个,C-以上即上榜学科总数 148 个,A 档学科比例为 11%。

陕西省:共有 27 个 A 档学科,其中 A+学科 6 个,A 学科 7 个,A-学科 14 个,C-以上即上榜学科总数 263 个,A 档学科比例为 10。

黑龙江省:共有 23 个 A 档学科,其中 A+学科 6 个,A 学科 6 个,A-学科 11 个,C-以上即上榜学科总数 159 个,A 档学科比例为 14%。

四川省:共有 27 个 A 档学科,其中 A+学科 5 个,A 学科 2 个,A-学科 20 个,C-以上即上榜学科总数 199 个,A 档学科比例为 14%。

广东省:共有 31 个 A 档学科,其中 A+学科 4 个,A 学科 3 个,A-学科 24 个,C-以上即上榜学科总数 255 个,A 档学科比例为 12%。

山东省:共有 10 个 A 档学科,其中 A+学科 3 个,A 学科 2 个,A-学科 5 个,C-以上即上榜学科总数 235 个,A 档学科比例为 4%。

天津市:共有 31 个 A 档学科,其中 A+学科 2 个,A 学科 9 个,A-学科 20 个,C-以上即上榜学科总数 151 个,A 档学科比例为 21%。

福建省:共有 11 个 A 档学科,其中 A+学科 1 个,A 学科 4 个,A-学科 6 个,C-以上即上榜学科总数 141 个,A 档学科比例为 8%。

辽宁省：共有15个A档学科，其中A学科5个，A—学科10个，C—以上即上榜学科总数251个，A档学科比例为6%。

对第三轮学科评估结果即学科具体位次按照第四轮评估结果的分档形式进行折算后，第三轮学科评估共有207个A+学科，而第四轮学科评估共有206个A+学科，由于第四轮学科评估的参评学校和学科数量的增长，A+学科以外其他档次的学科会随之增长，从A+学科的数量上来看，两轮学科评估结果是可比的，同样综合考虑各个档次的学科数量情况，就可以对我国省/自治区/直辖市一级层面的高等教育水平进行横向比较。

我们基于学科评估A档学科数量进行的省级层面比较，关注的是我国省级层面高等教育的顶尖水平。这是由于在科学研究领域，呈现非常明显的帕累托法则(Pareto Optimality)。

帕累托法则，或者称为二八法则，是由美国管理学家约瑟夫·朱兰(Joseph M. Juran)，根据意大利经济学家、社会学家维尔弗雷多·帕累托(Vilfredo Pareto)当年对意大利20%的人口拥有80%的财产的观察而得推论出来的。该定律的核心观点是，在某个事件里，即使只有20%的因素也会产生80%的影响。除了法则本身来源的人口财产分配外，其他典型案例诸如从企业的角度来说，80%的营业额来源于20%的企业产品，20%的企业客户所产生的利润往往占企业总利润的80%，也能充分验证该法则的普遍适用性。当前世界是知识生产价值链高度贯通的时代，产学研紧密连接，高等教育领域同样呈现出高度的帕累托法则。

世界大学排名中的帕累托法则。在我国整个高等教育体系中，也就是全国高校中，只有20%的学校能够较高程度地活跃于世界舞台，产出80%的学术成果。比如，在2022软科世界大学学术排名中，我国共有163所大学上榜，而教育部公布的2022年全国普通高校名单中，共有1 207所本科院校，即我国有14%的高校能够跻身世界前1 000名。

高校办学经费中的帕累托法则。从全国790所公办本科高校正式对外公布的2022年预算经费数据来看，2022年共有20所高校预算经费超过100亿元，有48所高校超过50亿元，前10位的高校依次为：清华大学、浙江大学、北京大学、上海交通大学、中山大学、复旦大学、哈尔滨工业大学、北京航空航天大学、中国科学技术大学、西安交通大学[5]。在已公布年度预算的高校中，经费最多的教育部直属高校为清华大学,年度经费预算为362.11亿元,位列全国第一;工信部直属高校中预算经费最多的为哈尔滨工业大学,年度经费预算为144.18亿元。排名前五十的高校中,深圳大学(不含附属医院)的年度经费预算达56.39亿元,位列全国高校第四十一位,广州大学的年度经费预算为49.33亿元,位列全国高校第四十九位,在一众地方高校中脱颖而出。全国790所高校的年度预算经费总额约为12 000亿元,而前20%的高校,即158所高校的年度预算经费约为7 800亿元,约占预算经费总额的65%,前2.5%的高校,即20所高校的年度预算经费约占预算经费总额的26%,头部效应非常明显。因此,层级高等教育水平的比较,最重要的就是比较顶尖高校和顶尖学科的情况,这是符合帕累托法则的。

学科评估中的帕累托法则。在学科评估中,同样符合帕累托法则,我国共有34个省/自治区/直辖市,第三轮学科评估中,前7个省/自治区/直辖市(占比为20%)的A+学科数为178个,占所有A+学科数的86%;第四轮学科评估中,前7个省/自治区/直辖市的A+学科数为179个,占所有A+学科数的87%。

两轮学科评估都体现出,北京市是我国高等教育当之无愧的巅峰和高地。北京市是我国高等教育最发达的城市,北京市拥有最多和最好的高等教育资源。教育部公布的《全国普通高等学校名单》(截至2022年5月)显示,北京市的本科高校多达67所,其中公办本科61所,民办本科6所。部属高校有39所,占全部部属高校的三分之一还多,北京市市属高校28所。北京市有"985"高校8所,"211"高校26所,"双一流"高校34所,北京大学、清华大学、中国人民大学、北京航空航天大学、北京师范大学、中国农业大学等都是各自领域的佼佼者。在两轮学科评估中,北京市高校的A+学科数量都占到全市总数的40%以上,体现出极强的顶尖学科实力,头部效应明显。

近两轮学科评估中,上海市高校的A+学科数量稳居全国各省/自治区/直辖市的前列,仅次于北京市,与江苏省相当,位于第二个层次。教育部公布的《全国普通高等学校名单》(截至2022年5月)显示,单从本科高校数量看,上海市有高校40所,除北京市之外,比武汉市、西安市还要少一点,但上海市高校的实力无疑是仅次于北京市,位居第二的。从办学性质看,40所高校中有公办本科31所,民办本科8所,中外合作办学1所。从主管部门看,有部属高校9所，上海市市属高校31所。上海市有4所"985"高校：复旦大学、上海交通大学、同济大学、华东师范大学，有9所"211"高校，有14所"双一流"高校。近两轮的A＋学科数量分别为22个和26个，尤其值得注意的是，上海高校的A和A－学科数量增加明显，体现出较强的发展潜力。

江苏省高校在近两轮学科评估中同样表现优秀，其A＋学科数量与上海市相当，仅次于北京市，位于第二个层次。教育部公布的《全国普通高等学校名单》（截至2022年5月）显示，江苏共有78所本科高校，包括10所部属高校，即7所教育部直属高校，2所工业和信息化部直属高校，1所公安部直属高校，68所省属高校。此外，江苏省有25所民办高校，2所中外合作办学。江苏省有2所"985"高校，即南京大学、东南大学，11所"211"高校，16所"双一流"高校。江苏省高校近两轮的A＋学科数量分别为25个和23个，值得注意的是，江苏省高校的A和A－学科数量增加明显，体现出较强的发展潜力。在第四轮学科评估中，需要关注的是，第四轮学科评估采用了绑定参评的原则，同一学科门类满足参评条件的学科须同时申请参评或均不参评（仅有"硕士二级"授权的一级学科除外），这会导致学校选择将弱势学科的学科成果拆分打包到相近的学科进行参评。第四轮学科评估中，东南大学的理科、文科、医科整个学科门类均没有参评，最终取得了五个A＋的成绩，即"建筑学""土木工程""交通运输工程""生物医学工程""艺术学理论"。北京航空航天大学、北京理工大学等校在第四轮评估中，理学门类学科也均为参评。这也导致第五轮学科评估中，把绑定参评规则调整为相近学科同时参评规则：同一学科门类须同时参评；理学、工学门类须同时参评；可授予多个门类学位的学科，所涉及门类须同时参评。

湖北省和浙江省处于A＋学科数量的第三个层次。截至目前，湖北省共有本科高校68所，包括部属高校8所，其中7所为教育部直属高校，1所为国家民委直属高校，省属高校60所。湖北省有民办高校32所。湖北省有2所"985"高校，即武汉大学和华中科技大学，7所"211"高校，7所"双一流"高校。湖北省高校近两轮的A＋学科数量分别为13个和14个，是唯一一个连续两轮A＋学科数量保持在10～20个区间的省/自治区/直辖市。

浙江省共有本科高校60所，包括部属高校1所，7所为教育部直属高校，1所为国家民委直属高校，浙江省有民办高校21所。浙江省有1所985大学，即浙江大学,1 所 211 大学,3 所双一流大学。浙江近高校两轮的 A＋学科数量分别为 7 个和 13 个。

除了以上三省两市,其他省/自治区/直辖市的 A＋学科数量都在个位数,即 10 个以内,包括湖南省、安徽省、陕西省、黑龙江省、四川省等。其中,值得注意的是广东省,广东省高等教育资源丰富,共有 67 所本科高校,"985"高校 2 所,"211"高校 4 所,"双一流"高校 7 所,部属高校有 3 所：中山大学、华南理工大学、暨南大学,中山大学、华南理工大学为教育部直属高校,暨南大学隶属于统战部。广东省高校在第三轮学科评估的 A 档学科数量为 17 个,第四轮学科评估的 A 档学科数量增加到 31 个,体现出极强的发展潜力。

6.3 上海高校学科评估表现及与其他省市比较

6.3.1 上海高校近两轮学科评估整体表现

学科评估成绩可以充分说明该地区高等学校的水平,因此我们有必要进一步深入探究高校在学科评估中的表现情况,从而分析其在该地区教育发展中的具体表现。

北京市作为我国高等教育最发达地区,其高等教育水平及在学科评估中的成绩遥遥领先,相对而言,对北京市高校的学科评估成绩进行研究,不具备与其他省/自治区/直辖市进行比较的价值。上海市和江苏省处于学科评估的第二层次,分析这个层次的高校学科评估成绩,对其他省/自治区/直辖市更具有参考价值。首先,我们来看上海市高校在学科评估中的表现情况：

复旦大学：第三轮学科评估共有 17 个 A 档学科,包括 6 个 A＋、4 个 A、7 个 A－；第四轮学科评估共有 23 个 A 档学科,包括 5 个 A＋、8 个 A、10 个 A－。

上海交通大学：第三轮学科评估共有 16 个 A 档学科,包括 4 个 A＋、3 个 A、9 个 A－；第四轮学科评估共有 25 个 A 档学科,包括 5 个 A＋、10 个 A、10 个 A－。

同济大学：第三轮学科评估共有 7 个 A 档学科,包括 3 个 A＋、1 个 A、3 个 A－；第四轮学科评估共有 12 个 A 档学科,包括 4 个 A＋、1 个 A、7 个

A—。

上海中医药大学：第三轮学科评估共有2个A档学科，包括2个A+；第四轮学科评估共有3个A档学科，包括3个A+。

华东师范大学：第三轮学科评估共有8个A档学科，包括1个A+、2个A、5个A—；第四轮学科评估共有12个A档学科，包括2个A+、5个A、5个A—。

华东理工大学：第三轮学科评估共有1个A档学科，包括1个A+；第四轮学科评估共有1个A档学科，包括1个A+。

东华大学：第三轮学科评估共有1个A档学科，包括1个A+；第四轮学科评估共有1个A档学科，包括1个A+。

上海音乐学院：第三轮学科评估共有1个A档学科，包括1个A+；第四轮学科评估共有1个A档学科，包括1个A+。

上海海洋大学：第三轮学科评估共有1个A档学科，包括1个A+；第四轮学科评估共有1个A档学科，包括1个A+。

上海外国语大学：第三轮学科评估共有1个A档学科，包括1个A+；第四轮学科评估共有1个A档学科，包括1个A+。

上海体育学院：第三轮学科评估共有1个A档学科，包括1个A+；第四轮学科评估共有1个A档学科，包括1个A+。

海军军医大学：第三轮学科评估共有1个A档学科，包括1个A—；第四轮学科评估共有1个A档学科，包括1个A+。

上海财经大学：第三轮学科评估共有3个A档学科，包括1个A、2个A—；第四轮学科评估共有3个A档学科，包括2个A、1个A—。

华东政法大学：第三轮学科评估共有1个A档学科，包括1个A—；第四轮学科评估共有1个A档学科，包括1个A。

上海大学：第三轮学科评估没有A档学科；第四轮学科评估共有2个A档学科，包括2个A—。

上海戏剧学院：第三轮学科评估没有A档学科；第四轮学科评估共有1个A档学科，包括1个A—。

分析上海市高校在第三轮和第四轮学科评估成绩的表现情况：

近两轮学科评估中，上海市高校学科建设质量进步显著，第四轮与第三轮相比，A+学科数量从 22 个增长至 26 个，增加了 4 个，同时 A 档学科总数增加了 49%，A 档学科分布形态良好，呈金字塔形，保持着良好的发展后劲。

部属高校是学科评估的主力军。第四轮 26 个 A+学科中，部属高校有 20 个 A+学科，占到 A+学科总数的 77%，市属高校有 6 个 A+学科，占到 A+学科总数的 23%。在 91 个 A 档学科中，部属高校有 81 个，占比为 89%，市属高校有 10 个，占比为 11%。作为 C9 高校，复旦大学和上海交通大学在学科评估工作中表现出了优秀的成绩，同济大学与复旦大学、上海交通大学同为上海市仅有的三所副部级高校，同样表现优秀。

从未来发展来看，市属高校大有潜力可挖，是将来提高高等教育办学层次的重点。一方面，上海中医药大学、上海音乐学院、上海海洋大学、上海体育学院等部分特色高校已经在相关特色学科达到国内顶尖水平。另一方面，上海大学、华东政法大学、上海戏剧学院等市属学校还有潜力更上一层楼。尤其值得一提的是上海中医药大学，学校创办于 1956 年，是中华人民共和国成立后首批建立的中医药高等院校之一，所拥有的 3 个 A+学科"中医学""中西医结合""中药学"，涵盖了中医相关的所有学科类别，是国内中医药领域当之无愧的顶尖高校。

6.3.2　上海高校与其他省市比较分析

在横向比较中，上海市高校的顶尖学科表现始终保持在全国第二层次，但是面临"前有标兵，后有追兵"的态势。从各省/自治区/直辖市优秀学科的精度来看，北京市、上海市处于第一档水平，实力明显高于其他省/自治区/直辖市，从顶尖学科的数量上来看，上海市与江苏省竞争激烈，主要原因是两者在高等教育体量上的巨大差距，在特色高校和特色学科方面上海市也较江苏省略有逊色。

以下列出了学科评估前三个层次省/自治区/直辖市的高等教育规模和学科表现情况（其中教师人数等数据来源于《中国统计年鉴 2021》）：

北京市：共有普通高等学校 92 所，其中本科高校 67 所，专任教师 74 138 人，正高级教师 22 762 人，校均 A 档学科达到 2.8 个。

上海市：共有普通高等学校 64 所，其中本科高校 40 所，专任教师 47 668 人，正高级教师 9 354 人，校均 A 档学科达到 2.3 个。

江苏省：共有普通高等学校 168 所，其中本科高校 78 所，专任教师 126 013 人，正高级教师 18 503 人，校均 A 档学科达到 1.0 个。

湖北省：共有普通高等学校 130 所，其中本科高校 68 所，专任教师 88 750 人，正高级教师 12 407 人，校均 A 档学科达到 0.8 个。

浙江省：共有普通高等学校 109 所，其中本科高校 60 所，专任教师 70 445 人，正高级教师 10 770 人，校均 A 档学科达到 0.7 个。

学科评估结果是一个地区高等教育长期建设和整体水平的直接体现，既与当地已有的教育底蕴和实力高度相关，又受到教育资源投入程度的决定性影响。虽然从顶尖学科数量来看，北京市的高校是遥遥领先的，但是从顶尖学科的精度来看，北京市和上海市共同处于第一层次，明显领先于其他省/自治区/直辖市，北京市和上海市的校均 A 档学科数量均超过 2 个，江苏省、湖北省、浙江省虽处于第二层次，但在顶尖学科数量上明显落后于北京市和上海市。但是，精度过高、规模有限这一特点在一定程度上也影响着各省/自治区/直辖市高等教育未来的发展潜力，比如，上海市的高等教育总体规模仅居于全国中游，在未来必然会影响上海市高校 A 档学科总数持续增长的潜力，上海市本科高校数和专任教师数分别位列全国的第十五名和第十八名，以中等体量取得全国学科评估第二名的成绩。

比较江苏省和上海市 A＋学科的高校情况可以发现，均由综合类高校和特色类高校组成，上海市为复旦大学、上海交通大学和同济大学，江苏省为南京大学、东南大学，当两者的综合类顶尖高校不相上下时，特色高校便成为决定该地区高校 A 档学科数量的主力军。

综合类高校方面，上海市有复旦大学(5 个 A＋学科)、上海交通大学(5 个 A＋学科)、同济大学(4 个 A＋学科)；江苏省有东南大学(5 个 A＋学科)、南京大学(3 个 A＋学科)。

理工类高校方面，上海市有华东理工大学(1 个 A＋学科)、东华大学(1 个 A＋学科)；江苏省有南京理工大学(1 个 A＋学科)、南京信息工程大学(1 个 A＋学科)。

医学类高校方面，上海有上海中医药大学(3 个 A＋学科)、海军军医大学(1 个 A＋学科)；江苏省有南京医科大学(1 个 A＋学科)、中国药科大学(1 个 A＋学科)。

此外,上海市和江苏省的 A＋学科高校各有特色:

上海市:师范类高校,华东师范大学(2 个 A＋学科);水产和海洋特色高校,上海海洋大学(1 个 A＋学科);体育特色高校,上海体育学院(1 个 A＋学科);外国语特色高校,上海外国语大学(1 个 A＋学科);音乐特色高校,上海音乐学院(1 个 A＋学科)。

江苏省:农业类高校,南京农业大学(4 个 A＋学科);矿业特色高校,中国矿业大学(2 个 A＋学科);轻工食品特色高校,江南大学(2 个 A＋学科);林业特色高校,南京林业大学(2 个 A＋学科);水利特色高校,河海大学(1 个 A＋学科)。

上海市和江苏省的 A＋学科高校数量相差无几,上海市 A＋学科高校中,特色高校占 5 所,江苏省 A＋学科高校中,特色高校也占 5 所。可以看到,特色高校发展的好坏会极大地影响区域高等教育整体水平,省级教育主管部门应高度重视并积极鼓励高校开展高等教育的特色发展。还需要指出的是,上海市特色高校与北京市存在高度重合,比如,上海音乐学院与中央音乐学院、上海体育学院与北京体育大学、上海中医药大学与北京中医药大学、华东师范大学与北京师范大学、上海外国语大学与北京外国语大学等,在学科评估上均存在短兵相接的直接竞争。比较而言,江苏省的特色高校更具专门性和唯一性。

上海市和江苏省均处于学科评估第二层次,与北京市相比,在校均优秀学科数和规模体量上均有很大差距,两个层次间的差距在短期内很难缩小。上海市在学科精度上表现优秀,但是规模和体量在一定程度上限制了上海市高等教育未来发展的上限,江苏省的高等教育发展迅速,但是仍与北京市差距较大。

上海市和江苏省同层次比较,上海市的校均 A 档学科数是江苏省的 2 倍,但江苏省的办学规模弥补了差距。江苏省具有良好的高等教育基础,近年来对高等教育的投入和重视程度不断加大,随着其办学质量的逐渐提升,未来发展势头不容小觑。

与湖北省、浙江省及其他省/自治区/直辖市相比,上海市和江苏省在优秀学科数量上大幅领先,短期内很难超越追赶。近年来,广东省高等教育发展迅速,资源投入力度极大,但是与头部的其他省/自治区/直辖市相比,在高等教育水平上的差距不是短期内能够快速缩小的,广东省高校仍然需要韬光养晦、积攒实力,争取在未来取得更好的成绩表现。

6.3.3 上海高校学科评估表现与"五个中心"建设

随着知识经济的兴起,大学在经济社会发展中的作用愈发凸显。近年来,上海市加快推进国际经济、金融、贸易、航运、科技创新"五个中心"建设,努力把上海市建设成为卓越的全球城市和社会主义现代化国际大都市。从学科评估结果分析,可以在一定程度上把握上海市高校对"五个中心"建设所发挥的作用及所具有的学科优势和弱势,本部分就北京市、上海市、广东省和江苏省的"五个中心"所对应学科的评估情况进行比较分析。

2022年7月11日,《新华·波罗的海国际航运中心发展指数报告(2022)》在沪发布。上海以82.79的总得分排名第三,进一步缩小与新加坡、伦敦的差距。业内专家指出,疫情全球扩散叠加港航业数字化转型浪潮,国际航运市场的波动性进一步加剧,上海国际航运中心肩负着保障生产生活物资运送和产业链供应链畅通的重任。建设国际航运中心,主要涉及"交通运输工程""船舶与海洋工程"两个学科。总体来看,北京市、上海市、江苏省三者的学科规模相近,北京市、上海市略微领先,强于广东省。

在第四轮学科评估中,"交通运输工程"学科的总参评数为48个,上海市有1个A档学科,北京市有2个A档学科,江苏省和广东省均无A档学科;"船舶与海洋工程"科学的总参评数为12个,上海市有1个A档学科,北京市、江苏省、广东省均无A档学科。上海在建设航运中心方面,高校学科实力较强。

上海建设国际经济、金融、贸易中心,是国家从现代化建设全局的高度作出的一项重大战略决策,是中央赋予上海的重要使命和光荣任务。国际经济、金融、贸易中心,主要涉及"理论经济学""应用经济学""工商管理"三个学科。总体来看,上海市与北京市相比体量及优势学科差距均很大;与江苏省相比体量较小但学科优势更明显;与广东省相比优势显著。

"理论经济学"学科的总参评数为63个,上海市有1个A档学科,北京市有3个A档学科,江苏省有1个A档学科,广东省无A档学科;"应用经济学"学科的总参评数为108个,上海市有2个A档学科,北京市有5个A档学科,江苏省和广东省均无 A 档学科;"工商管理"学科的总参评数为 170 个,上海市有 3 个 A 档学科,北京市有 6 个 A 档学科,江苏省和广东省均有 1 个 A 档学科。从学科情况来看,上海市需进一步加强经济、金融等学科专业的建设力度。

上海建设科技创新中心,要牢牢把握科技进步大方向,瞄准世界科技前沿领域和顶尖水平,力争在基础科技领域有大的创新,在关键核心技术领域取得大的突破;要牢牢把握产业革命大趋势,围绕产业链部署创新链,把科技创新真正落到产业发展上;要牢牢把握集聚人才大举措,加强科研院所和高等院校创新条件建设,完善知识产权运用和保护机制,让各类人才的创新智慧竞相迸发。科技创新中心,主要从基础学科、关键技术领域学科两方面着手分析。2020 年,上海提出要促进创新链与产业链深度融合,全面实施集成电路、人工智能、生物医药"上海方案",集聚高水平研发机构,加快形成一批聚焦关键核心技术、具有国际先进水平的功能型研发转化平台。本部分从学科评估结果的角度,分析高校在基础学科和关键核心技术领域对上海市的服务能力。

基础学科,主要涉及"数学""物理学""化学""生物学"四个学科。总体来看,上海市与北京市相比在体量及优势学科方面均存在较大差距;与江苏相比体量较小但优势学科相对较多;与广东省相比优势显著。

"数学"学科的总参评数为 129 个,上海市有 4 个 A 档学科,北京市有 3 个 A 档学科,江苏省和广东省均为 1 个 A 档学科,上海市在"数学"学科上较北京市、江苏省的体量都要小,但是优势学科更多;"物理学"学科的总参评数为 157 个,上海市有 3 个 A 档学科,北京市有 4 个 A 档学科,江苏省和广东省均为 1 个 A 档学科,上海市在"物理学"学科上较北京市的体量都小,但优势学科差距不明显,与江苏省和广东省相比在体量和优势学科上均占据有利地位;"化学"学科的总参评数为 207 个,上海市有 3 个 A 档学科,北京市有 6 个 A 档学科,江苏省有 3 个 A 档学科,广东省有 2 个 A 档学科,上海市在"化学"学科上较北京市的体量要小且优势学科差距较大,与江苏省相比体量也较小,但优势学科相当,与广东省相比有明显优势;"生物学"学科的总参评数为 112 个,上海市有 2 个 A 档学科,北京市有 3 个 A 档学科,江苏省和广东省均为 1 个,上海市在"生物学"学科上与北京市的体量相当,但优势学科偏少,与江苏省和广东省相比有一定优势。

人工智能的相关学科主要为"计算机科学与技术""控制科学与工程""软件工程"。总体来看，上海市与北京市、江苏省在体量和优势学科方面存在较大差距，但与广东省相比有明显优势。

"计算机科学与技术"学科的总参评数为 168 个，上海市有 2 个 A 档学科，北京市有 6 个 A 档学科，江苏省有 1 个 A 档学科，广东省无 A 档学科，与北京市相比，上海市"计算机科学与技术"学科的体量仅为北京市的一半，优势学科也较少，与江苏省相比体量较小但是优势学科较多，相较广东省则优势明显；"控制科学与工程"学科的总参评数为 115 个，上海市有 1 个 A 档学科，北京市有 3 个 A 档学科，江苏省和广东省均为 1 个，上海市"控制科学与工程"学科与北京相比差距明显，与江苏省实力相当，体量较广东省大一些；"软件工程"学科的总参评数为 118 个，上海市有 3 个 A 档学科，北京市有 3 个 A 档学科，江苏省有 2 个，广东省无 A 档学科，上海市"软件工程"学科的体量虽只有北京市的一半，但是优势学科相当，较江苏省的体量要小，但优势学科较多，较广东省则优势明显。

集成电路的相关学科主要为"电子科学与技术"。"电子科学与技术"学科的总参评数为 74 个，上海市有 2 个 A 档学科，北京市有 3 个 A 档学科，江苏省有 2 个 A 档学科，广东省无 A 档学科，上海市"电子科学与技术"学科的体量不及北京市的半数，但是优势学科差距较小，与江苏省相比，体量较小但优势学科相当，较广东省则优势明显。

生物医药的相关学科主要为"药学""基础医学""生物学"。总体来看，上海市与北京市实力相当，较江苏省和广东省则优势明显。"药学"学科的总参评数为 102 个，上海市有 3 个 A 档学科，北京市有 2 个，江苏省和广东省均为 1 个，上海市"药学"学科与北京市相比略有优势，相比江苏省体量较小但优势学科较多，比广东省相比优势明显。"基础医学"学科的总参评数为 54 个，上海市有 3 个 A 档学科，北京市有 2 个，广东省有 1 个，江苏省无 A 档学科，上海市"基础医学"学科与北京市相比有略有优势，与江苏省、广东省相比体量均较小，但优势学科较多。"生物学"学科在前文已进行了比较，在此不加赘述。

从"五个中心"所对应学科的评估情况来看，上海要建设成为"五个中心"，迫切需要进一步加强相关学科的建设和水平。目前来看，相关学科对"五个中心"建设的支撑力度存在明显不足,无论是政府还是学术界都应有针对性地加强学术资源的投入。上海需进一步强化学科优势,并大力支持具有发展潜力的学科,力争扩大优势学科数量,为上海科技创新中心建设提供强大推力。基于以上情况,建议下一步研究工作应具体调研相关学科辐射区域经济发展的能力情况及相关行业人才培养能否有力支撑"五个中心"建设等内容。

本章参考文献

[1] 黄滋淳.学科评估指标体系历史变迁探究[J].上海教育评估研究,2018(6):20-25.

[2] 教育部学位与研究生教育发展中心.2007—2009年学科排名[EB/OL].[2023-03-13].https://www.cdgdc.edu.cn/xkpm2007_2009/.

[3] 教育部学位与研究生教育发展中心.2012年学科评估结果公布[EB/OL].[2023-03-13].https://www.cdgdc.edu.cn/xkpsjggb2012y/.

[4] 教育部学位与研究生教育发展中心.全国第四轮学科评估结果公布[EB/OL].[2023-03-13].https://www.cdgdc.edu.cn/dslxkpgjggb/.

[5] 青塔 Pro.重磅！2022年全国高校经费统计结果出炉[EB/OL].(2022-05-19)[2023-03-13].https://mp.weixin.qq.com/s/tfaxbA3y59SvYj1ZrOYLMw.

第七章

全球维度下区域学科布局状态和水平研究

学科建设是大学发展的重要核心,通过学科带动学校发展和整体水平的提高已经成为全球高校的重要共识。从全球公认的世界四大排名来看,美国 U.S. News 世界大学排名、英国 QS 世界大学排名、英国 THE 泰晤士高等教育世界大学排名、中国软科世界大学学术排名,在 2010 年后相继推出学科排名,并成为四大排名的重要组成,获得全球高校的广泛认可,在世界高等教育领域产生了重要影响。高校学科排名已经成为衡量高校学科建设水平的重要"观测点"之一,我们选取中国软科的世界一流学科排名作为衡量标准,从省/自治区/直辖市一级行政区域层面,对我国的高校学科水平在全球维度下进行定位,并判断我国省/自治区/直辖市一级高校学科水平的整体状态,对于认识全球维度下我国高等教育在省域下的发展态势具有重要价值。

上海软科教育信息咨询有限公司是全球领先的高等教育评价机构,2003 年首次发布的"世界大学学术排名"(Academic Ranking of World Universities, ARWU)是全球最具影响力和权威性的大学排名之一。每年定期发布的"中国大学排名""中国最好学科排名""世界一流学科排名"等也凭借排名指标和方法的客观性,得到了海内外政府机构、专家学者、知名高校和权威媒体的引用与认可。浙江大学文科资深教授、长江学者特聘教授刘海峰认为软科学科排名:"该指标体系注重的是公认的、可比的、高显示度的标志性项目和成果,看重的是水平和质量,而不是一般的项目和成果数量。这种排名对促进我国高等教育提升质量和水平颇有积极意义,在推进世界一流大学和一流学科建设的背景下,这种排名尤其值得肯定。"[1]浙江大学求是特聘教授、长江学者特聘教授张应强指出:"比较分析软科的学科排名与教育部学位中心的第四轮学科评估结果发现,两者虽有完全不同的学科评估排名指标体系,但两者的学科排名结果却至少有 85% 以上是相同的。软科的学科排名指标体系的特点是科研主导、状态数据、客观评价。"[2]

尽管 ARWU 的初衷是服务于中国的世界一流大学建设,但是在发布之后获得了全球许多国家和大学的关注,目前已经成为全球最具影响力和权威性的四大排名之一。软科的国际排名,即世界大学学术排名、世界一流学科排名在全世界各国具有广泛影响力,比如,澳大利亚政府参考软科排名帮助其制定高等教育的发展目标,到 2025 年,澳大利亚有十所高校位于世界大学学术排名(ARWU)前 100 名;俄罗斯政府也参考软科排名帮助其制定高等教育的发展目标,参与竞争力提升计划的俄罗斯大学将参考世界大学学术排名(ARWU)等国际排名的标准来设定目标等,包括日本、荷兰在内的多国政府参考软科排名以帮助其制定人才相关政策[3]。2022 年 5 月,英国政府宣布"高潜力个人签证"计划,允许毕业于软科世界大学学术排名、THE 泰晤士高等教育世界大学排名和 QS 世界大学排名任何两个排名中名列前 50 的顶尖大学的毕业生在没有事先在英国找到工作的情况下前往英国工作与生活。

7.1 软科世界一流学科排名

7.1.1 软科世界一流学科排名高校整体表现

2022 年 7 月 19 日,软科正式发布 2022 年软科世界一流学科排名(ShanghaiRanking's Global Ranking of Academic Subjects)。[4]2022 年排名覆盖 54 个学科,涉及理学、工学、生命科学、医学和社会科学五大领域。此次排名的对象为全球 5 000 余所大学,共有来自 96 个国家和地区的 1 800 余所高校最终出现在各个学科的榜单上。从整体情况来看,美国高校上榜总数占据优势,我国高校增幅明显。美国高校在各学科排名上仍然占据绝对优势,在 32 个学科中夺冠,上榜总次数达到 4 714 次。我国共有 293 所高校上榜,上榜总次数为 2 686 次,仅次于美国,位列全球第二。与 2021 年相比,我国此次上榜高校的数量和上榜总次数分别增加了 7.7% 和 8.7%,均有显著提升。2022 软科世界一流学科排名中,拥有世界前十学科数最多的 3 所高校分别是哈佛大学(26 个)、斯坦福大学(26 个)、麻省理工学院(23 个),其他拥有超过 10 个世界十强学科的高校有清华大学(14 个)、加州大学(伯克利)(12 个)、剑桥大学(12 个)、密歇根大学(安娜堡)(12 个)、牛津大学(11 个)。

我国高校表现优秀，14个学科位列世界第一。2022年软科世界一流学科排名中，我国高校新增两个学科世界第一，清华大学首次取得纳米科学与技术学科冠军席位，河海大学首次在水资源工程学科排名世界第一。至此，我国高校在14个学科成为全球冠军，分别是清华大学（"通信工程""能源科学与工程""纳米科学与技术"）、西安交通大学（"机械工程"）、哈尔滨工业大学（"仪器科学"）、同济大学（"土木工程"）、河海大学（"水资源工程"）、江南大学（"食品科学与工程"）、北京航空航天大学（"航空航天工程"）、上海交通大学（"船舶与海洋工程"）、北京交通大学（"交通运输工程"）、武汉大学（"遥感技术"）、中南大学（"矿业工程"）和北京科技大学（"冶金工程"）。

从我国高校的上榜学科数量来看，浙江大学和中山大学以48个上榜学科数并列国内第一。清华大学、北京大学、上海交通大学、武汉大学、复旦大学的上榜学科数也都超过40个。清华大学有14个学科跻身世界前十、27个学科位列世界五十强，同时成为我国高校中十强和五十强学科数量最多的高校。北京大学有35个学科位列世界百强，为我国高校中百强学科数量最多的高校。浙江大学有7个学科位列世界前十，上海交通大学有6个学科位列世界前十，哈尔滨工业大学、东南大学、西北工业大学各有4个学科位列世界前十。

第二轮"双一流"建设新晋入选高校在软科世界一流学科排名中表现优异。南方科技大学有20个学科上榜，其中3个学科位居世界五十强。华南农业大学有12个学科上榜，3个学科跻身世界五十强。上海科技大学和南京医科大学各有10个学科上榜。

非"双一流"高校中，深圳大学有30个学科上榜，其中12个学科位列世界百强，上榜学科数领跑非"双一流"高校。江苏大学、青岛大学和广东工业大学分别以18次、17次、16次上榜数位列第二至第四，山东科技大学和浙江工业大学以15次上榜数并列非"双一流"高校第五名。

7.1.2 软科世界一流大学排名方法论

软科世界一流学科排名的特点是客观和可比，其使用一系列国际可比的客观学术指标对全球大学在相关学科的表现进行测量，排名指标共5个，分别为：

重要期刊论文数（Q1），重要期刊论文数指标用于测量被评价大学在相应学科的高水平科研产出的规模。该指标统计过去 5 年（2016—2020 年）被 InCites 数据库相应学科收录的位于期刊影响因子前 25％的期刊（Q1 分区）中的 Article 类型的论文数。一所大学的论文根据所发表的期刊的学科分类（Web of Science categories）被划分到相应学科。

论文标准化影响力（Category Normalized Citation Impact，CNCI）指过去 5 年（2016—2020 年）被 InCites 数据库相应学科收录的 Article 类型的论文的被引次数与同出版年、同学科、同文献类型论文篇均被引次数比值的平均值。如果 CNCI 等于 1，表明该组论文的被引表现与全球平均水平相当，CNCI 小于 1 则反映论文被引表现低于全球平均水平，CNCI 大于 1 表明论文被引表现高于全球平均水平。

国际合作论文比例（IC），国际合作论文比例用来测量被评价大学在相应学科的国际合作程度。该指标统计过去 5 年（2016—2020 年）被 InCites 数据库相应学科收录的 Article 类型的论文中有国外机构地址的论文比例。

顶尖期刊论文数（Top），指过去 5 年（2016—2020 年）在相应学科顶尖期刊或会议上发表论文的数量。顶尖期刊指通过软科"学术卓越调查"得到的各学科顶尖期刊或顶尖会议。"学术卓越调查"共选出 52 个学科的 180 本顶尖学术刊物和计算机科学与工程学科的 31 项顶尖学术会议。该指标只统计类型为研究论文（Article）的文献。药学学科仅得到 1 本顶尖期刊且该期刊收录论文多数为综述（Review）类型，因此，药学顶尖期刊文献类型同时考虑研究论文（Article）和综述（Review）。

教师获权威奖项数（Award），指教师自 1981 年以来获得本学科最权威的国际奖项的折合数。本学科最权威的国际奖项通过软科"学术卓越调查"得到。"学术卓越调查"共选出 29 个学科的 36 项国际权威学术奖项。奖项共享者的权重为获得奖金的比例。当一名获奖人同时署名两个单位时，各计 0.5。为了更客观地反映一所大学的学术表现，不同年代的获奖者被赋予不同的权重，每回推十年权重递减 25％，如 2011—2020 年的获奖者的权重为 100％，2001—2010 年的权重为 75％，1991—2000 年的权重为 50％，1981—1990 年的权重为 25％。生物学、基础医学、临床医学和药学学科均选出"诺贝尔生理学或医学奖"（Nobel Prize in Physiology or Medicine）作为本学科权威奖项。该奖项的获奖人按照获奖成果的研究领域被划分到相应学科，一项获奖成果分属于多个学科时,每个学科各统计1次。

五项指标中,教师获权威奖项数、顶尖期刊论文数这两项涉及专家评判,软科世界一流学科排名每年开展"学术卓越调查"(Academic Excellence Survey),从而得到36项权威学术奖项、180本学科顶尖期刊及计算机科学与工程学科的31项顶尖学术会议作为测量高校学术表现的重要维度。学术卓越调查的对象是世界百强大学的院长、系主任、团队负责人和正教授,也就是全球各个学科的顶尖学者。有别于常见的声誉调查,软科"学术卓越调查"邀请学者推荐提名其所在学科的顶尖刊物和权威奖项等内容。为保证调查的透明度和质量,所有参加调查的学者都需要同意公开姓名和单位。其中,也有很多中国知名学者参加了问卷调查,相关详细信息可参见软科英文官网。

排名学科方面,2022软科世界一流学科排名覆盖54个学科,涉及理学、工学、生命科学、医学和社会科学五大领域:

理学领域:"数学""物理学""化学""地球科学""地理学""生态学""海洋科学""大气科学"。

工学领域:"机械工程""电力电子工程""控制科学与工程""通信工程""仪器科学""生物医学工程""计算机科学与工程""土木工程""化学工程""材料科学与工程""纳米科学与技术""能源科学与工程""环境科学与工程""水资源工程""食品科学与工程""生物工程""航空航天工程""船舶与海洋工程、交通运输工程""遥感技术""矿业工程""冶金工程"。

生命科学领域:"生物学""基础医学""农学""兽医学"。

医学领域:"临床医学""公共卫生""口腔医学""护理学""医学技术""药学"。

社会科学领域:"经济学""统计学""法学""政治学""社会学""教育学""新闻传播学""心理学""工商管理""金融学""管理学""公共管理""旅游休闲管理""图书情报科学"。

排名对象方面,软科世界一流学科排名的对象是2016—2020年期间在特定学科发表论文达到一定数量的高校,不同学科的具体发文数阈值各有不同,软科世界一流学科排名的文献数据来自Web of Science和InCites数据库。各学科的具体发文数阈值和指标权重参见软科官网。

记分方式方面,首先计算大学在每项指标上的得分,具体为大学在一项指标上的数值除以该项指标的最大值后开根号再乘以 100。然后各指标得分除以 100 再乘以相应权重进行累加得到该校总分。CNCI 为相对指标，论文数量较少时 CNCI 不够稳定。因此，在计算该指标的得分时，一个学科的 CNCI 最大值设置为该学科所有高校的 CNCI 平均值的 2 倍或该学科所有高校中 CNCI 的实际最大值，取二者中较低者，令其为 100 分。其他高校按其 CNCI 与该最大值的比例得分，CNCI 超过该最大值的高校均得 100 分。

7.2 全球维度下的区域划分逻辑

为了实现全球维度下区域学科布局状态和水平研究，我们首先需要对区域进行界定，本书研究的是省域视角下的高校学科水平，拓展到全世界，我们就应该关注与我国省/自治区/直辖市这一种区域划分方式可比的维度，这也是全球维度下的区域划分需要遵循的根本逻辑。为了我国的省/自治区/直辖市维度在世界范围内可比，我们需要关注世界各国通用的区域划分方式，即行政区划，行政区划是国家为便于行政管理而分级划分的区域，行政区划亦称行政区域。不同国家均具有自身特有的行政区划，但是不管是哪个国家，都可以按照层级对行政区划进行划分，也就是一级行政区划、二级行政区划、三级行政区划等，所谓一级行政区划，指行政区划中，按照管理层级，直接受国家政权或政府管辖的行政区域；所谓二级行政区划、三级行政区划等，即按照管理层级，接受上一级行政区划进行管辖的行政区域。

为了统一比较口径，我们原则上采用各国国家的一级行政区划为衡量维度，比较各国国家一级行政区划的高等教育学科建设水平，这样就实现了与我国省/自治区/直辖市可比的维度，我们以美国、英国、法国、日本等国家为例，进行说明。

美国的行政区划由州级行政区、县级行政区、市级行政区、镇级行政区组成。美国由 50 个州、1 个直辖特区——华盛顿哥伦比亚特区（Washington D. C.）、5 个岛屿自由邦和十多个其他远洋小岛组成，本书所涉及的即 50 个州和华盛顿哥伦比亚特区。

法国行政区划分为大区、省和市镇，目前共有 13 个大区、96 个省，另外还有海外部分。法国自 2016 年 1 月 1 日起,将原 22 个大区整合为 13 个,本书的研究标准所采用的就是目前法国的 13 个大区,例如,法国的首都巴黎位于法兰西岛大区。此外,法国还有一处海外省的大学进入排名,即位于法国海外省留尼汪的留尼汪大学。因此,法国进入本书的研究的区域划分为 13 个大区和海外省留尼汪。

日本共有 47 个一级行政区:分为 1 都(东京都:Tokyo)、1 道(北海道:Hokkaido)、2 府(大阪府:Osaka,京都府:Kyoto)和 43 县,下设市、町、村。本书中的日本区域划分即按照其 47 个一级行政区进行研究。

需要专门解释的是英国,各个国家中,英国的一级行政区划最为简单,而英国又是高等教育最为发达的国家之一。英国的一级行政区划可以划分为英格兰、威尔士、苏格兰和北爱尔兰四部分。各自再分为若干郡(或区)和市。此外还有一些英属海外领地。英国的全称为大不列颠及北爱尔兰联合王国,英格兰是其中高等教育最为发达的地区,如果以英格兰为衡量维度,英格兰的高等教育学科建设水平会远超其他国家的一级行政区划,也就会导致我们的研究工作中,区域比较价值的下降。因此,我们对英格兰地区进一步划分,英格兰的下一级行政区划为大区(region),共计 9 个大区。大区再下一级的行政区划为:34 个非都市郡、6 个都市郡、47 个自治市镇等,这个行政区划则太小。因此,我们选取英格兰大区作为本书对英国学科水平研究的衡量维度,威尔士、苏格兰和北爱尔兰维持不变。因此,英国进入本书研究的区域共划分为 9 个大区及威尔士、苏格兰、北爱尔兰。

当单个国家或地区的面积太小,再进行下一级行政区划分后参考价值不大,且在各方认知中一般认为是单个城市的,我们不再进行下一级的划分,比如新加坡、中国香港等国家或地区。

7.3 全球维度下区域学科总体水平

前文介绍了 2022 年软科世界一流学科排名的总体情况,接下来我们将分析全球区域维度下的学科布局状态和水平。按各区域学科上榜总数进行排序,这里我们列出了全球高等教育实力最强的 100 个区域(表 7.1)。

表 7.1　全球区域维度下的 2022 年软科世界一流学科排名

排序	国家	区域	上榜学科数/个	前 100 名学科数/个	前 100 名学科比例/(%)
1	美国	加利福尼亚州	496	290	58
2	中国	北京市	359	147	41
3	美国	纽约州	345	134	39
4	加拿大	安大略省	333	97	29
5	美国	得克萨斯州	328	112	34
6	中国	江苏省	308	86	28
7	英国	伦敦	287	127	44
8	美国	马萨诸塞州	278	124	45
9	韩国	首尔特别市	275	60	22
10	澳大利亚	新南威尔士州	264	107	41
11	中国	上海市	251	81	32
12	中国	广东省	246	84	34
13	美国	宾夕法尼亚州	224	107	48
14	中国	香港特别行政区	224	112	50
15	法国	法兰西岛大区	218	85	39
16	英国	苏格兰	216	52	24
17	澳大利亚	维多利亚州	208	93	45
18	英国	英格兰东南	198	79	40
19	美国	伊利诺伊州	197	99	50
20	美国	佛罗里达州	193	50	26
21	德国	北莱茵-威斯特法伦州	190	27	14
22	中国	湖北省	180	65	36

续 表

排序	国家	区域	上榜学科数/个	前100名学科数/个	前100名学科比例/(%)
23	加拿大	魁北克	171	48	28
24	中国	山东省	170	37	22
25	澳大利亚	昆士兰州	167	58	35
26	中国	台湾地区	166	14	8
27	德国	巴登-符腾堡州	165	46	28
28	美国	北卡罗来纳州	164	68	41
29	德国	巴伐利亚州	148	38	26
30	意大利	伦巴第大区	148	22	15
31	中国	陕西省	144	47	33
32	西班牙	加泰罗尼亚	144	23	16
33	美国	弗吉尼亚州	143	36	25
34	英国	英格兰西北	142	49	35
35	英国	英格兰西南	137	32	23
36	芬兰	西芬兰省	135	36	27
37	美国	俄亥俄州	133	38	29
38	中国	浙江省	132	33	25
39	美国	印第安纳州	128	51	40
40	美国	佐治亚州	128	64	50
41	英国	约克郡与亨伯郡	127	33	26
42	美国	密歇根州	122	67	55
43	美国	马里兰州	117	60	51
44	美国	科罗拉多州	114	40	35

续 表

排序	国 家	区 域	上榜学科数/个	前100名学科数/个	前100名学科比例/(%)
45	新加坡	新加坡	113	70	62
46	英国	中英格兰东	111	19	17
47	美国	新泽西州	107	48	45
48	中国	四川省	106	33	31
49	英国	东英格兰	106	49	46
50	加拿大	不列颠哥伦比亚	104	39	38
51	中国	湖南省	103	36	35
52	英国	中英格兰西	103	24	23
53	西班牙	马德里	102	8	8
54	法国	奥克西塔尼大区	101	22	22
55	德国	柏林	99	38	38
56	英国	英格兰东北	97	11	11
57	法国	奥弗涅-罗讷-阿尔卑斯大区	96	24	25
58	荷兰	南荷兰省	96	47	49
59	美国	亚利桑那州	89	39	44
60	澳大利亚	西澳大利亚州	89	24	27
61	美国	华盛顿州	87	44	51
62	美国	密苏里州	87	23	26
63	丹麦	京畿大区	87	49	56
64	西班牙	安达卢西亚	86	11	13
65	瑞士	苏黎世州	85	58	68
66	中国	天津市	84	28	33

续表

排序	国家	区域	上榜学科数/个	前100名学科数/个	前100名学科比例/(%)
67	美国	田纳西州	84	21	25
68	日本	东京都	84	18	21
69	中国	辽宁省	82	30	37
70	瑞典	斯德哥尔摩省	82	30	37
71	美国	爱荷华州	81	23	28
72	中国	福建省	81	18	22
73	美国	康涅狄格州	81	33	41
74	意大利	托斯卡纳大区	81	7	9
75	加拿大	阿尔伯塔	80	23	29
76	中国	安徽省	79	25	32
77	澳大利亚	南澳大利亚州	77	18	23
78	意大利	拉齐奥大区	75	9	12
79	德国	黑森州	73	6	8
80	美国	犹他州	72	17	24
81	德国	下萨克森州	71	9	13
82	意大利	艾米利亚-罗马涅大区	71	11	15
83	荷兰	北荷兰省	70	42	60
84	巴西	圣保罗州	69	15	22
85	美国	俄勒冈州	68	15	22
86	西班牙	巴伦西亚	67	9	13
87	葡萄牙	里斯本区	67	10	15
88	中国	黑龙江省	66	26	39

续表

排序	国家	区域	上榜学科数/个	前100名学科数/个	前100名学科比例/(%)
89	美国	南卡罗来纳州	66	8	12
90	中国	重庆市	65	14	22
91	美国	威斯康星州	64	33	52
92	美国	明尼苏达州	63	43	68
93	意大利	皮埃蒙特大区	63	7	11
94	德国	萨克森自由州	60	7	12
95	美国	亚拉巴马州	60	7	12
96	意大利	坎帕尼亚大区	59	7	12
97	荷兰	海尔德兰省	59	24	41
98	挪威	特罗姆瑟-芬马克郡	58	11	19
99	瑞士	沃州	57	29	51
100	美国	华盛顿哥伦比亚特区	57	11	19

基于全球区域维度下的2022年软科世界一流学科排名，我们得到了全球高等教育最发达地区，在前十个地区中，美国最多，占据了四席，分别为加利福尼亚州、纽约州、得克萨斯州和马萨诸塞州，中国有两席，分别为北京市和江苏省，加拿大的安大略省、英国的伦敦、韩国首尔特别市、澳大利亚的新南威尔士州也进入世界前十。

美国加利福尼亚州以496个上榜学科数明显领先，且该地区前100名学科数达到290个，前100名学科比例达到58%，在上榜学科总数和前100名学科数两个方面都位居世界第一，且学科精度也很高。

我国北京市的上榜学科数和前100名学科数均位列第二，其上榜学科数达到359个，前100名学科数为147个，均略微领先于美国的纽约州。英国伦敦的上榜学科数虽然仅列第七，但其学科精度较高，前100名学科数排名第四，美国马萨诸塞州也是如此，其上榜学科数虽然仅列第八，但其前100名学科数排名第五。相反的是，韩国首尔特别市的上榜学科数较多，全球排名第九，但学科精度低，其前100名学科数仅排到全球第二十三名。

前十名以后，我国的上海市、广东省和香港特别行政区分别位列第十一、第十二和第十四，体现出极强的发展潜力，相信再经过若干年的发展，我国在全球高等教育最发达的前十名区域中还将会增加席位。

前100名区域中，美国占29席，处于明显优势；中国占18席，位列第二；英国占10席，德国占7个，意大利占6席，澳大利亚占5席，加拿大、西班牙各占4席，法国、荷兰各占3席，瑞士占2席，巴西、丹麦、芬兰、韩国、挪威、葡萄牙、日本、瑞典、新加坡各占1席。

我国共有30个省/自治区/直辖市有上榜学科，并且在全球前100名中占据16席，这一数据直接体现出我国高等教育经过多年发展，已经能够在世界高等教育领域中占据重要地位。我国高校的总上榜学科数为2 686个，占全世界的14.1%，我国高校的前100名学科总数为818个，占全世界的15.4%，两者比例接近，表明我国高校的学科精度总体上处于世界平均水平（表7.2）。

表7.2 我国各省/自治区/直辖市在2022年软科世界一流学科排名中的表现

全球排名	省/自治区/直辖市	上榜学科数/个	前100名学科数/个	前100名学科比例/(%)
2	北京市	359	147	41
6	江苏省	308	86	28
11	上海市	251	81	32
12	广东省	246	84	34
22	湖北省	180	65	36
24	山东省	170	37	22
31	陕西省	144	47	33
38	浙江省	132	33	25

续 表

全球排名	省/自治区/直辖市	上榜学科数/个	前100名学科数/个	前100名学科比例/(%)
48	四川省	106	33	31
51	湖南省	103	36	35
66	天津市	84	28	33
69	辽宁省	82	30	37
72	福建省	81	18	22
76	安徽省	79	25	32
88	黑龙江省	66	26	39
90	重庆市	65	14	22
104	河南省	50	10	20
124	吉林省	37	9	24
140	江西省	29	2	7
164	甘肃省	23	2	9
165	河北省	23	2	9
167	山西省	22	2	9
196	广西壮族自治区	16	0	0
200	云南省	14	1	7
—	海南省	7	0	0
—	新疆维吾尔自治区	3	0	0
—	贵州省	2	0	0
—	内蒙古自治区	2	0	0
—	宁夏回族自治区	1	0	0
—	青海省	1	0	0

7.4 全球维度下区域学科布局状态

选取全世界上榜学科数量最多的11个地区,进一步研究其学科布局状态及领域布局状态。

从各区域在学科和领域的布局情况可以发现,不同国家和区域的优势学科和领域存在明显区别。我国北京市、江苏省、上海市的优势学科领域均为工学,且工学在上榜学科数中的占比都达到50%以上,尤其是江苏省,上榜学科中的工学占比达到49%。相对而言,北京市、江苏省、上海市在社会科学、生命科学和医学领域的上榜学科数则较少(表7.3)。

表7.3 各区域的学科领域布局状态　　　　（单位:个）

区　域	工学学科数	理学学科数	社会科学学科数	生命科学学科数	医学学科数	合　计
加利福尼亚州	162	97	152	36	49	496
北京市	203	52	59	17	28	359
纽约州	93	55	114	26	57	345
安大略省	118	58	106	19	32	333
得克萨斯州	103	48	108	28	41	328
江苏省	200	46	19	21	22	308
伦敦	65	42	117	27	36	287
马萨诸塞州	78	47	97	21	35	278
首尔特别市	132	31	51	18	43	275
新南威尔士州	98	46	68	22	30	264
上海市	135	34	40	20	22	251

从具体学科来看,北京市、江苏省、上海市三者的"材料科学与工程""环境科学与工程""化学工程""电力电子工程""计算机科学与工程""纳米科学与技

术""能源科学与工程"等学科的上榜数量较多。

这一逻辑与我国社会经济发展的整体态势相符合,我国整体上处于经济快速发展阶段,制造业对国家发展具有重要作用,我国高等教育为制造业发展源源不断地供给了大批高素质人才。近年来,我国社会经济和科技发展转向纵深,基础研究和原始创新不断加强,一些关键核心技术实现突破,战略性新兴产业发展壮大,在载人航天、探月探火、深海深地探测、超级计算机、卫星导航、量子信息、核电技术、新能源技术、大飞机制造、生物医药等方面取得了重大成果,而这些面向未来的重要科技及相关产业均需要理工类专业提供有力支撑。

对英语国家的区域而言,各学科领域分布更为均衡。美国的加利福尼亚州、纽约州、得克萨斯州、马萨诸塞州、加拿大的安大略省、英国的伦敦和澳大利亚的新南威尔士州,这些区域与非英语国家区域相比,在社会科学领域的优势更为明显,这也与其语言优势具有强关联性。从具体学科来看,英语国家地区的上榜学科分布也极为均衡,与其他地区相比,"教育学""经济学""临床医学""基础医学""公共卫生""药学"等学科表现更好(表7.4、表7.5)。

表7.4 区域的学科布局状态(加利福尼亚州、北京市、
纽约州、安大略省、得克萨斯州) （单位:个）

领域	学科	加利福尼亚州	北京市	纽约州	安大略省	得克萨斯州
工学	材料科学与工程	11	15	9	5	7
工学	船舶与海洋工程	0	1	0	0	0
工学	电力电子工程	12	12	8	13	9
工学	航空航天工程	3	4	0	1	2
工学	化学工程	10	15	3	5	5
工学	环境科学与工程	13	14	9	9	7
工学	机械工程	7	11	5	9	7
工学	计算机科学与工程	12	12	12	13	8
工学	交通运输工程	7	8	4	6	4

续 表

领　域	学　科	加利福尼亚州	北京市	纽约州	安大略省	得克萨斯州
工　学	控制科学与工程	7	9	3	3	4
工　学	矿业工程	0	6	0	4	1
工　学	纳米科学与技术	11	13	7	4	6
工　学	能源科学与工程	9	14	4	5	5
工　学	生物工程	9	11	6	5	7
工　学	生物医学工程	8	6	8	4	9
工　学	食品科学与工程	1	5	1	1	1
工　学	水资源工程	10	5	2	4	2
工　学	通信工程	8	9	5	9	5
工　学	土木工程	7	9	3	9	5
工　学	遥感技术	5	5	1	3	1
工　学	冶金工程	4	8	0	3	3
工　学	仪器科学	8	11	3	3	5
理　学	大气科学	14	6	7	6	4
理　学	地理学	10	4	5	8	3
理　学	地球科学	12	8	9	13	9
理　学	海洋科学	11	1	2	1	2
理　学	化学	12	12	9	6	10
理　学	生态学	14	5	5	11	4
理　学	数学	11	12	7	7	7
理　学	物理学	13	4	11	6	9
社会科学	法学	11	1	9	9	11
社会科学	工商管理	10	5	7	10	12

续　表

领　域	学　科	加利福尼亚州	北京市	纽约州	安大略省	得克萨斯州
社会科学	公共管理	7	2	5	2	3
社会科学	管理学	11	10	11	10	11
社会科学	教育学	22	4	12	9	12
社会科学	金融学	7	5	6	5	5
社会科学	经济学	15	12	11	11	6
社会科学	旅游休闲管理	4	3	1	9	4
社会科学	社会学	10	1	6	3	5
社会科学	统计学	8	4	4	4	5
社会科学	图书情报科学	4	3	4	2	3
社会科学	心理学	17	5	18	12	15
社会科学	新闻传播学	11	1	8	9	8
社会科学	政治学	15	3	12	11	8
生命科学	基础医学	12	5	13	6	12
生命科学	农学	10	6	2	5	4
生命科学	生物学	13	5	10	6	10
生命科学	兽医学	1	1	1	2	2
医　学	公共卫生	11	6	12	8	6
医　学	护理学	6	3	7	6	4
医　学	口腔医学	6	2	5	2	5
医　学	临床医学	10	4	14	7	7
医　学	药学	8	7	10	4	9
医　学	医学技术	8	6	9	5	10
总　计		496	359	345	333	328

表 7.5 区域学科布局状态(江苏省、伦敦、马萨诸塞州、首尔特别市、新南威尔士州、上海市) （单位：个）

领域	学科	江苏省	伦敦	马萨诸塞州	首尔特别市	新南威尔士州	上海市
工学	材料科学与工程	15	4	6	12	7	11
工学	船舶与海洋工程	2	1	1	1	1	2
工学	电力电子工程	15	5	6	7	7	8
工学	航空航天工程	1	1	1	0	1	1
工学	化学工程	20	2	4	12	6	12
工学	环境科学与工程	14	5	8	6	8	10
工学	机械工程	9	4	3	6	6	8
工学	计算机科学与工程	14	7	5	6	7	9
工学	交通运输工程	5	3	4	2	3	4
工学	控制科学与工程	7	3	3	2	6	7
工学	矿业工程	4	1	0	0	3	1
工学	纳米科学与技术	13	4	6	11	5	11
工学	能源科学与工程	15	3	2	11	5	9
工学	生物工程	15	4	6	11	4	8
工学	生物医学工程	5	4	5	8	2	7
工学	食品科学与工程	7	0	2	5	3	3

续　表

领　域	学　科	江苏省	伦　敦	马萨诸塞州	首尔特别市	新南威尔士州	上海市
工　学	水资源工程	4	1	2	3	3	2
工　学	通信工程	7	4	3	8	5	6
工　学	土木工程	6	4	3	6	6	3
工　学	遥感技术	2	0	3	0	2	2
工　学	冶金工程	9	2	1	5	3	6
工　学	仪器科学	11	3	4	10	5	5
理　学	大气科学	5	5	6	4	7	3
理　学	地理学	1	9	4	0	8	4
理　学	地球科学	5	7	5	3	8	4
理　学	海洋科学	2	2	3	1	5	3
理　学	化学	16	4	8	8	5	9
理　学	生态学	2	5	7	1	9	2
理　学	数学	12	4	7	7	2	7
理　学	物理学	3	6	7	7	2	2
社会科学	法学	0	8	9	0	3	1
社会科学	工商管理	2	12	9	4	6	5
社会科学	公共管理	0	6	3	4	2	1
社会科学	管理学	5	10	11	8	6	7
社会科学	教育学	1	6	8	7	9	1
社会科学	金融学	0	6	6	2	4	3
社会科学	经济学	8	12	11	4	5	8
社会科学	旅游休闲管理	2	7	2	6	7	2
社会科学	社会学	0	10	7	0	2	1

续 表

领 域	学 科	江苏省	伦 敦	马萨诸塞州	首尔特别市	新南威尔士州	上海市
社会科学	统计学	0	6	3	1	3	5
社会科学	图书情报科学	1	2	2	3	2	2
社会科学	心理学	0	12	10	3	8	2
社会科学	新闻传播学	0	9	7	5	5	0
社会科学	政治学	0	11	9	4	6	2
生命科学	基础医学	4	11	7	4	6	6
生命科学	农学	10	4	3	6	8	5
生命科学	生物学	5	10	9	4	5	6
生命科学	兽医学	2	2	2	4	3	3
医 学	公共卫生	4	8	9	5	5	3
医 学	护理学	0	6	4	8	8	2
医 学	口腔医学	2	3	3	6	1	3
医 学	临床医学	2	7	7	5	6	2
医 学	药学	9	7	7	8	6	8
医 学	医学技术	5	5	5	11	4	4
总 计		308	287	278	275	264	251

令人略感意外的是韩国的首尔特别市挤入了世界前十,虽然其学科精度一般,但上榜学科总数已经能够充分体现出首尔特别市的高等教育实力,其排名明显超越了新加坡、日本东京等亚洲其他高等教育发达区域。在首尔特别市的学科领域布局方面,工学的上榜学科数较多,社会科学的上榜学科数较少,值得注意的是,其在医学领域表现突出。从具体学科来看,工学领域以外的学科中,首尔特别市在医学技术领域的上榜学科数量居全球第一。

7.5 国内外区域的学科布局状态与水平比较

从前文研究可以发现,我国的北京市、江苏省、上海市、香港特别行政区、台湾地区的总体学科水平已经能够达到世界高等教育发达水平,一流大学和一流学科的建设取得了较好的成绩。和高等教育发达地区的比较发现,北京市、江苏省、上海市目前的学科发展已经领先于东京、新加坡等亚洲传统高等教育发达地区。同时也发现,北京市、江苏省、上海市的学科建设虽然在世界高等教育之林也有了一席之地,但与世界最顶尖的美国加利福尼亚州相比,依然有较大差距。就拔尖学科而言,我国拔尖学科较少,且学科类别多集中于工学领域,在理学、医学和社会科学方面依然有较长的路要走。

本研究的一项重要成果是,非常直观地揭示出我国省域维度在世界高等教育,尤其是学科建设水平方面所处的位置,接下来我们将进一步开展我国高等教育发达的头部省/自治区/直辖市与世界高等教育发达地区在学科建设水平方面的比较。

7.5.1 与美国加利福尼亚州比较

与美国加利福尼亚州相比,我国北京市、江苏省和上海市无论在上榜学科总数,还是前100名学科数的对比上都明显落后。在上榜学科总数方面,北京市已经不断接近加利福尼亚州,江苏省和上海市的上榜学科总数同样表现良好。但是,从前100名学科数上来看,美国加利福尼亚州处于明显领先位置,也就是说,在真正的世界顶尖学科方面,美国加利福尼亚州的优势很难在短期内撼动。值得注意的是,我国各省/自治区/直辖市虽然在上榜学科总数上落后于加利福尼亚州,但是很多学科已经反超,比如,北京市"材料科学与工程""船舶与海洋工程""航空航天工程""化学工程""环境科学与工程""机械工程""交通运输工程""控制科学与工程""矿业工程""纳米科学与技术""能源科学与工程""生物工程""食品科学与工程""通信工程""土木工程""冶金工程""仪器科学""数学"这18个学科的上榜数量超越了加利福尼亚州,同样的,江苏省和上海市也有多个学科的上榜数量超越加利福尼亚州,大多为工学学科,这也表明美国加利福尼亚州虽然在科学总量和学科精度上均处于领先,但是我国北京市、江苏省和上海市等地仍然在工学领域可以与之形成竞争。

进一步分析加利福尼亚州的高等教育水平。在于地处美国西海岸的加利福尼亚州，不仅是美国人口最多、经济实力最强的州之一，还拥有全美最庞大、最完整和水平最高的高等教育系统，加利福尼亚州的高等教育发展历史悠久且体系完善，包括138所公立院校和近400所非公立院校，其中不乏斯坦福大学、加州理工学院、加州大学（伯克利）等世界著名的一流学府，其多层的高等教育发展系统也在世界独树一帜。从世界一流大学排名上榜学科来看，加利福尼亚州强校如云，共有7所学校的上榜学科数超过40个：斯坦福大学有48个上榜学科，44个前100名学科；南加州大学有44个上榜学科，26个前100名学科；加州大学（伯克利）有45个上榜学科，41个前100名学科；加州大学（戴维斯）有45个上榜学科，26个前100名学科；加州大学（洛杉矶）有46个上榜学科，37个前100名学科；加州大学（欧文）有45个上榜学科，20个前100名学科；加州大学（圣地亚哥）有43个上榜学科，31个前100名学科。以上大学，均为世界排名前列的高校，有意思的是，对于这些排名前列的高校，虽然都至少有40个以上的上榜学科，但是真正决定其学术地位是前100名学科数，比如，加州大学（伯克利）和加州大学（戴维斯）均有45个上榜学科，但是加州大学（伯克利）的2022年世界大学学术排名为世界第五名，加州大学（戴维斯）的2022年世界大学学术排名位于101~150名。

加利福尼亚州内部，其多所顶级大学均位于世界高科技产业区硅谷，为世界高等教育给出了最好的产教融合范例。

斯坦福大学是世界著名私立研究型大学，位于美国加利福尼亚州的帕罗奥多，邻近高科技园区硅谷。其2022年世界大学学术排名为全球第二，其上榜的48个学科中，不仅有44个进入世界前100名，更有26个学科进入世界前十，17个学科进入世界前五，其中，"政治学""统计学""能源科学与工程""计算机科学与工程""环境科学与工程"5个学科均为世界第二，"医学技术""心理学""物理学""生物学""社会学""化学""电力电子工程"7个学科均为世界第三。斯坦福大学虽然是一所非常典型的综合性大学，但各个学科均实力极强，处于世界顶级水平。

加州大学（伯克利）坐落于美国加利福尼亚州湾区的伯克利市，是世界最顶尖的公立研究型大学之一，被誉为"公立常春藤"，在学术界尤其享有盛誉。

其 2022 年世界大学学术排名为全球第五，其上榜的 45 个学科中，不仅有 41 个进入世界前 100 名，更有 12 个学科进入世界前十，6 个学科进入世界前五，该校的"化学"和"电力电子工程"均为世界第一，"计算机科学与工程"和"统计学"世界排名第三。

在 2022 年世界大学学术排名中，加利福尼亚州共有 3 所高校进入世界前十，除了斯坦福大学和加州大学（伯克利）外，加利福尼亚理工学院的全球排名为第九名。加利福尼亚理工学院位于美国加利福尼亚州洛杉矶东北郊的帕萨迪纳，是一所非常典型的精英型私立大学，学术声誉卓著。加利福尼亚理工学院共有 25 个上榜学科，共有 18 个学科进入世界前 100 名，9 个学科进入世界前十，"地球科学"世界排名第二，"遥感技术"世界第三。

加利福尼亚州的高校学科建设水平能够达到世界第一，离不开全美最大、最具世界影响力的公立大学，也就是加州大学的支持，始建于 1868 年的加州大学，以柏克利分校校址所在的第一所校园为起点，至 2005 年，已建立起第十所分校，即加州大学（默塞德）。

还值得一提的是其州立大学系统，与科研型大学加州大学不同的是，其州立大学是教学型大学，共有 23 个分校，其中也有 7 个分校进入世界一流学科排名。加利福尼亚州悠久的高等教育办学历史和多样化的办学模式，使得该地区的高等教育更加欣欣向荣。他山之石，可以攻玉，与加利福尼亚州的高等教育进行比较，是我国各省/自治区/直辖市对标世界一流，争创世界一流的必然之举。

7.5.2　与美国纽约州比较

美国纽约州的上榜学科数和前 100 名学科数的世界排名均为第三，落后于我国的北京市。五个学科领域中，北京市在理学、社会科学、生命科学和医学领域均落后于纽约州，但是北京市的工学领域上榜学科数比纽约州多了 110 个，成功在上榜学科总数上实现了超越。同时，江苏省和上海市的工学领域上榜学科数也明显超越美国纽约州。北京市、纽约州、安大略省、得克萨斯州和江苏省的上榜学科总数都很接近，江苏省的上榜学科总数仅落后纽约州 37 个，随着我国高等教育的快速发展，这一差距将继续缩小。

进一步分析纽约州的高等教育水平。纽约州位于美国东北部，是美国经济最发达的州之一。纽约州是美国的"神经中枢"和"经济心脏",金融、商业、工业、艺术、服装等方面在美国各州居于领导地位,农业和制造业为该州的主要产业,它拥有世界著名的纽约市及纽约港。纽约州境内有大学及学院 314 所(仅次于加利福尼亚州的 346 所),在大专院校进修的学生超过 70 万人。其州立大学有 64 个分校,规模最大,在校学生达 47 万人。哥伦比亚大学、康奈尔大学、纽约大学等均为世界著名学府。

纽约州的高等教育发展与纽约市有密切联系,哥伦比亚大学和纽约大学均位于纽约市,值得我国北京、上海等城市参考。上海市与纽约也素有渊源,位于上海市的华东师范大学与纽约大学合作共建上海纽约大学。上海纽约大学的建立与蓬勃发展是上海主动与世界接轨,提升高等教育国际化水平,构建与之相适应的高等教育体系的一大举措。

从世界一流大学排名上榜学科来看,纽约州有 2 所学校的上榜学科数超过 40 个:哥伦比亚大学有 46 个上榜学科,其中 39 个为前 100 名学科;康奈尔大学有 46 个上榜学科,其中 36 个为前 100 名学科。除哥伦比亚大学和康奈尔大学外,纽约州还有 2 所学校的上榜学科数超过 30 个:纽约大学有 36 个上榜学科,其中 28 个为前 100 名学科;纽约州立大学(布法罗)有 33 个上榜学科,其中 4 个为前 100 名学科。

哥伦比亚大学的正式名称为纽约市哥伦比亚大学(Columbia University in the City of New York),坐落于美国纽约曼哈顿上城区晨边高地,是世界顶尖私立研究型大学、美国大学协会创始院校之一,也是"常春藤联盟"高校之一。其 2022 年世界大学学术排名为全球第八,哥伦比亚大学的 46 个上榜学科中有 10 个学科进入世界前十,3 个学科进入世界前三,"地球科学"和"基础医学"学科世界排名第三。

康奈尔大学位于美国纽约州的伊萨卡,是一所私立研究型大学,另有 2 所分校分别位于纽约市和卡塔尔教育城。该校是美国大学协会的创始院校之一,著名的"常春藤联盟"高校之一。康奈尔大学的 2022 年世界大学学术排名为全球第十二,康奈尔大学有 46 个上榜学科,其中 36 个为前 100 名学科,有一个学科进入世界前十,即"农学",世界排名第九。

纽约大学是一所位于美国纽约曼哈顿的研究型私立大学,学校以国际化办学著称,在巴黎、伦敦、布拉格、马德里、柏林等多地设有分校。纽约大学的 2022 年世界大学学术排名为全球第二十五名,纽约大学有 36 个上榜学科,其中 28 个为前 100 名学科,有 4 个学科进入世界前十,"金融学"世界排名第三。

7.5.3 与加拿大安大略省比较

加拿大安大略省的上榜学科数为 333 个,世界排名第四。安大略省的上榜学科数与北京市、江苏省处于同一档次,其前 100 名学科数明显落后于北京市,略微领先于江苏省。安大略省的上榜学科领域分布类似于美国的纽约州,在工学领域明显落后于北京市和江苏省,但是在社会科学领域上的优势极为明显。

进一步分析安大略省的高等教育水平。安大略省是加拿大的十个省之一,安大略省的南部与美国的明尼苏达州、密歇根州、俄亥俄州、宾夕法尼亚州和纽约州为界,与美国的交流极为密切,加拿大最大的城市多伦多和加拿大首都渥太华均位于安大略省,省内拥有多伦多大学、麦克马斯特大学等多所著名高校。

从世界一流大学排名上榜学科来看,安大略省只有一所学校的上榜学科数超过 50 个,即多伦多大学,是全世界 9 所上榜学科数超过 50 个的大学之一,多伦多大学有 51 个上榜学科,其中 46 个为前 100 名学科。安大略省有 5 所学校的上榜学科数超过 30 个:滑铁卢大学有 39 个上榜学科,其中 19 个为前 100 名学科;皇后大学有 30 个上榜学科,其中 1 个为前 100 名学科;麦克马斯特大学有 35 个上榜学科,其中 6 个为前 100 名学科;渥太华大学有 35 个上榜学科,其中 6 个为前 100 名学科;西安大略大学有 36 个上榜学科,其中 7 个为前 100 名学科。

多伦多大学位于安大略省的多伦多,是一所公立联邦制研究型大学,美国大学协会成员。多伦多大学的 2022 年世界大学学术排名为全球第二十二名,多伦多大学大学有 51 个上榜学科,其中 46 个为前 100 名学科,有 4 个学科世界排名前十,其"社会学"世界排名第四。

滑铁卢大学位于加拿大安大略省的滑铁卢,是一所公立研究型大学,加拿大 U15 研究型大学联盟成员。滑铁卢大学有 39 个上榜学科,其中 19 个为前 100 名学科,其排名最高的学科是"通信工程",世界排名第十一。

7.5.4 与美国得克萨斯州比较

美国得克萨斯州的上榜学科数为 328 个,世界排名第五,其上榜学科数和前 100 名学科数均落后于我国的北京市,略微领先于江苏省。得克萨斯州的上榜学科领域分布与美国的纽约州和加拿大的安大略省类似,在工学领域明显落后于我国的北京市和江苏省,但是在社会科学领域上的优势极为明显。

进一步分析得克萨斯州的高等教育水平。得克萨斯州是美国南方最大的州,也是全美第二大州,得克萨斯州在美国经济中占重要地位,其 GDP 长期位于全美各州的前列。高等教育方面,有得州大学、得州农工大学、莱斯大学等著名高校。

世界一流大学排名上榜学科来看,得克萨斯州有 2 所学校的上榜学科数超过 40 个:得州农工大学有 48 个上榜学科,其中 25 个为前 100 名学科;得州大学(奥斯汀)有 47 个上榜学科,其中 32 个为前 100 名学科。此外,休斯顿大学有 30 个上榜学科,其中 9 个为前 100 名学科;莱斯大学有 29 个上榜学科,其中 11 个为前 100 名学科;得州大学(达拉斯)有 24 个上榜学科,其中 5 个为前 100 名学科;得克萨斯技术大学有 23 个上榜学科,其中 1 个为前 100 名学科。

得州大学(奥斯汀)创建于 1883 年,是得克萨斯州大学系统的旗舰校区,位于美国得克萨斯州的奥斯汀,是一所世界著名的顶尖公立研究型大学,也是"公立常春藤"院校之一。得州大学(奥斯汀)的 2022 年世界大学学术排名为全球第 37 名,有 47 个上榜学科,其中 32 个为前 100 名学科,有 4 个学科世界排名前十,"新闻传播学"世界排名第四。

得州大学是集教育和研究功能的公立大学系统,共有 8 个校区,7 个医学中心。除了得州大学(奥斯汀)外,得州大学西南医学中心的 2022 年世界大学学术排名为全球第五十二,其"基础医学"学科世界排名第八;得州大学安德森肿瘤中心的 2022 年世界大学学术排名为全球第七十,其"基础医学""临床医学"均世界排名第六。

7.5.5 与英国伦敦比较

英国伦敦的上榜学科数为 287 个,世界排名第七,其上榜学科数略微落后于我国的江苏省，但是前 100 名学科数明显领先于江苏省。伦敦的上榜学科领域分布具有鲜明特色，其社会科学领域学科上榜数量全球最多，相对而言，工学领域学科上榜数量较少。

进一步分析英国伦敦的高等教育水平。伦敦是大不列颠及北爱尔兰联合王国的首都，世界著名金融中心，占全球外汇交易额的比重超过 40%，与纽约、中国香港并称为"纽伦港"。伦敦是英国的政治、经济、文化、金融中心，是全世界博物馆、图书馆和体育馆数量最多的城市之一，伦敦大学学院、帝国理工学院、伦敦政治经济学院、伦敦国王学院等都是世界著名大学。

从世界一流大学排名上榜学科来看，伦敦有 2 所学校的上榜学科数超过 40 个：伦敦大学学院有 45 个上榜学科，其中 36 个为前 100 名学科；帝国理工学院有 42 个上榜学科，其中 36 个为前 100 名学科。除上述两所高校外，还有 2 所学校的上榜学科数超过 30 个：伦敦国王学院有 38 个上榜学科，其中 19 个为前 100 名学科；伦敦大学玛丽女王学院有 33 个上榜学科，其中 10 个前 100 名学科。

伦敦大学学院创立于 1826 年，是一所位于英国伦敦的公立研究型大学，为伦敦大学联盟的创校学院、罗素大学集团和欧洲研究型大学联盟的创始成员，是英国 G5 超级精英大学之一。伦敦大学学院的 2022 年世界大学学术排名为全球第十二，伦敦大学学院有 45 个上榜学科，其中 36 个为前 100 名学科，有 7 个学科进入世界前十，"心理学"和"基础医学"均世界排名第二，"药学"世界排名第三。

帝国理工学院是一所主攻理学、工学、医学和商学的研究型大学，帝国理工学院是"金三角名校"，罗素大学集团、欧洲研究型大学联盟、国际科技大学联盟、全球大学校长论坛成员院校，是英国 G5 超级精英大学之一。帝国理工学院的 2022 年世界大学学术排名为全球第二十三，帝国理工学院有 42 个上榜学科，其中 36 个为前 100 名学科，有 4 个学科进入世界前十，"公共卫生"世界排名第五。

7.5.6　与美国马萨诸塞州比较

美国马萨诸塞州的上榜学科数为 278 个，世界排名第八，其上榜学科数略微落后于我国的江苏省，但是前 100 名学科数明显领先于江苏省。马萨塞州的上榜学科领域分布类似于其他英语地区,其社会科学领域学科上榜数量较多,工学领域学科上榜数量较少。

进一步分析美国马萨诸塞州的高等教育水平。马萨诸塞州位于美国的东北部,是新英格兰地区的一部分。世界顶级学府哈佛大学和麻省理工学院都位于该州。

从世界一流大学排名上榜学科来看,马萨诸塞州有 2 所学校的上榜学科数超过 40 个:麻省理工学院有 48 个上榜学科,其中 38 个为前 100 名学科;哈佛大学有 45 个上榜学科,其中 39 个为前 100 名学科。除上述两所高校外,该州还有 3 所学校的上榜学科数超过 30 个:波士顿大学有 36 个上榜学科,其中 20 个为前 100 名学科;马萨诸塞大学(阿默斯特)有 35 个上榜学科,其中 6 个为前 100 名学科;东北大学(波士顿)有 32 个上榜学科,其中 6 个为前 100 名学科。

哈佛大学是位于美国马萨诸塞州波士顿都市区剑桥市的一所私立研究型大学,是美国本土历史最悠久的高等学府之一,常春藤联盟高校、全球大学高研院联盟成员,世界顶级高校。哈佛大学在软科世界大学学术排名中常年位居第一,哈佛大学有 45 个上榜学科,其中 39 个为前 100 名学科,有 26 个学科世界排名前十,16 个学科世界排名第一。该校世界排名第一的学科为:"政治学""医学技术""药学""心理学""图书情报科学""统计学""生物医学工程""生物学""生物工程""社会学""临床医学""教育学""基础医学""环境科学与工程""管理学""公共卫生"。其"经济学"和"法学"均世界排名第二,"口腔医学"和"材料科学与工程"均世界排名第三。

麻省理工学院位于美国马萨诸塞州波士顿都市区剑桥市,主校区依查尔斯河而建,是一所私立研究型大学,爱国者联盟附属成员,全球大学校长论坛成员院校。麻省理工学院在 2022 年软科世界大学学术排名中排名第三,麻省理工学院有 48 个上榜学科,其中 38 个为前 100 名学科,23 个为前十名学科,有 5 个学科世界排名第一。该校世界排名第一的学科为:"物理学""控制科学与工程""计算机科学与工程""化学工程""材料科学与工程"。有 4 个学科世界排名第二,分别为:"生物学""生物工程""化学""电力电子工程"。有 2 个学科世界排名第三,分别为:"生物医学工程""经济学"。

7.5.7 与韩国首尔特别市比较

韩国首尔特别市的上榜学科数为275个,落后于我国的江苏省,略微领先于上海市,其前100名学科数仅为60个,学科精度较低。首尔特别市的上榜学科领域分布类似于我国的北京市、江苏省和上海市,工学领域的学科数量较多,医学领域的表现也不错。

进一步分析韩国首尔特别市的高等教育水平。首尔特别市的简称为首尔,是韩国首都,也是韩国的政治、经济、科技、教育、文化中心,亚洲主要金融城市之一。首尔是韩国高等教育最发达的地区,拥有首尔国立大学、庆熙大学、汉阳大学、成均馆大学等30多所高等院校。

从世界一流大学排名上榜学科来看,首尔特别市有一所学校的上榜学科数超过40个:首尔国立大学有45个上榜学科,其中22个为前100名学科。除首尔国立大学外,还有2所学校的上榜学科数超过30个:高丽大学有38个上榜学科,其中7个为前100名学科;延世大学有37个上榜学科,其中9个为前100名学科。

首尔国立大学是韩国一所国立综合性大学,是环太平洋大学联盟、亚洲大学联盟、东亚四大学论坛和东亚研究型大学协会成员。首尔国立大学在软科世界大学学术排名中位于第九十八名,有45个上榜学科,其中22个为前100名学科,其排名最高的学科为"生物医学工程",世界排名第十六。

7.5.8 与澳大利亚新南威尔士州比较

澳大利亚新南威尔士州的上榜学科数为364个,落后于我国的江苏省,略微领先于上海市,其前100名学科数为107个,领先于江苏省和上海市,学科精度较高。新南威尔士州的上榜学科领域分布较为均衡,与我国的北京市、江苏省和上海市相比,工学领域的学科数量稍低,社会科学领域的学科数量略高。

进一步分析澳大利亚新南威尔士州的高等教育水平。新南威尔士州位于澳大利亚东南部,东濒太平洋,北邻昆士兰州,南接维多利亚州,是澳大利亚人口最多、工业化和城市化水平最高的州。有11所大学的总部位于该州,另有邻州的两所大学的分校,该州的悉尼大学、新南威尔士大学等都是著名高校。

从世界一流大学排名上榜学科来看,新南威尔士州有一所学校的上榜学科数超过 50 个:新南威尔士大学有 50 个上榜学科,其中 38 个为前 100 名学科。除新南威尔士大学外,有 2 所学校的上榜学科数达到 40 个:悉尼大学有 39 个上榜学科,其中 28 个为前 100 名学科;悉尼科技大学有 40 个上榜学科,其中 15 个为前 100 名学科。

悉尼大学是一所坐落于澳大利亚悉尼的公立大学,该校是砂岩学府、环太平洋大学联盟、澳大利亚八校联盟、亚太国际贸易教育暨研究联盟、英联邦大学协会成员。悉尼大学在软科世界大学学术排名中位于第六十,悉尼大学有 39 个上榜学科,其中 28 个为前 100 名学科,有 3 个学科进入世界前十,其排名最高的学科为"护理学",世界排名第七。

新南威尔士大学的总部位于悉尼,是一所公立研究型大学,为澳大利亚八校联盟、环太平洋大学联盟、丝绸之路大学联盟、国际科技大学联盟成员。新南威尔士大学在软科世界大学学术排名中位于第六十四,悉尼大学有 50 个上榜学科,其中 38 个为前 100 名学科,该有 2 个学科进入世界前十,"水资源工程""矿业工程"均世界排名第十。

7.5.9 北京市、江苏省、上海市间的相互比较

北京市、江苏省、上海市都是我国高等教育较为发达的地区,从世界一流学科排名的角度,我们对它们的表现也做一下横向比较。

北京市是我国的首都,高等教育发展历史悠久,中国近代第一所国立大学——京师大学堂就诞生于此。中华人民共和国成立以后,高等教育系统经过几次调整,北京市逐步建立起了较为完善的高等教育体系,顶尖的大学有北京大学、清华大学、中国人民大学等,北京协和医学院、中央财经大学等专门类的大学也有拔尖学科。北京市拥有层次多样、体系完善的高等教育系统,是我国高等教育最发达的城市。

江苏省作为我国高等教育最先发展的地区之一,学校和学科建设发展历史悠久,且成绩斐然。中华人民共和国成立以后,江苏省的高校和学科经历了几次调整,原"国立中央大学"基础雄厚,且有深厚的学术积累,在党和国家的支持下,在新的办学方针与理念的指引下,江苏省高等教育也呈现蓬勃发展的状态。

上海市的现代高等教育历史可以追溯到成立于1896年的南洋公学，即上海交通大学的前身，是国内较早开展高等教育的地区之一。截至2022年5月，上海市共有64所普通高等学校，其中，复旦大学、上海交通大学、同济大学等高校都是著名大学。

从世界一流大学排名中的表现来看，北京市有2所学校的上榜学科数达到40个：北京大学有47个上榜学科，其中35个为前100名学科；清华大学有47个上榜学科，其中32个为前100名学科。除北京大学、清华大学外，北京师范大学有29个上榜学科，其中6个为前100名学科；北京航空航天大学有25个上榜学科，其中14个为前100名学科；北京理工大学有20个上榜学科，其中12个为前100名学科。此外，还有北京工业大学、北京交通大学等10所高校的上榜学科数达10~19个。

从世界一流大学排名中的表现来看，江苏省有一所学校的上榜学科数达到30个：南京大学有37个上榜学科，其中18个为前100名学科。除南京大学外，江苏省还有一所学校的上榜学科数达到20个：东南大学有27个上榜学科，其中14个为前100名学科。此外，还有河海大学、江苏大学等14所高校的上榜学科数达10~19个。

从在世界一流大学排名中的表现来看，上海市有2所学校的上榜学科数达到40个：上海交通大学有45个上榜学科，其中28个为前100名学科；复旦大学有41个上榜学科，其中16个为前100名学科。除上海交通大学、复旦大学外，上海市还有一所学校的上榜学科数达到30个：同济大学有35个上榜学科，其中17个为前100名学科。上海市有2所学校的上榜学科数达到20个：华东师范大学有25个上榜学科，其中4个为前100名学科；上海大学有21个上榜学科，其中5个为前100名学科。此外，还有东华大学、华东理工大学等4所高校的上榜学科数达10~19个。

清华大学在2022年软科世界大学学术排名中位列第二十六，有47个上榜学科，其中32个为前100名学科，14个学科进入世界前十，"通信工程""能源科学与工程""纳米科学与技术"均世界排名第一，"化学工程"世界排名第二，"土木工程""交通运输工程"世界排名第三。

北京大学在2022年软科世界大学学术排名中位列第三十四，有47个上榜学科，其中35个为前100名学科，2个学科进入世界前十，"纳米科学与技术"世界排名第四。

南京大学在 2022 年软科世界大学学术排名中位于 101～150 名,南京大学有 37 个上榜学科,其中 18 个为前 100 名学科,一个学科进入世界前十,"环境科学与工程"世界排名第十。

上海交通大学在 2022 年软科世界大学学术排名中位列第五十四,上海交通大学有 45 个上榜学科,其中 28 个为前 100 名学科,6 个学科进入世界前十,"船舶与海洋工程"世界排名第一,"生物医学工程"世界排名第二,"控制科学与工程""机械工程"均世界排名第三。

复旦大学在 2022 年软科世界大学学术排名中位列第六十七,复旦大学有 41 个上榜学科,其中 16 个为前 100 名学科,一个学科进入世界前十,"生物医学工程"世界排名第四。

21 世纪以来,我国高等教育发展迅速,从世界学科建设水平的维度来看,我国的北京市、江苏省和上海市已经达到世界高等教育发达水平,但是,与欧美传统高等教育发达地区相比较,我国各省/自治区/直辖市的高等教育发展历史还较短,与世界高等教育顶尖地区相比缺乏一定的历史积累和学术、学科传统,这一点在基础学科和医学领域反映的较为明显。但是,在工学领域,尤其是新能源和纳米技术等领域,由于得到国家的支持和其应用学科的特点,我国各省/自治区/直辖市的发展较为迅速,且形成了一定的学科高地,在本学科领域内拥有较大的话语权。在社会科学领域,包括北京市、江苏省和上海市在内的我国各省/自治区/直辖市处于绝对的弱势地位,这是由语言和话语体系等方面的原因导致的,非一时一地可以改变。总体而言,我国高等教育已经取得了显著成绩,本书从省域视角出发,再次验证了我国高等教育的快速发展态势,为我国各省/自治区/直辖市定位自身的高等教育和学科建设态势提供了有力参考。

本章参考文献

［1］刘海峰.我看中国最好学科排名［N］.中国科学报：2017-11-28(5).
［2］张应强.理性利用大学排行榜 促进高校内涵发展［J］.河北师范大学学报(教育科学版),2020(2)：9-13.
［3］软科排名的影响力［EB/OL］.(2021-04-20)［2022-10-28］.https：//mp.weixin.qq.com/s/2y5FZeYpbURcHKe6EhCD7g.
［4］上海软科教育信息咨询有限公司.2022世界大学学术排名［EB/OL］.［2023-03-13］.https：//www.shanghairanking.cn/rankings/arwu/2022.